国家出版基金项目
NATIONAL PUBLICATION FOUNDATION

当代中国社会道德理论与实践研究丛书

主编 吴付来

政德论：心理结构与伦理行动的二重维度

鄯爱红 著

On Political Virtues: It's Two Dimensions as Psychological Structure and Ethical Behavior

中国人民大学出版社
·北京·

总　序

加强思想道德建设，凝聚道德力量，是中国特色社会主义文化建设和精神文明建设的重要内容与中心环节，是建设社会主义核心价值体系的必然要求。正如习近平总书记所指出的："国无德不兴，人无德不立。必须加强全社会的思想道德建设，激发人们形成善良的道德意愿、道德情感，培育正确的道德判断和道德责任，提高道德实践能力尤其是自觉践行能力，引导人们向往和追求讲道德、尊道德、守道德的生活，形成向上的力量、向善的力量。只要中华民族一代接着一代追求美好崇高的道德境界，我们的民族就永远充满希望。"

我们党和国家历来重视道德建设。特别是改革开放以来，我们党先后通过了《关于社会主义精神文明建设指导方针的决议》、《关于加强社会主义精神文明建设若干重要问题的决议》以及《公民道德建设实施纲要》。习近平总书记在多次讲话、多篇文章中都强调加强道德建设的重要性，党的十九大报告也对道德建设做出了全面的论述和部署："加强思想道德建设。人民有信仰，国家有力量，民族有希望。要提高人民思想觉悟、道德水准、文明素养，提高全社会文明程度。广泛开展理想信念教育，深化中国特色社会主义和中国梦宣传教育，弘扬民族精神和时代精神，加强爱国主义、集体主义、社会主义教育，引导人们树立正确的历史观、民族观、国家观、文化观。深入实施公民道德建设工程，推进社会公德、职业道德、家庭美德、个人品德建设，激励人们向上向善、孝老爱亲，忠于祖国、忠于人民。"道德的力量是国家发展、社会和谐、人民幸福的重要因素，思想道德建设解决的是整个中华民族的精神支柱和精神动力问题。

实现中华民族伟大复兴的中国梦，需要道德建设的保驾护航。当前中国的发展既面临机遇，也面临挑战。然而，在多元文化的冲击下，人们的道德观念和行为准则正在不断发生变化，原先的道德基础受到严重冲击。在此情况下，道德建设需要全体国民集体参与，需要全体国民成为道德的守护者、监督者和表率。只有全面地了解、反映当代中国社会道德的现状以及遇到的新问题，并结合相关理论提出解决对策，才能真正提高全体国民的道德素质，才能不断改善社会和国家的道德环境，才能实现中华民族伟大复兴的中国梦。

道德建设是一个实践问题，更是一个理论问题。面对世界范围内各种思想文化交流、交融、交锋的新形势，加快建设社会主义文化强国、增强文化软实力、提高我国在国际上的话语权，迫切需要哲学社会科学更好地发挥作用。伦理学作为与人类道德发展密切相关的哲学分支学科，需要跟上时代进步的步伐，从理论上解决实践提出的问题。

为此，在加强社会主义道德建设的宏观背景下，为推动社会主义道德建设，弘扬社会主义核心价值观，实现中华民族伟大复兴的中国梦，推动伦理学的研究和发展，我们策划了“当代中国社会道德理论与实践研究丛书”。这套丛书是一套开放的丛书，首批出版 10 卷，集中研究当代中国社会最关切的伦理道德的理论与实践问题，对市场经济条件下陌生人之间的伦理、日常生活伦理、公务员道德建设、信息伦理和网络社会伦理、消费伦理、福利伦理、分配正义以及规范性和道德推理问题进行系统的研究与探讨。丛书的主要内容集中于以下几个方面：

首先，建立社会主义市场经济体制是我国经济体制的根本性创新，是全面建设小康社会的重要途径，市场经济条件下陌生人之间的关系有哪些规律，人们日常生活伦理有哪些特点等，这套丛书首先对这些问题进行了研究和探讨。

其次，政德建设是当代中国最具先导性的道德建设领域之一，对全社会的道德建设具有重要的引领作用，这套丛书不仅对公务员道德状况进行了研究概述，而且对中国特色政德建设的一般规律、重要问题进行了探究。

再次，当今时代，信息伦理和网络社会伦理的公德问题日益突出，这套丛书对数字化生存的道德空间、网络道德建设问题表达了重要关切，进行了深入探讨。

又次，消费、福利、分配是经济伦理的重要内容，随着我国建设小康社会进程加快，人们物质生活水平逐步提高，收入分配差距日渐拉大，经济领域中的消费、福利、分配问题日益成为伦理学研究和关注的对象。因此，这套丛书对这三个问题进行了系统的研究。

最后，社会道德建设归根结底离不开道德规范的有效性和道德行为选择的理性化，这套丛书专门从伦理学基本原理研究角度选择了这两个与道德建设密切相关并具有一定学理深度的理论问题进行研究，探讨了规范性和道德推理问题。

这套丛书得到了中国人民大学伦理学与道德建设研究中心的学术支持，得到了国家出版基金的资助，中国人民大学出版社学术出版中心的编辑为丛书的出版付出了艰辛的努力，在此一并致谢。书中难免存在疏漏，恳请学界同仁批评指正。期待这套丛书作者和编者的辛勤努力能够得到广大读者的理解与回应，产生良好的社会影响。

吴付来

2018 年 9 月 15 日

前　言

“领导干部要讲政德。政德是整个社会道德建设的风向标。立政德，就要明大德、守公德、严私德。”习近平总书记关于政德的重要讲话，对新时代领导干部政德思想的内涵和外延做了阐述，政德问题成为政界和学界高度关注的话题。对一个从事“领导干部道德建设”课程的教学与研究工作 20 多年的学者来说，把自己对领导干部道德实践的观察与思考用学术话语进行总结，把政德理论研究与领导干部的内心世界、领导行为结合起来，展现政德的现实性和时代性特征，既是不可多得的机遇，也是义不容辞的责任。

“政德”是一个具有广泛含义的概念，学界对政德问题的研究已经产生很多有价值的成果，较目前学界的研究成果而言，本书的特色在于：

第一，从心理结构与伦理行动的维度对政德进行研究。这是本书最主要的特色。政德有三个相互关联的维度：一是以道德规范体系为基础的伦理结构；二是内化为德性的心理结构，它是道德规范与从政者的个体能力、气质和性格的结合；三是德性与领导行为相结合而成的道德领导力。目前学界的研究大多集中在政德的伦理结构，即政德规范体系的研究上，对政德的心理结构，特别是对德性与领导行为相结合而成的道德领导力研究很少。本书在对政德的伦理结构进行研究的基础上，从心理结构与伦理行动这两个维度对政德这一现象展开研究，从政德内化为心理与外展为道德领导力的角度研究政德，突出政德与其他道德现象的区别，深化与拓展政德研究的视域。

第二，关照政德建设的现实，关照如何发挥政德在现实的政治活动、行政管理和领导干部队伍建设中的作用作为一条主线，贯穿本书始终。政德现象不是孤立的现象，政德建设不能独立于政治生活和行政实践，不能独立于干部体制和干部政策，脱离领导干部的工作和生活现实，政德研究就会成为一种外在的灌输，难以被领导干部内化为心理与价值。政德是当代中国政治和行政文化的组成部分，应当为新时代的领导干部提供价值引领、心理支持和行动智慧。在新时代的政德建设中，如何实现政治忠诚、职业道德和个人品德的统一，如何实现道德修养、领导能力和组织制度建设的统一，如何发挥政德在预防腐败、解决干部“不作为”和“乱作为”现象中的作用，这些现实关照贯穿本书始终。

第三，注重挖掘传统文化中的政德资源，特别是注重对传统政德修养中的心理机制和道德的领导功能的总结、提炼。政德是传承性和时代性的统一。览古以鉴今，悉往知未来。政德建设既离不开原有的政治道德文化，又具有很强的时代性。中国传统文化中有着丰富的政德资源，对传统政德的创造性转化与创新性发展是新时代政德研究的重要方面，学界在这方面的研究成果很多。在对传统政德资源的现代转化与创新中，本书重在论而不在史，对传统文化中忠诚、廉洁等核心规范以及羞耻心、敬畏感等心理机制的探讨都试图推陈出新，为新时代政德建设寻根立基。

本书以《政德论：心理结构与伦理行动的二重维度》为题，在研究政德的伦理结构的同时，关注政德如何内化为人格、品德等心理结构，同时结合领导力探讨德性如何外化为伦理行动，以突出政德与其他道德现象的区别。“伦理行动”有别于“道德行为”，“伦理”是突出从政者的德性与组织制度和文化相结合，“行为”是突出从政者的“道德领导力”，使之区别于普通的道德行为。

目　录

第二部分　政德的内化：从伦理到心理

第三部分　政德的外展：道德领导力

导　论

政治问题如社会问题一样，首先是一个道德问题。① 马克思认为“不可收买是最高的政治美德”②。道德为人们的行为提供了一套规则系统，可以帮助人们在面临是与非、善与恶的选择时做出判断。内化道德规范，培养自我德性，自觉约束自己的行为，使之符合社会对个体的道德要求，这是一切道德与道德教育的基础。从政者应当遵守这一职责要求的道德规范，并将道德规范内化为人格和德性，才不容易被诱骗和收买，才能坚守和维护公共利益。政德，作为对从政者这一群体的特殊道德要求，其特殊性在于，它不只内化社会道德，修养自己的德性，成为一个道德的人，而且会向外施展，会渗透到从政者的领导行为中。从政者既要做道德的人，更要行德政，促进社会制度的公平和公民美德的增长，这便是政德的外展。

本书从政德的概念及其特点入手，沿着伦理结构—心理结构—道德领导力的逻辑，在对政德的伦理结构进行论述的基础上，对政德从伦理规范内化为心理结构的机制进行讨论，并对道德与领导行为相结合而成的道德领导力进行研究，从内化为心理结构和外展为领导力这两个维度对政德这一道德现象进行动态展现。

第一节　政德的概念及其特点

今天，政德研究成为政界和学界的一个热点问题，有关政德的文章和

---

① 路易斯·博洛尔. 政治的罪恶. 李柏光，蒋庆，译. 北京：改革出版社，1999：3.

② 马克思恩格斯全集：第 3 卷. 北京：人民出版社，2002：129.

著作很多，但是在很多文章（包括发表于学术刊物的论文）中却找不到对“政德”这个概念的界定。也许这在一定程度上是由于“政德”这个概念是“其意自现”、不言自明的，但更主要的是由于这个概念过于宽泛，以至于要给出一个确切的定义并非易事。但无论如何困难，我们都必须给研究对象一个相对明确的定义。为此，我们需要对“政德”概念做一个梳理。在此基础上对本书使用的“政德”概念做一界定。

一、政德概念溯源

1. 中国传统政德概念

“政德”一词古已有之。在古代典籍中，政德有两层含义。一是指政事和德行。如《左传·昭公四年》中有云：“恃此三者，而不修政德，亡于不暇。”《左传》中司马侯曾劝诫晋平公，不要仗着地势险要和马匹众多而对邻国幸灾乐祸，要懂得“不修政德，亡于不暇”的道理。二是指端正的德行。如《孔子家语·入官》中有云：“政德贯乎心，藏乎志，形乎色，发乎声。”南朝梁何逊的《七召·治化》中有云：“政德洽于霜风，教义穷于足迹。”政德是“政”和“德”组成的复合词：“政”，是指政事，即治理国家事务；“德”，本意是对自然规律、社会规律的认识、理解和践行。从这一意义上讲，政德是从政者应该顺应自然、社会的客观规律地治理国家事务。

中国传统政德概念集中体现在由孔子提出的“为政以德”（《论语·为政》）这一名句中。“为政以德”包含三层意思：第一层意思是为君者要有君德，即统治者自身要恪守为政的道德，要有德性。“为政以德”，是对君的告诫，为君者要有德，才能配享天命，号令天下。“政者，正也。子帅以正，孰敢不正？”（《论语·颜渊》）“公曰：‘敬，德之聚也；能敬必有德。德以治民，君请用之’。”（《左传·僖公三十三年》）具体地说，君德包括：（1）恪守君臣之道：“君君、臣臣、父父、子子”（《论语·颜渊》）；“临之以庄，则敬；孝慈，则忠；举善而教不能，则劝”（《论语·为政》）。（2）为君者要仁爱百姓：“古之为政，爱人为大”（《礼记·哀公问》）。第二层意思是政治实践的目标应合乎道德。政治实践的目标是“富民”“安民”“教民”，实现社会的“德治”，即让老百姓衣食无忧，知耻行德。“富民”“安民”“教民”是传统文化中蕴含的政治价值目标与追求，孔子的“德治”、孟子的“仁政”、荀子的“王制”，都是以“安民”为核心和归宿的。“安民”的一个基本前提就是“富民”。《管子·治国》中说：“凡治国之道，必先富民；民富则易治也，民贫则难治也。”富民之后要教民，教民意在让百姓“知耻行德”。《论语·为政》中有云：“道之以政，齐之以刑，民免而无耻；道之以德，齐之以礼，有耻且格。”把“德”“礼”与“政”“刑”明确对立起来，德治的目标在于“有耻且格”。“仓廪实则知礼节，衣食足则知荣辱。”（《管子·牧民》）也是讲政治的价值目标在于使民知荣辱。第三层意思是行“德政”。政治行为要合乎道德标准，要引领道德风尚，其中最主要的表现就是要立信、举贤。德政的一个重要体现是取信于民，或者说，取信于民是政治的道德基础。子贡问政，孔子回答：“足食，足兵，民信之矣。”“自古皆有死，民无信不立。”（《论语·颜渊》）足见立信的重要性。德政的另一个重要体现是举贤，选择贤能的人担任社会的统治者。举贤强调德才兼备、以德为先。“仲弓为季氏宰，问政。子曰：‘先有司，赦小过，举贤才。’”（《论语·子路》）不仅自己要身体力行，宽谅下属，而且要善于举荐和任用贤能之人。

综上所述，在中国传统文化中，政德包括德性、德治和德政三层含义，是有德性的统治者为了实现德治的目标而行德政的总称。

2. 西方政德概念的演变

西方自古希腊开始就对什么是政治以及如何运作政治有着深入的思考。西方政德概念经历了由德性政治到道德政治的演变。简单说，德性政治是将“德”视为目的的政治，道德政治是将“德”视为工具的政治。①

在古希腊，政德主要指德性政治，这有三层含义：第一层含义是“为德而治”(government for virtue)。在柏拉图的《理想国》和亚里士多德的《政治学》中，伦理学和政治学由“德性”而紧密联系在一起。德性本义指“优秀品质”和事物的“最佳本性”②，所有事物都可以有“德性”，

---

① 关于“德性政治”和“道德政治”的区别，参见，胡志刚.从“德性”到“个性”——“德性”和“道德”的区分与西方政治伦理观的古今断裂.道德与文明，2016（3）.

② 王扬.《理想国》汉译辨证.上海：华东师范大学出版社，2014：3.

人最重要的事情是成就自己的德性，政治共同体或城邦最重要的事情是促进人的德性。柏拉图认为，理想国中最重要的事情就是培育公民的德性。亚里士多德认为，城邦的最高目的就是增进公民的德性。“凡定有良法而有志于实行善政的城邦，就得操心全邦人民生活中的一切善德和恶行”，真正的城邦“必须以促进善德为目的”①。所以，政德的首要含义就是“为德而治”。第二层含义是“由德而治”（rule by virtuous people），国家需要有德的哲学家来统治。因为只有哲学王才掌握真知，拥有智慧和美德，能够“制定出美、正义和善的法则，并守护着它们”②。哲学家拥有洞悉万物的本原、把握至善的能力。“他不会停留在意见所能达到的多样的和个别事物上”③，他会通过智慧求得“理性和真理”④。第三层含义是“以德而治”（rule by virtue），即以合乎道德和正义的原则进行统治或治理。在亚里士多德那里，正义是一种关乎“分配平等”的原则，这种原则包含一系列符合正义的奖惩标准。这体现了政治同道德之间的统一性。所谓德性政治，不仅是有德之人以合乎道德和正义的原则进行统治或治理，而且是其目的在于成就德性。简言之，德性政治不仅是“为德而治”，而且是“由德而治”“以德而治”。⑤

与古典政治学相比，近代政治学理论似乎有一种非道德化的特征。⑥政德概念发生了变化，这种变化体现在：（1）政治目的由完善和促进公民美德的生长转而成为维护公民的权利、增加公民的福利。政治与道德的分离是从马基雅维利开始的。马基雅维利认为，国家存在的目的是保护人们的私有财产，保障人民的安全，为世俗谋幸福。他把政治的实质看作权力，将军队、法律、权术等治国要策视为权力的工具。马基雅维利认为，政治的目的是扩大国家的权力，德性本身并不是目的。马克思和恩格斯曾指出，从马基雅维利开始，“权力都是作为法的基础的，由此，政治的理

---

① 亚里士多德. 政治学. 吴寿彭，译. 北京：商务印书馆，1965：138-140.

② 柏拉图. 理想国. 郭斌和，张竹明，译. 北京：商务印书馆，1986：229.

③ 同②237-238.

④ 同②238.

⑤ 胡志刚. 从“德性”到“个性”——“德性”和“道德”的区分与西方政治伦理观的古今断裂. 道德与文明，2016（3）.

⑥ 施特劳斯. 什么是政治哲学. 李世祥，等译. 北京：华夏出版社，2011：38.

论观念摆脱了道德，所剩下的是独立地研究政治的主张，其他没有别的了”①。此后，霍布斯认为政府的目的在于保护人民的安全，洛克认为政府的目的在于保护人民的安全和财产权。这与古典的“为德而治”思想非常不同。(2) 对于什么样的人应当做统治者，或者说，统治者应当具备什么样的品德，马基雅维利认为，一个国家在创立之初或一个国家在危急之时必须有一个强有力的君主来引导和统治，君主的行为不受道德约束。君主的道德与一般大众所赞美的道德不同，君主需要站在更宏观、更现实的角度来看应该遵守什么道德，应该摒弃什么道德。统治者的德性不同于普通人的德性，比如，慷慨对于普通人是美德，但对于君主则不是美德，因为这会加重百姓的负担。在他看来，促进君主获得权力、稳定国家统治的那些素质就是君主的德性，由此，德性由传统的价值理性转化成只具有功能意义的工具理性。(3) 政德与权力建立了密切的关系。近代思想家们把政治学的支点建立在权力上，取代了传统的德性。马基雅维利用是否有利于获得权力来界定君主的美德；霍布斯把人的欲望和追求简化为权力欲，认为沉思、有学问等不过是“微小的权力”，因为学问太深奥，没有多少人懂得。② 霍布斯明确地指出，德性是手段，是“作为取得和平、友善和舒适生活的手段而被称誉的”③。(4) 与近代规范伦理学相一致，政德的含义演变成从政者需要遵守的道德规范。所谓道德的人，其含义是遵守法则的人，道德的基本问题就是康德所言的“我应当服从何种命令”。在政治伦理学领域，“政治人应当遵守什么道德规则”就成为政德的主要内涵。

1887年，美国总统威尔逊（Woodrow Wilson）在《行政之研究》（“The Study of Administration”）一文中提出了公共行政学与政治学相分离这一观点。威尔逊的政治与行政二分思想同马克斯·韦伯的官僚制理论相结合，导致价值和道德被排斥在行政领域之外，政德此时成为政治家赢得选票的手段，从而与早期的德性政治相差甚远，“德性”观念中的目

---

① 马克思恩格斯全集：第3卷. 北京：人民出版社，1960：368.

② 霍布斯. 利维坦. 黎思复，黎廷弼，译. 北京：商务印书馆，1985：64.

③ 同②122.

的论含义已经被全部置换成工具性含义。

以 1973 年“水门事件”为标志，将道德逐出政治和行政领域的非道德主义受到了广泛质疑。政德再次引起了政治学和行政学学者的关注。在行政学领域，行政伦理学作为一门独立的学科被广泛研究。1978 年美国政府出台《美国政府道德法案》（“American Government's Moral Law”），带动了世界上 100 多个国家对公务员的道德立法。在这一阶段，政德的含义由靠自律为规范的道德演化为需要通过制度保障的“从政道德法”，越来越多的人在谈到政德的时候将之与“反腐败”联系在一起，早期政德中包含的目的论意义的“德性”、近现代以“自律”为特征的道德规范演化成对抗“腐败”的政治约束。“德”的意味越来越淡化，政德只在大选或者出现严重腐败的违规事件时才被人们提起。另外，以罗尔斯的《正义论》和麦金太尔的《德性之后》为代表，出现了对古典时期追求城邦正义和德性的回潮，但在工具理性日益强大的当代社会，政德必然会被打上深深的功利烙印，不可能逃脱工具化和制度化的命运。

综上所述，在西方，政德概念随政治学支点的变迁而变迁，在古代重在为德而治、由德而治和以德而治。这与中国古代“为政以德”的概念相近。此后，政德概念随着伦理学、政治学、行政学以及现代政治的发展而不断发展，内涵不断演变。今天，人们在谈到政德时又加入了从政者需要遵从的规范、行政职业道德以及政治领域的“反腐败”等含义。

3. 马克思主义经典作家的政德概念

在马克思主义发展史上，经典作家虽然没有直接使用“政德”这一概念，但却有着这方面的丰富论述。“马克思不是一个反道德论者，而是一个旨在祛除人性异化、实现人性复归的彻底的人道主义者和道德实践家。”① 马克思主义经典作家反对虚伪的道德说教、集权制度、寡头政治、经济垄断和劳动异化等，并对资本主义进行了深刻的批判。透过马克思主义经典作家这些方面的论述，可以看到马克思主义政德观的特点：

第一，政德是政党的道德，政德有着鲜明的阶级性。马克思主义之政德原则与无产阶级道德原则在本质上具有一致性。马克思说：“一切以往

① 张之沧. 马克思的道德观解析. 马克思主义研究，2010（9）.

的道德论归根到底都是当时的社会经济状况的产物。而社会直到现在还是在阶级对立中运动的，所以道德始终是阶级的道德；它或者为统治阶级的统治和利益辩护，或者当被压迫阶级变得足够强大时，代表被压迫者对这个统治的反抗和他们的未来利益。"[①] 在谈到良心时，马克思说："良心是由人的知识和全部生活方式来决定的。共和党人的良心不同于保皇党人的良心，有产者的良心不同于无产者的良心，有思想的人的良心不同于没有思想的人的良心。一个除了资格以外没有别的本事的陪审员，他的良心也是受资格限制的。"[②] 马克思认为，人的道德表现是受相应条件制约的。无产阶级具有无自我私利的，只为了自身群体与劳苦大众去行动的利他性道德。这种道德本质不仅由"无产"的经济身份所决定，而且规定无产阶级未来在维护自己利益、夺取国家政权、执掌国家政权的实践中，具有无自我私利的至高道德要求。[③]

马克思主义经典作家反对虚伪的道德说教，但不是道德虚无主义者，他们对党员提出了很高的道德要求。马克思和恩格斯认为，无产阶级政党必须是无产阶级的先锋队，共产党员必须是无产阶级队伍中具有共产主义觉悟的"最不知疲倦的、无所畏惧的和可靠的先进战士"[④]，"无产阶级的运动是绝大多数人的，为绝大多数人谋利益的独立的运动"[⑤]。共产党员必须有为人类的解放事业献身的精神，如果没有这样的精神，就不配成为共产党员。恩格斯将混进党内的腐败分子痛斥为"狡猾的生意人"。他严肃地说，如果"容忍任何一个蠢货在党内肆意地作威作福，而不敢公开拒绝承认他，这样的党是没有前途的"[⑥]。马克思主义政党俄国共产党（布尔什维克）创始人列宁明确指出，"我们需要的是能够经常同群众保持真正的联系的党，善于领导这些群众的党"[⑦]。因此，"必须把欺骗分子、官

---

① 马克思恩格斯选集：第 3 卷. 北京：人民出版社，2012：471.

② 马克思恩格斯全集：第 6 卷. 北京：人民出版社，1961：152.

③ 张长虹. 马克思主义中国化视域下的为政之德研究. 南开学报（哲学社会科学版），2017 (6).

④ 马克思恩格斯全集：第 7 卷. 北京：人民出版社，1959：219.

⑤ 马克思恩格斯选集：第 1 卷. 北京：人民出版社，2012：411.

⑥ 马克思恩格斯全集：第 34 卷. 北京：人民出版社，1972：90.

⑦ 列宁专题文集 论无产阶级政党. 北京：人民出版社，2009：343.

僚化分子、不忠诚分子和不坚定的共产党员以及虽然‘改头换面’但内心里依然故我的孟什维克从党内清除出去”①。

第二，政德是政府的道德，无产阶级的政府应提倡公仆原则和公仆意识。马克思和恩格斯批判地吸收了前人的文化成果，在总结巴黎公社经验的基础上创立了马克思主义公仆理论。马克思一针见血地指出：“表面上高高凌驾于社会之上的国家政权，实际上正是这个社会最丑恶的东西，正是这个社会一切腐败事物的温床。”② 针对资本主义社会政府的反动和官员对人民的压榨、迫害，马克思公开宣布无产阶级必须打碎旧的官僚国家机器，建立无产阶级的统治，争得无产阶级民主，用社会公仆代替社会主人。要实行人民管理制，所有的公职人员都是人民的勤务员，都是“社会的负责的公仆”，必须为人民服务。马克思说：“旧政权的纯属压迫性质的机关予以铲除，而旧政权的合理职能则从僭越和凌驾于社会之上的当局那里夺取过来，归还给社会的承担责任的勤务员。”③ 1878 年，恩格斯在《反杜林论》中论述国家权力的历史作用的时候，也谈到了“起先的公仆”“逐步变为主人”这一政治现象。1891 年，恩格斯在为马克思的《法兰西内战》所写的导言中进一步提出了工人阶级掌握政权以后必须“防止国家和国家机关由社会公仆变为社会主人”④ 的任务。在马克思主义看来，无产阶级政党的使命就是为劳苦大众谋利益，做人民的公仆。这就为马克思主义政德观奠定了基础，成为研究马克思主义政德思想的出发点和落脚点。

第三，政德是政治美德。马克思反对道德说教，但并不否定人的美德。马克思在讨论道德问题时，倾向于将之与人的品格结合起来。美国分析派马克思主义者布伦克特（G. G. Brenkert）认为，马克思较一般道德家更紧密地将道德和人的美德、优点或特定的生活方式、文化传统和风俗习惯联系起来。在这种意义上，道德首先涉及的不是道德律令，而是某些性格、品质的教育和培养。这种道德要求人“是什么和成为什么”，即什

---

① 列宁选集：第 4 卷. 北京：人民出版社，2012：562.

② 马克思恩格斯文集：第 3 卷. 北京：人民出版社，2009：154.

③ 马克思恩格斯选集：第 3 卷. 北京：人民出版社，2012：100.

④ 同③55.

么是人格或人性中最珍贵、最实在和最本质的东西。① 马克思主义经典作家所关心的问题是人应当成为什么样的人，其中心主题是建立自由人的联合体，让每个人得到自由全面的发展。马克思并没有抽象地和笼统地告诉人们应当遵守哪些道德规范，而是对社会存在的各种不道德行为背后的深层原因进行反思，告诫人们要用实际行动改变社会制度。

综上所述，在马克思主义经典作家那里，关于政德，是指政党和政府的道德。马克思主义经典作家反对虚伪的道德说教，但要求马克思主义政党的党员必须忠诚于党，具有不可收买的政治美德。

二、政德的内涵与特点

1. 政德的内涵

通过对中西方及马克思主义经典作家对政德内涵的梳理，可以看出，政德是一个有着广泛内涵的、不断演化和发展的概念。广义的政德即政治道德，包括如下几层含义：(1)“为德而治”，指政治的目的善，包括政党、政权和国家存在的合德性；(2)“以德而治”，是政策、规则和制度的合德性，包括政府的公信力、规则的公正性等；(3)“由德而治”，指从政者（包括党员干部和政府公务员）的道德，其中包括从政者的德性、道德原则和规范。狭义的政德指第三层含义中的从政者的道德。

本书以《政德论：心理结构与伦理行动的二重维度》为题，其核心概念“政德”主要是在狭义上使用的。但从政者的道德不是抽象的道德，所以必然会涉及政治或行政行为（为突出中国干部体制的特色，下文将从政者的政治和行政行为统称为领导行为）。因此，本书在谈政德时，立足从政者个体的德性，但又将之扩展至领导行为，从伦理规范与个体心性相结合而成的德性（心理结构）以及道德与领导行为相结合而成的道德领导力（伦理行动）这两个维度来透视政德，对政德这一现象进行研究。在这一意义上可以给政德下一个定义：所谓政德，就是从政者在政治生活、公共管理实践以及个人日常生活中应当遵守的道德准则和行为规范，由内化这些道德准则和行为规范而具有的道德操守，以及道德操守与领导行为相结

① 张之沧. 马克思的道德观解析. 马克思主义研究，2010 (9).

合而成的伦理行动的总和，它通过个体的德性和领导行为体现出来。

2. 其他相关概念说明

为方便读者阅读，在对政德的特点进行阐述之前，将本书涉及的一些相关概念在此做一说明。

第一，本书以“政德”立论，此处的“政”为“从政者”，是指《中华人民共和国公务员法》中规定的“依法履行公职、纳入国家行政编制、由国家财政负担工资福利的工作人员”。在中国，也称党政干部、领导干部。这一称谓与“政治—行政”二分法的国家不同，不做“政务官”和“事务官”的区分。本书中使用的“从政者”“领导干部”“公务员”“行政人员”等概念都没有本质区别。此外，关于政德的主体，马克思主义经典作家主要将之看作党员的德性，在本书中“党员”和“党员领导干部”等概念不做区分。

第二，本书中的“伦理”、“道德”、“德性”（美德）等概念，在没有特别说明时基本上同义。但是，有时候在使用这些概念时又有侧重和细微的区别。例如，在标题中，使用了“伦理行动”而没有使用“道德行动”，是因为这里要体现从政者的德性与法律、政策、风俗相结合而成的领导行为，而不是个体之“德”的简单体现。然而，在书中的一些地方，在谈到道德与领导行为相结合时又使用了“道德领导力”，而没有使用“伦理领导力”，这是要突出在同样的政策、法规，同样的环境下，由于个体之德性和能力的差别而导致的不一样的结果，为突出个体的差异，所以用了“道德领导力”。简单而言，用“伦理”时侧重指主体价值判断和伦理选择的外在规范，用“道德”时侧重主体的内在自主性。

第三，关于“道德领导力”。道德领导力是指从政者的道德人格、德性与领导行为相结合而产生的影响力以及通过领导行为实现善的目标的能力。在本书中，把道德领导力看作政德与其他道德现象的最本质的区别。道德领导力既指从政者道德具有的社会影响力，即对社会道德的导向和典范作用，更指从政者通过领导行为实现道德目标的能力和素质。从政者仅仅自己有德性还不够，还需要把自己的德性、道德目标与领导行为结合起来。如此，具有道德领导力，意味着在复杂的情境中具有判断是非善恶的能力，能够创造性地解决道德困境，在诸多道德选择中达致平衡，能够在自己坚守道德的同时在组织中营造良好的道德氛围。

3. 政德的特点

政德是政治与道德的结合，广义上包括政治生活中的伦理及从政者的道德，与其他领域的道德相比，具有以下特点。

第一，政治性与道德性相统一。孙中山先生说，政就是众人之事，治就是管理，管理众人之事，便是政治。政治是指治理社会的行为，亦指维护统治的行为。政治是各种团体进行集体决策的过程，尤指对某一政治实体的统治。政德是指从事政治活动的主体的道德行为。中国具有强调德治、强调从政者之道德修养的传统，德才兼备等一直都是政治活动的要求，同时，从政者的道德品质与道德行为从来不是私事，而是与政治品质密切关联或者说高度统一的，这就是所谓的政治道德化和道德政治化，具体表现为：一方面，倾向于从政治上认识和解决从政者的道德素质问题，将个人私生活领域的道德问题通过组织的方式解决；另一方面，倾向于通过道德修养的方式而不是通过制度的方式来解决政治生活中的诸多问题。“故礼义也者，人之大端也，所以讲信修睦而固人之肌肤之会、筋骸之束也。”（《礼记·礼运》）引申到现实中就是，从政者立政德，就要先做人，而礼、义是做人的头等大事。“故唯圣人为知礼之不可以已也，故坏国、丧家、亡人，必先去其礼。”（《礼记·礼运》）从政者如果抛开礼，就会导致国亡、家破、身败的悲惨下场。古希腊思想家柏拉图也认为应当由哲学家当国王，因为只有哲学家具备高尚的美德。政治应当是美德、知识和权力的结合。《礼记》和《理想国》中的理想社会都将政治与道德高度统一起来。

尽管将政治道德化和道德政治化的做法在法治社会不断受到批评，但事实上，这种理想作为对现实政治权术与专制的一种校正，一直在发挥作用，因为无论如何，政治是治理众人之事，作为众人之情感与利益认同的社会舆论和社会风俗就不应是从政者不管不顾的因素。但是，也不应把从政者私人生活中的道德与政德直接简单地等同而不加区分，因为这一方面可能导致重德治、轻法治的人治，另一方面也可能导致重品德、轻能力的庸政。政德是德治与法治的结合，是政治与道德之间的一种平衡。

第二，自律性与他律性相统一。政德首先是一种德，德的重要特征就是自律性，是道德主体基于对社会道德规范的认同而主动接受约束、自觉按照社会道德规范行事的主动性。政德作为一种道德，具有道德所具有的一般特点。政德的自律性是指，政德在作用于从政者的政治行为时，是一种自主、自觉、自愿的活动，是行为主体积极能动性的表现。如果说古代官员的自律是建立在敬畏天地的基础上的，那么今天群众和百姓就是天地。从政者将全心全意为人民服务的初心变为自己的道德追求和自我实现之心，如此就能在没有外在约束的情况下保持自律之心。

政德在形成和表现过程中还要有他律约束。政德的形成和表现主要靠从政者自觉地学习、修养和历练，但同时也离不开他律约束。道德的他律性是通过道德义务、道德责任、道德命令等形式表现出来的，体现一定的道德规范对行为主体的约束与规范。政德作为道德的一种特殊形式，必然具有道德他律性的这些特点。政德的形成和表现离不开他律约束，特别是国家和公众的监督与约束。

第三，内在性与行动力相统一。政德作为道德的一种特殊形式，必然具有道德的一般特点，即具有内在性和自律性。所谓内在性，是说政德是从政者灵魂深处的东西，是从政者的价值追求与德性，是一种内在的约束力，这种约束力通过从政者的内在修养和修养达到的境界表现出来。另外，政德与其他道德的不同之处在于，政德不能停留在内在修养层面，而应与外在行动特别是与从政者从事的管理活动相结合，一定要变成一种行动力。换言之，从政者仅有好的品德是不够的，他还要将内在修养与治国理政的能力相结合，从而营造良好的道德氛围，将道义融入治国理政的制度与文化，促进公民良好品德的增长。

第二节　政德的价值与功能

进入新时代，“政德”概念成为一个热词，受到政界和学界的广泛关注。之所以如此，与当下干部队伍现状以及中国共产党面临的执政挑战密切相关。一方面，在加强反腐败制度建设的同时如何筑牢干部的思想道德防线，从正面引导干部“作为担当”是当前干部队伍建设面临的重要任务；另一方面，提升中国共产党及各级领导干部的政治领导力是巩固中国共产党执政基础的重中之重。政德建设对这两方面目标的实现都具有重要的价值与功能。

一、政德内化：预防腐败的定力

19 世纪法国著名思想家托克维尔认为领导者必须有才能、德性、诚信和廉洁自律精神，否则就会破坏民主政治、败坏人民的政治道德，腐败和各种弊端都将因此而生发。个体在内化外在的道德规范，形成职业良知和个体品德之后，就具有了抵制外在诱惑的定力。此时，政德作为一种道德定力，就具有预防和抵制腐败的价值。

任何腐败的产生，都不外乎三点原因：一是世界观、人生观、价值观发生扭曲，具有“想腐败”的思想动机；二是权力制约和监督机制不健全，存在“能腐败”的客观条件；三是惩治腐败的方法、措施和途径不完善，诱发“敢腐败”的侥幸心理。基于此，我们在反腐败斗争中就要注意：一是加强政德建设，从源头上消灭“想腐败”的思想动机；二是完善机制，加强监督，堵住“能腐败”的漏洞；三是加大惩治力度，消除“敢腐败”的侥幸心理。《大戴礼记·礼察》中说：“礼者禁于将然之前，而法者禁于已然之后。”结合反腐败来说，道德教育可消除“想腐败”的思想动机，防患于未然，但若是产生了这样的动机并付诸行动，那就要用法律严惩。政德建设是一种预防机制，是反腐败体系中的重要环节。制度建设带有根本性，但制度建设并不是万能的。制度不能穷尽一切领域和一切事项，必定有空子可钻。政德建设是制度建设的重要补充。特别是在当下，在制度建设越来越完善、反腐败的成本越来越高的背景下，在腐败得到一定的扼制、从政者的“不作为”成为严重问题的情况下，在严厉的反腐败过程中从政者的心理压力越来越大的情况下，应该更加重视并加强政德建设，将之视作与制度反腐败相辅相成的途径，而不是视作制度反腐败的对立面，等同于人治从而加以排斥。

第一，政德可以抑制腐败的动机。腐败不外乎有两个维度的根源：个人的自利性动机与能够实现权力寻租的机会和条件。[①] 与此相应，预防腐败有两个维度：一是克服腐败动机，二是减少腐败机会。从政德培养的视角克服腐败动机，从制度层面减少腐败机会。

个人的自利性是产生腐败的动机因素。克服人的自利性几乎是不可能的。只要具备权力寻租的机会，自利的个人就可能走上出卖权力以寻求利益最大化的腐败道路。正如乔治·弗里德里克森（H. George Frederickson）所说，“当具有私益倾向的个人担任具有政府责任的职位时，有证据表明他们的信仰、观点和价值同政府和公众的道德观念是不一致的。也经常因为这个原因，我们会在政府中发现腐败和不道德的行为”[②]。但是，自利性并不只是物质的“利”，也包括精神的“利”。张维迎认为，对执法者的激励有三个方面：一是工资制度的激励，二是职业声誉的激励，三是法律规则和执法程序的约束。[③] 对个人的激励，除了工资等物质利益的激励以外，声誉也是一种激励。这表明除了物质需求，人还有追求声誉的精神需求。中国古人探求人生的价值与意义，得出了立言、立功、立德“三不朽”的追求。立德，就是修养自己的德性。如果确立了道德信仰，那么就能克服和抑制自利动机，从而“不想腐败”。

第二，政德可以抵制腐败的诱惑。激励措施有正激励与负激励，与减少腐败机会、增大腐败成本相比较而言，培养政德让从政者内化政德规范属于正激励。具体说来就是，通过倡导廉洁，增强从政者的正向免疫力，从而抵制腐败的侵蚀。

制度反腐败是采用惩罚措施，增大腐败成本，让从政者产生畏惧心理，不敢腐败。培养政德是对从政者进行正面引导，促使从政者生成廉洁的品德，增强正向免疫力，从而抵制腐败的诱惑。中国有“人性善”的文化传统，现代西方也有利他主义伦理学流派，主张人性中既有自利的一面，也有利他的一面。作为对公共选择理论“理性经济人”假设的修正，

---

① 程文浩总结了腐败形成的三个条件：物质基础、动机和机会。（程文浩．预防腐败．北京：清华大学出版社，2011：4）

② 乔治·弗里德里克森．公共行政的精神．张成福，刘霞，张璋，等译．北京：中国人民大学出版社，2003：167．

③ 张维迎．信息、信任与法律．北京：三联书店，2006．

公共服务动机理论认为人天然具有为他人服务的公益心。这些都说明，将人性假设为自利的虽然有利于相关制度的建立，对腐败具有直接的阻止作用，但并不利于人类善性的发挥，相反，给自利与腐败提供了自我辩护的理由，进一步消解了腐败中的自我责任，从而将腐败的责任推给制度。一方面，个体的自尊心、羞耻心变弱；另一方面，只要有腐败的机会，就会滋生腐败的动机。这样就导致反腐败的制度越来越细、越来越多，从政者个体的自主性越来越小，做事情的愿望越来越弱。当下中国采取了严厉的反腐败措施，制度越来越严格，很多腐败的机会和漏洞都被堵塞了，但却出现了“不作为”现象。“不作为”将对国家和社会整体利益造成很大的损害。有人认为“不作为”也是腐败，并且在一定程度上是更大的腐败，这并非没有一点道理。

第三，政德可以约束腐败的行为。培养政德，通过从政者对外在道德规范、价值原则的内在认同，让道德理性过渡到道德情感，产生道德意志，再由道德意志形成坚定的道德信念，从而使外在道德规范扎根于从政者的内在意识。从政者一旦出于自律而约束自己，就会形成抵制腐败的道德定力。

腐败的一个原因就是腐败成本低，惩罚措施不够严厉，让腐败者付出的代价不够大。对应的治理措施就是增大腐败成本，让从政者不敢腐败。的确，增大对腐败的惩治力度会对从政者构成强大的震慑力，但并不能真正解决腐败问题。宋太祖赵匡胤在位 16 年处死贪官达 30 人，每杀一人就昭告天下；明太祖朱元璋将腐败官员剥皮填草，摆到衙门公堂旁边，用以警告继任的官员。但是腐败并没有得到有效治理。治理国家不能仅强调法律的惩戒，还应加强道德的作用，这样才能形成良好的社会秩序，才能建成健全、健康的社会。电影《无问东西》中有一句话：“这个时代缺的不是完美的人，缺的是从心里给出的真心、正义、无畏和同情。”也就是说，法律约束人们，使人们不敢做坏事，而道德可以唤醒人内心的真心、正义、无畏和同情。从反腐败来看，一方面要加强“不敢腐”的法律惩治力度、“不能腐”的制度建设，另一方面要加强政德建设，筑牢“不想腐”的思想根基。

二、政德外展：政治领导的功能

进入新时代，领导干部的政治领导力建设被提到非常重要的地位，与此同时，政德建设备受关注，这昭示了新时代中国共产党领导国家治理的理念与方法的新走向。其内在的逻辑是：在公众自主性和个性不断增强的时代，建立在公信力基础上的领导力才是持久的、有力量的领导力。新时代要实现党对国家治理的领导，就需要加强政德建设，政治领导应是通过彰显政德而确立自己威望的权威型领导，而不应是以强大的国家机器为后盾的权力型领导。

中国传统社会强调德治，特别重视统治者之德与位的相配，正所谓“修德配命”“以德配天”，强调统治者修养德性对于政治合法性和合理性的重要意义。古希腊思想家柏拉图、亚里士多德都主张从政者要具有追求正义的善德。思想家们重视政治的道德性与从政者的德性，是因为政德对于实现道德的政治领导功能具有重要的价值。政治领导力包括政治引领力、政治认同力和政治执行力，道德的政治领导功能通过这三者体现出来。

第一，政德为政治引领力的发挥提供价值导向。在治国方略上，孔子主张对民要“道之以德，齐之以礼”（《论语·为政》）。他认为用道德和礼教来引导与规范民众，不但民众有廉耻，而且民心归服。孟子继承了这个传统，主张“省刑罚”，提倡以教化为主。他说：“善政，民畏之；善教，民爱之。善政得民财，善教得民心。”（《孟子·尽心上》）“以力服人者，非心服也，力不赡也；以德服人者，中心悦而诚服也。”（《孟子·公孙丑上》）在政治统治中，政德可以为政治引领力的发挥提供价值导向。

政治领导者通过道德教育、文化传播等方式实现对社会的价值引领。政治领导者不仅要用物质利益给人民群众以实惠，满足人民群众的物质需要，而且要不断地对人民群众实现价值引领，为人民群众提供精神信仰支撑。提高政治引领力，即提高引导、带领的能力。引领力的强弱是领导水平与领导素质高低的标尺。先进的道德价值富有旺盛的活力和感召力，会产生强大的向心力、吸引力和凝聚力。社会进步与发展的标尺是人的自由全面发展，公民的独立性、选择性、差异性不断增强是社会发展的必然结果，但是在任何时代、任何环境下，人类生存都必须以道德共识为前提。道德作为人类存在的信念基础、行为规范，可以为政治引领力的发挥提供价值导向。

第二，政德为政治认同力的生成提供情感基础。人有物质需求，还有基于物质需求之上的安全需求、情感需求、价值需求等精神需求。政治共同体是基于人的社会性特征而产生的共同体，政治活动是满足人的安全需求、情感需求和价值需求的活动。人生活在社会中，通过参与政治活动产生基于共同利益的归属感和认同感，并由此获得安全感和幸福感。对统治者而言，要得到被统治者的认同，关键在于满足被统治者各个层次的需求，得到被统治者发自内心的支持。正如孟子所说："桀纣之失天下也，失其民也；失其民者，失其心也。得天下有道：得其民，斯得天下矣。得其民有道：得其心，斯得民矣。"（《孟子·离娄上》）从政者要懂得理解民众的需求，获得民众的情感认同，而不是仅仅靠权力和武力强行让民众服从。孔子说："为政以德，譬如北辰，居其所而众星共之。"（《论语·为政》）施行德政，就像北极星一样，就在那里，整个天空的星星都围绕着它。施行德政，惠及天下万民，自然就能得到众人的拥护。孔子又说："上好礼，则民莫敢不敬；上好义，则民莫敢不服；上好信，则民莫敢不用情。夫如是，则四方之民襁负其子而至矣。"（《论语·子路》）人既是物质的存在，也是精神的存在。政治不只是武力征服，还要了解人们的心理活动和心理需求。人们在一定的社会中生活，总要在一定的社会关系中确定自己的身份。人们自愿把自己看作某一政党的党员、某一阶级的成员、某一政治过程的参与者或某一政治信念的追求者等，并自觉地以组织的要求规范自己的政治行为，这就是政治认同。

政治权力建立在实力基础上，包括经济实力、社会资源和军事实力等，当政者通过掌握经济资源、社会资源和军事实力而强制实施对社会的领导。但是，政治权力不应仅靠掌握经济资源、社会资源和军事实力来维持，还应具有非强制手段的柔性实力，要建立在广大民众的政治认同上，建立在道德行为上，这样就具有了权威。权威型领导力是靠他人的信任进行领导的力量。新时代的政治领导力应是权威型领导力，而不应是权力型领导力。

“德者，得也”，道德既是德性，又是助人获得天下的品质。对执政党和领导干部而言，道德是获得政治认同、获得政治合法性或正当性的源泉。政治、政策、政府得到广大民众的认同和支持，其政治领导力就强大；相反，政治、政策、政府失去公信力，得不到广大民众的认同和支持，靠政治强权维持统治，其领导力就较微弱。政治的合法性或正当性，不仅包括对政治、政策、政府的认同和支持，而且包括对统治者、政策制定者的认同和支持。

第三，政德为政治执行力的强化提供行动保障。“盖天下之事，不难于立法，而难于法之必行；不难于听言，而难于言之必效。”（张居正《请稽查章奏随事考成以修实政疏》）但凡国家大事，制定法令条例并不难，难的是有法必依。领导力不在于领导者说些什么，而在于领导者说出来就一定要有效果。很多时候，国家之所以内政不修，不是因为法律制度不健全，而是因为没有依照所立之法办事。无论法律还是政策，都重在执行，难在执行。政治领导力之强弱的关键就在于政治执行力之强弱。政治执行力，就是把政治路线、方针、政策等转变为现实政治的能力。对从政者个体来说，政治执行力就是完成任务的能力；对政党组织来说，政治执行力就是落实上级指示的能力，就是领导、组织成员实现政党之政治目标的能力。

从政者政治能力的高低，既要看政治觉悟、政治素养，还要看贯彻力、执行力。缺乏执行力，就不可能具有政治领导力。政治执行力本身就是政德的具体体现。这种政德既体现为是否忠于上级，能否忠实执行上级制定的政策，也体现为是否忠于人民。

忠实、诚信等政德是提升政治执行力的行动保障。忠实执行组织和上级的命令是从政者非常重要的品德。忠于组织、忠于上级、忠于制度，自觉听从组织安排、服从组织命令、接受上级管理、接受上级领导，这是执行力的重要前提。因此，古今中外的各级各类组织都非常强调忠诚品德的重要性。中国共产党的十七届四中全会强调，要坚持德才兼备、以德为先的用人标准，并把德放在首要位置，要求从政治品质和道德品行等方面完善干部德的评价标准，重点看是否忠于党、忠于国家、忠于人民。诚信，无论对个体的执行力还是对组织的执行力，都具有根本性的作用。战国时期，商鞅变法推出新法令。变法之初，担心法令不能得到重视，百姓视政府法令为儿戏，故而通过“徙木赏金”来立信。徙木立信，提升了秦国政府的公信力，树立了秦国新法的权威。法律政策的生命力在于实施，其权威性也在于实施。如果有了法律而不实施、束之高阁，或者实施不力，那么制定再多的法律也无济于事。如果制定了规划、政策，没有强大的执行力，做不到“政令必行”，有令不行、有禁不止，上有政策、下有对策，那就谈不上政治领导力。

第三节　本书的逻辑结构

政德与普通人的道德不同，它包括从政者的个体道德修养，但不停留于从政者的个体道德修养，政德必须和领导行为相结合。政德的形成，一方面要将外在的道德规范通过内外机制实现内化，另一方面还需要外展为行为，行为不是一般的道德行为，而是领导行为。道德与领导行为的结合，从领导力角度说是道德领导力，就行为结果而言是行德政。

广义的政德指政治道德，包括政治制度、体制等的合德性；狭义的政德指从政者的道德。本书在论述政德时，立足从政者个体由内而外的逻辑，从从政者个体角度展开论述，因而很多时候是在狭义上使用政德这一概念的。但是，由于政德与德政不可分，所以书中的某些地方又是在广义上使用政德这一概念的。从从政者个体的道德角度讲，政德包括伦理结构和心理结构：伦理结构是基于伦理关系的一系列规范体系；心理结构是伦理规范的内化，表现为从政者的道德定力和道德人格。与其他道德现象相区别，政德一方面是要内化伦理规范，修身成己；另一方面要与领导行为相结合，通过政治活动、公共管理实践实现“德”的外展。在这一过程中，把道德价值与法律法规、行政实践相结合，实现政党和政府的政治理想与行政目标，通过“政德”与政治、管理的结合，实现“德政”，于是就与广义的政德实现了衔接和融合。

本书分为三个部分。第一部分围绕政德的伦理结构展开讨论，包括第一章、第二章、第三章、第四章。第一章是对政德伦理结构的总论，第二章是对政治伦理关系的大德“忠诚”问题的论述，第三章是对公共管理实践中的行政道德的讨论，第四章是对从政者私人生活中的德性与修养的讨论。第二部分围绕政德的内化展开论述，包括第五章、第六章、第七章。第五章是对政德心理结构的总论，第六章、第七章分别讨论政德内化的心理机制和社会机制。第三部分围绕政德的外展即道德领导力展开论述，包括第八章、第九章、第十章和第十一章。第八章、第九章分别就“公共政策”与“干部体制”两个领域涉及的政德问题进行阐述，第十章论述政德的实践困境，第十一章对从政者解决困境的道德创造力进行论述。

第一部分
政德的伦理结构

第一章　政德的伦理结构

伦理关系是一种具有现实必然性的社会关系，道德义务从伦理关系中获得合理性规定。从政者必须面对和处理的伦理关系包括政治伦理关系、行政伦理关系和日常生活伦理关系三类。根据这一分类，可将政德划分为大德、公德与私德。“大德”是指政治关系中从政者在自己与政党、民众的关系中应遵守的道德规范和应具备的品德。忠诚是大德的集中体现，在传统社会就是公忠爱民，在当代社会就是忠于党、忠于人民；行政关系中的“公德”，是从政者在公共管理、社会治理中需要遵守的道德。“公德”集中体现在职业道德中，在传统社会，就是尚贤公正，在当代社会就是服务人民、恪尽职守、清正廉洁。“私德”是指个人品德、作风、习惯以及个人私生活中的道德。作为政德的“私德”，是相对于政治道德和行政道德而言的，是指从政者个人在家庭生活与私人交往中的道德行为和操守。在古代有孝悌谨信等，在当代社会就是恪守家庭美德和社会交往道德。

第一节　政德的伦理结构概述

政德的伦理结构是指政治伦理关系所要求的规范及其构成。政德规范是由政治伦理关系决定的。古往今来，政治伦理关系不断演变，因而规范其关系的伦理要求也不断演变。在中国，传统的政德规范非常丰富，诸子百家都有对政德的论述，从体系化与历史的传承性来看，儒家对政德的论述最具典型性，对后世影响最大。

伦理结构是指由伦理关系规定的道德规范体系，有多少种关系，就有多少种规范关系的道德规范。孟子将人与人的关系概括为“五伦”，即父子有亲、君臣有义、夫妇有别、长幼有序、朋友有信。这五种关系是中国传统社会最基本的人际关系。在当代社会，人际关系有了很大的拓展，与不同职业对应的伦理关系日益复杂多样。具体到从事政治活动的公职人员而言，需要面对的主要伦理关系有：政治伦理关系、行政伦理关系、日常伦理关系。与此相应，每一种伦理关系都有相应的道德要求，这些道德要求共同构成政德的伦理结构。

第一，政治关系中的道德。政治关系是围绕国家公共权力而形成的一整套关系体系，是阶级关系在政治上的反映。首先，政治关系是一个历史范畴，它是随着阶级、国家的出现而出现的。其次，政治关系具体表现为各种政治现象之间的联系，如政党与政府的关系、政党之间的关系、阶级之间的关系、民族之间的关系、国家之间的关系，以及领袖、政党、阶级、群众、民族、国家之间围绕着国家权力和利益而建立的关系体系。最后，政治具有普遍性。每个社会人都处在一定的政治关系中，如人民群众参与各种政治活动、组织各种政治团体、进行政治斗争、制定政治任务、建立政治机构、解决政治问题等，都包含着政治关系。一个人即使没有参加特定的政治组织，也不可能置身于政治之外。

在政治关系中，领袖、政党、阶级、群众等之间的伦理关系构成了政德的最核心内容；更具体地说，政德集中体现在从政者与政党的关系、从政者与群众的关系中。在传统社会，表现为君臣关系和君民关系；在当代社会，表现为党员干部与党组织的关系、党员干部与群众的关系。

第二，行政关系中的道德。行政关系是指行政组织在行使行政管理职权过程中与行政相对人、其他行政组织或者行政组织所属工作人员之间发生的社会关系，以及国家立法机关、司法机关、上级行政机关、专门行政监督机关以及公民、法人和其他组织，在监督行政行为过程中，与行政组织及其所属工作人员之间发生的社会关系。换句话说，行政关系既包括外部行政关系，也包括内部行政关系；既包括行政管理关系，也包括监督行政关系。

在行政关系中，行政组织内部上级与下级之间的关系，行政组织之间以及行政组织内部成员之间的关系构成了主要的伦理关系，从政者处理这些伦理关系，以及行使自身公共权力的方式与方法构成了政德的主要内容。行政关系中的道德是由行政职权的内容决定的。在传统社会，主要体现在选人、用人与司法行政中，因此，传统社会的政德特别重视用人为贤以及执法公正。无论从文学经典中还是从历史记载中，都可以看到这一特点。在当代社会，公共管理的职能发生了一些变化，特别是司法和行政有了一定的区分，行政更多体现为市场监督和提供公共服务。

第三，日常生活中的道德。日常生活中的道德是相对于政治生活中和公共生活中的道德而言的。从政者除了是治国理政的公职人员，还是自身家庭中的一员、自身所在社会中的一员，会在家庭中与家人发生各种关系，会在社会公共生活中与其他人发生各种关系。此外，他还有个人的生活习惯、品行、追求和道德情操方面的修养。从政者在这三个方面体现出来的道德就是从政者日常生活中的道德，即从政者的私德。虽以私德命名，但从政者的私德与普通人的私德有很大的差异，因为“君子之德风，小人之德草”（《论语·颜渊》）。从政者的德性不仅会对社会产生巨大影响，所谓上行下效，而且会对他的政治行为的效果产生影响，所谓“其身正，不令而行；其身不正，虽令不从”（《论语·子路》）。

第二节 传统政德的伦理结构

政德的伦理结构包括政治道德、行政道德与日常生活道德三类，传统政德的伦理结构也可依此框架进行梳理。

一、政治道德：公忠爱民

政治关系是人们在进行政治活动时形成的社会关系，政德视角下的政治关系主要指居于社会统治地位的从政者在实行社会治理、维护政治统治的过程中需要处理的社会关系。在传统社会，政德要维护的社会关系就是从政者与君（国）的关系、与民的关系。在中国古代，除了君主之外，所有的从政者都需要处理与君主、与百姓的关系。古代从政者最重要的价值取向与核心原则就是“公忠爱民”：“公忠”，即忠于国家和君主；“爱民”，即以民为本、爱民如子、为民做主、富民利民。

1. 公忠

中国传统道德是建立在血缘亲情基础上的，因而最重要的道德义务是“孝”，其他一切领域的道德义务都从孝道中延伸出来。为人子尽孝道，孝在政治领域的延伸就是为人臣要尽忠，忠与孝是做人的大道，是最基本的道德。“忠”，作为传统道德的一种要求和德性，在历史上主要有两层含义：一是广义的忠，是普遍的道德要求和德性，就是要求为人尽心、做事尽力；二是狭义的忠，即尽心为君主服务、忠于君主。孔子说：“与人忠”（《论语·子路》），曾子说：“为人谋而不忠乎?”（《论语·学而》）这都是广义上的“忠”，朱熹概括为“尽己之谓忠”（《四书章句集注·论语集注》）。孔子说：“臣事君以忠”（《论语·八佾》），郑玄说：“死君之难为尽忠”（《孝经注》），这是狭义上的“忠”。广义的“忠”和狭义的“忠”有着内在的联系。早期思想家们更多在广义上使用“忠”，而且将之放在相互关系中讲。但随着思想的发展，后期思想家们更多在狭义上使用“忠”，主要将“忠”作为臣子道德。经过五四运动和我国现代社会长期以来对传统道德的批判，愚忠的消极性被广泛传播，忠的原初意义基本被忽视。今天在继承和学习忠德时，需要重新挖掘忠德的积极意义，对之进行转化与创新。

事实上，孙中山先生已经看到了这一点，他说：“我们现在说到忠于君，固然是不可为；说忠于国是可不可呢？忠于事又是可不可呢？我们做一件事，总要始终不渝，做到成功，如果做不成功，就是把生命去牺牲，亦所不惜，这便是忠。”“现在一般人民的思想，以为到了民国，便可以不讲忠字；以为从前讲忠字是对于君的，所谓忠君；现在民国没有君主，忠字便可以不用。这种理论，实在是误解。在国家之内，君主可以不要，忠字是不能不要的。”“我们在民国之内，照道理上说，还是要尽忠，不忠于君，要忠于国，要忠于民，要为四万万人去效忠。”① 他认为传统文化是

① 孙中山选集：下卷. 北京：人民出版社，1956：650.

中国的民族精神，“不但是要保存，并且要发扬光大，然后我们民族的地位才可以恢复”①。他认为只有保存和发扬中华传统文化精神，中华民族的地位才可以恢复，并将中国传统道德概括为“礼、义、廉、耻”“忠、孝、仁、爱、信、义、和、平”的“四维八德”，作为中华民国的核心价值和道德理念。

作为政治伦理的忠，其道德要求有“利君”与“利国”两层含义。首先，要求臣对君尽己奉献、忠诚不欺、尽心竭力，奉献自己的一切。其次，这种奉献不应出于利己之私心，而应出于利君、利国之公心，以道事君。这样就形成了利国家和民众的公忠观念。所谓公忠，指的是对国家利益、民族利益、社会整体利益的忠诚，强调的是为社会尽责、为天下尽忠的献身精神，公忠区别于忠于一家、一姓、一人的私忠。据现有文献考察，“忠”最早出现在《左传》中，有70条之多。《左传·僖公九年》：“公家之利，知无不为，忠也。”《左传·成公九年》：“无私，忠也。”《忠经·天地神明章》以“至公无私”释忠，认为忠即是公正，不偏私，“至公无私，不正其心，而私于事，则与忠反也”。忠不是无原则的，而是“忠者，中此者也”（《大戴礼记·曾子大孝》），忠是对中正、正义的尽心竭力，公正无私。由中国传统的公忠思想引申出来的“天下为公”，成为中华民族的道德精神。

在人际关系上，忠的含义是助善而非助恶。“教人以善谓之忠”（《孟子·滕文公上》）。“以正辅人谓之忠，以邪导人谓之佞。”（《盐铁论·刺议》）“人以事相谋，须是子细量度，善则令做，不善则勿令做，方是尽己。若胡乱应去，便是不忠。”（《朱子语类》卷二十一）就是说，在为人谋方面，只应“成人之美”，而不应“成人之恶”（《论语·颜渊》），忠是有原则的，而非无原则的。先哲们的这些解说，使忠的含义、要求更全面、充实，也更明确。

2. 爱民

在政治生活中，为君者、为臣者都需要处理自己与民众的关系。在中国传统政治伦理中，处理君与民、臣与民的关系的准则就是：以民为本、

① 孙中山选集：下卷. 北京：人民出版社，1956：653.

爱民如子、为民做主、富民利民。

“民惟邦本，本固邦宁”（《尚书·五子之歌》），这是中国古代统治者提出“爱民”思想的一个基础性认识。先秦时期，孔子、孟子、荀子等思想家都论述了以民为本的思想。孟子提出“民为贵，社稷次之，君为轻”（《孟子·尽心下》）。荀子提出，民众为水，君主为舟，水可以载舟，亦可以覆舟。汉代贾谊提出领导者必须“以民为本”“以民为命”“以民为功”“以民为力”的主张。唐太宗李世民说：“为君之道，必须先存百姓。若损百姓以奉其身，犹割股以啖腹，腹饱而身毙。”（《贞观政要·君道第一》）这些认识，是中国古代思想家提出和践行“爱民”伦理的思想基础。

爱民如子是爱民这一道德规范的情感体现。爱民不仅是一种认识，而且应当内化为一种情感。中国传统社会家国同构，君主常以天下人的君父自居，各级官员也常有“父母官”情结。儒家明确以“为民父母”为喻。“为民父母，使民盻盻然，将终岁勤动，不得以养其父母，又称贷而益之，使老稚转乎沟壑，恶在其为民父母也?”（《孟子·滕文公上》）子民百姓一年到头辛勤劳动，也不足以赡养自己的“父母”，还要靠借贷凑足租税，老弱幼小在山沟荒野奄奄一息，哪里还称得上百姓的“父母”？如果不能解决好百姓的民生经济问题，就不配做民众的“父母”。

在现代社会，基于血缘亲情伦理精神的政治模式不断受到批判，建立在亲情基础上的君民关系不利于现代建成以平等为基础的官民关系。但应当看到，传统以血缘亲情为基础的官民关系中蕴含的急百姓之所急、忧百姓之所忧、以百姓之心为心的道德情怀，在今天仍然具有价值。孟子所言以不忍人之心行不忍人之政，这种不忍的同情仁爱之心正是从孝的血缘亲情中推扩出来的。孟子还提出了“与民同乐”的思想。“乐民之乐者，民亦乐其乐；忧民之忧者，民亦忧其忧。乐以天下，忧以天下，然而不王者，未之有也。”（《孟子·梁惠王下》）只有关心百姓的疾苦，处处为百姓着想，百姓才能为君主付出一切，这是后来范仲淹“先天下之忧而忧，后天下之乐而乐”思想的雏形。

法治社会依然需要道德。为政以德，以道德感化民心，才能使社会秩序井然、民心向上。如果只是依法治国，百姓出于对法律的畏惧而不违法，但内心并没有信奉和遵从的道德法则，没有培养出对道德法则的情感，没有对社会道德的真诚信仰，那么，只要有空子可钻，就会做违法败德的事。这样的社会就不会有人与人之间的同情，不会有人与人之间的宽容和理解。

为民做主是中国传统爱民道德的一个重要要求。在封建官吏看来，既然自己是子民的父母官甚或君父，自然要为民做主。按儒家的理解，“治人者”对人民负有不可推卸的政治义务和责任。“当官不为民做主，不如回家卖红薯”，为民做主反映了官员的一种积极从政的道德追求，而不是得过且过、无所作为。

政治上的安民也是爱民的一个要求。民本思想强调，统治者要实现国家的长治久安，就要行仁政、安抚民众。如孔子提出了“为政以德”（《论语·为政》）、孟子提出了“所欲与之聚之，所恶勿施”（《孟子·离娄上》）和“民事不可缓”（《孟子·滕文公上》）等仁政主张，要求从政者想百姓之所想、急百姓之所急。百姓想要的就给他们积聚起来，百姓厌恶的不强加给他们，顺应民心是最高的治世原则。因为“政之所兴，在顺民心；政之所废，在逆民心”（《管子·牧民》），这就要求从政者听民声、顺民意，不能“虐民”“暴民”。

富民利民是“爱民”的具体体现。要想把一个国家、地区治理好，得到民众的拥护，就要把富民利民放在首位，使百姓真正富裕起来。富民被儒家看作“政之急”。鲁哀公问政于孔子，孔子回答：“政之急者，莫大乎使民富且寿也。”（《孔子家语·贤君》）孟子认为，让人民过上丰衣足食的富裕生活，就达到了理想的“圣人之治”。荀子说：“事成功立，上下俱富，而百姓皆爱其上，人归之如流水，亲之欢如父母。”（《荀子·富国篇》）明太祖朱元璋说：“保国之道，藏富于民。民富则亲，民贫则离。民之贫富，国家休戚系焉。”（《明太祖实录》卷一百七十六）清代唐甄认为，立国不在于国库是否充实，而在于百姓是否富足。他说：“立国之道无他，惟在于富。”（唐甄《潜书》）民富则国安，人民生活富足是治国的根本目标。

二、行政道德：尚贤公正

在古代，从政者的管理职能相对于现代而言要少很多。地方官的主要职能就是举贤荐贤和主持公道。因此，在传统社会，行政道德要求主要表现为选人、用人中的尚贤和管理活动中的公正。

1. 尚贤

选人、用人是行政管理活动的重要职责，选人、用人的能力是从政者必备的能力。围绕选什么人、用什么人，历朝历代形成了各种各样的思想和观点。在这方面，也有规范从政活动的道德规范，其中尚贤就是一条重要的道德规范。

古代思想家们很早就认识到，得贤还是失贤是政治成败、国家兴亡的关键。基于这一点，管仲提出了他的用人原则："德义未明于朝者，则不可加以尊位；功力未见于国者，则不可授与重禄；临事不信于民者，则不可使任大官。"（《管子·立政》）如果一个人，他的德义没有在朝廷得到公认，没有为国家立下功劳，没有取得百姓的认可，就不能加位授禄。在任命官员时，必须根据实际政绩，特别是要有取信于民的真实政绩，而不是虚假的、表面的政绩。同时，管子总结出一套奖惩官员的具体办法。"慈孝""聪慧""拳勇"出众者，由乡长推荐试用，称职的委任为吏，任用称职的可以晋升，直至升为上卿助理。管仲选贤任能的思想，在一定程度上突破了世卿世禄制，扩大了人才来源，为日后科举制度的形成提供了思想基础。《管子·五辅》中说："古之圣王，所以取明名广誉，厚功大业，显于天下，不忘于后世，非得人者，未之尝闻。暴王之所以失国家，危社稷，覆宗庙，灭于天下，非失人者，未之尝闻。……故曰：人不可不务也。此天下之极也。"

墨子明确指出："入国而不存其士，则亡国矣。见贤而不急，则缓其君矣。非贤无急，非士无与虑国。缓贤忘士而能以其国存者，未曾有也。"（《墨子·亲士》）治国而不优待贤士，国家就会灭亡。见到贤士而不急于任用，他们就会怠慢君主。没有比用贤更急迫的了，若没有贤士，就没有人为自己谋划国事。怠慢、遗弃贤士而使国家长治久安的，还不曾有过。墨子进而认为，桀、纣就是由于没有任用天下之贤士而招致杀身之祸的。所以，"归国宝，不若献贤而进士"（《墨子·亲士》）。赠送国宝，不如举荐贤能的人才。"是故国有贤良之士众，则国家之治厚；贤良之士寡，则国家之治薄。故大人之务，将在于众贤而已。"（《墨子·尚贤上》）领导者的重要职责，就在于聚集天下之贤士。

古代的思想家、政治家用大量历史事实论证了“得贤者昌，失贤者亡，自古及今，未有不然者”① 的道理。汉高祖刘邦不仅深知用贤的重要，而且是善于用人的典范。刘邦平定天下之后，曾在一次庆功宴上说了这样一段话：“夫运筹策帷帐之中，决胜于千里之外，吾不如子房；镇国家，抚百姓，给馈饷，不绝粮道，吾不如萧何；连百万之军，战必胜，攻必取，吾不如韩信。此三者皆人杰也，吾能用之，此吾所以取天下也。”（《史记·高祖本纪》）刘邦之所以成就大业，就在于他深知用贤的重要并善于用贤。

唐太宗李世民是中国历史上杰出的军事家、政治家、战略家，是中国古代较为贤明的皇帝之一，他的很多治国之道为后世所推崇，其中用人之道尤其值得吸取、借鉴。唐太宗培养和使用了包括魏徵、房玄龄、杜如晦、尉迟敬德等有名的贤臣。太宗用人之道，可以归纳为以下几点：首先，重视人才，选人、用人不论亲疏，不问出身，唯才是用。唐太宗认为“能安天下者，惟在用得贤才”（《贞观政要·择官》）。唐朝初年，长孙无忌是长孙皇后的兄长，房玄龄是隋朝旧臣，张行成是一介布衣，魏徵则是政敌李建成的谋臣。不论亲疏贵贱，只要是人才，唐太宗都培养和使用，这些人后来都为唐朝的繁荣做出了巨大贡献。其次，知人善任。唐太宗登基后，唐朝因开国不久，百废待兴，故而合理使用人才，把每一个人放在合适的位置，官员之间互补互助，形成一个合理的结构就非常重要。唐太宗知人善任，挖掘每一个官员的特长，关于这一点，他曾说：“君子用人如器，各取所长。古之致治者，岂借才于异代乎？”（《资治通鉴·唐纪八》）例如，他对房玄龄和杜如晦的合理使用，成为合理使用人才的典范。房玄龄对于安邦治国，总能提出精辟的见解和具体的措施，但却不善于总结、提炼；杜如晦不善思想，却善于对别人提出的意见进行分析、判断。于是，唐太宗就重用了二人，形成了历史上著名的“房谋杜断”的人才结构。最后，以诚相待，宽容纳谏。唐太宗对大臣以诚相待，并且虚心听取臣子的意见，对臣子的意见宽容接受。他深知，兼听则明，偏听则

---

① 张鲁原. 中华古谚语大辞典. 上海：上海大学出版社，2011：58.

暗。有一次，唐太宗虚心地问魏徵，明君和昏君怎么区分？魏徵郑重地回答：国君之所以圣明，是因为他能广泛地听取不同的意见；国君之所以昏庸，是因为他偏听偏信。魏徵的这些至理名言，深深地铭刻在唐太宗的心里。从此，唐太宗便格外注意虚心纳谏；他不管你是什么人，只要你的意见是正确的，他都能虚心接受。

尚贤的前提是识贤，需要有“贤”的标准、原则和品质。用贤必先识贤，为官者能识人择贤，这是很高的政治智慧。在这方面，中国古人积累了很多经验，如诸葛亮的“观人七法”。诸葛亮在《知人性》一文中言：“一曰，问之以是非而观其志；二曰，穷之以辞辩而观其变；三曰，咨之以计谋而观其识；四曰，告之以难而观其勇；五曰，醉之以酒而观其性；六曰，临之以利而观其廉；七曰，期之以事而观其信。”简而言之，就是从对方的“志、变、识、勇、性、廉、信”七个方面考察，“观人七法”具有很强的指导性。今天人们借助现代科学技术对人的性格进行分析、测评，进一步证明了中国古代观人法的价值。

掌握用人标准是从政者的重要能力，用君子还是用小人，重德还是重才，重贤还是重亲重近，重能力还是重资历，用人之长避人之短还是求全责备，这些选择体现着从政者的品质、气度、人格与智慧。

2. 公正

古代官员的职责主要是两项：一项是用人，另一项是处事。处事公正，是人君的执政德性，也是对臣子的道德要求。从词义上看，“公”与“共”含义比较接近。共，即共同、共有、共享的意思。公与共联系起来，就叫作公共。《礼记·礼运》上说：“大道之行也，天下为公”，即为此意。贾谊《新书·道术》中讲：“兼覆无私谓之公”。《诗经》中有句名言——“夙夜在公”，讲的也是这个意思。既然国家权力属于公器、公权，那么从政者就必须忠诚敬业、大公无私，这是基本的职业道德。《吕氏春秋·贵公》中说：“昔先圣王之治天下也，必先公。公则天下平矣。平得于公。尝试观于上志，有得天下者众矣，其得之以公，其失之必以偏。”古代贤明的君主治理天下，一定会首先做到大公无私。只要大公无私，就能实现天下太平。根据上古的记载，得天下者必然是因为大公无私，失天下者一定是因为偏私。《尚书·洪范》以明“公”义：“无偏无陂，遵王之义。”

“无偏无党，王道荡荡。”韩非释“公正”：“公心，不偏党也。”（《韩非子·解老》）意思是说，公心的要旨就是无偏私。《荀子·赋篇》：“公正无私”；《管子·桓公问》：“毋以私好恶害公正”。《吕氏春秋·贵公》：“天下非一人之天下也，天下之天下也。”天下乃是天下人的天下，作为君主，不能把天下视为一己之私产，肆意妄为，利用职权，驱天下人之力以谋一己之私，而应为天下人之利益着想。

处事公正，就是要守法循礼，以法责成，不徇私情。官员只有处事公正，才会公生明，明生威。荀子曾说：“上公正，则下易直矣！”（《荀子·正论篇》）只有“上面”公正、公平了，大众才能走正路。与此同时，只有上级坚持公正原则，客观评价下级的工作，奖惩得当，主持公正，下级才会努力工作，尊重上级，上级才会有威望。相反，上级如果对下级不能就事论事，公平对待，而是以私情代替公义，那么不仅使自己丧失明智而成为昏官，而且使正直下级的工作积极性受到挫伤，这就破坏了团队的道德文化。

三、日常生活道德：孝悌谨信

从政者在政治生活中要公忠爱民，在行政生活中要尚贤公正。此外，从政者还是家庭生活中的成员，还要处理各种各样的社会关系。在传统社会中，官员居于重要地位。以吏为师是中国传统社会的特征，教化民众是官员的责任。因此，官员在公务活动之外也要恪守道德，为民众树立典范。子曰：“弟子入则孝，出则弟，谨而信，泛爱众，而亲仁。”（《论语·学而》）孟子提出“五伦”说：“父子有亲，君臣有义，夫妇有别，长幼有序，朋友有信。”（《孟子·滕文公上》）在家庭生活中最主要的就是要做到孝悌，在社会交往中最主要的就是要做到谨信。

1. 孝悌

在中国传统伦理中，孝悌是一种建立在礼制秩序上的互敬型伦理关系，是一切美德的人性基础。孝悌作为中华民族的传统道德观念，经孔孟儒学的发挥以及历代帝王的提倡，深深扎根于中华文化之中。作为一种传统美德，孝悌在维护家庭和睦、国家稳定与社会和谐中至今依然发挥着重要作用。在政德建设中，倡导孝悌，有利于通过祖训家规的传承来约束官员的行为；倡导孝悌，通过祭祀的仪式可以使人们慎终怀远、敬畏生命，对弘扬人生的价值起到积极作用，从而促进官员之积极人生观和价值观的生成。

孝悌观念源远流长。孝观念正式形成于周朝初期，原始意义是尊祖敬宗，其对象是逝去的祖先而非健在的父母。孝主要产生并体现在祭祀活动中。春秋战国时期，孔子继承了周朝初期提出的孝观念，并对之进行了发展，建立了以孝悌为基本规范的伦理体系。[①] 在传统社会，家庭关系以父子关系为主轴，因此，孔子非常重视孝。与周朝初期不同，孔子讲孝时总是与悌并提，将孝与悌结合在一起。“悌”的意思是敬兄，敬兄的实质是要求人们将家庭血缘关系中的亲情推广到社会关系，所谓“宗族称孝焉，乡党称弟焉”（《论语·子路》）。孔子教育弟子的第一件事就是“入则孝，出则弟”（《论语·学而》）。他一生致力于实现仁，途径就是孝悌。孟子继承了孔子的孝悌思想，“谨庠序之教，申之以孝悌之义”（《孟子·梁惠王上》）。孟子还把孝悌观念引申为义：“亲亲，仁也；敬长，义也。”（《孟子·尽心上》）《礼记·中庸》中也说：“仁者人也，亲亲为大；义者宜也，尊贤为大。”只要人人都能由悌成义、安于本分、遵从长上、克己复礼，社会就会秩序井然，于是天下归仁也。

到了汉代，传统的孝文化得到了更广泛的弘扬，汉代桓宽《盐铁论·诏圣》中有云：“与其刑不可逾，不若义之不可逾也。闻礼义行而刑罚中，未闻刑罚行而孝悌兴也。”意思是说，制定刑罚使百姓不可逾越，不如确定行为规范使百姓不可逾越。倡导礼义，刑罚就能运用得当，从来没听说过倡导刑罚，社会就会兴起孝悌之风。宋代陈亮的《祭林圣材文》中有云：“孝悌称于宗族乡党，慈爱隆于父子弟昆。”《孝经·开宗明义》中有云：“夫孝，德之本也，教之所由生也。”意思是说，一切品行的教化都由孝而生。

百善孝为先。要在全社会倡导孝悌之道，最好的方法就是以上率下。官德隆，民德昌；官德毁，民德降。《礼记·大学》中有云：“上老老而民兴孝”。意思是说，只有官员孝敬、赡养老人，民间孝道才能兴盛。上古

---

① 肖群忠. 孝与中国文化. 北京：人民出版社，2001：14.

时期，有大舜因孝感天动地，被发现并培养成部落联盟首领的传说。西汉的汉文帝以仁孝而闻名天下，《弟子规》中“亲有疾，药先尝，昼夜侍，不离床”的典故就是讲汉文帝。汉文帝贵为皇帝，其母亲薄太后病了，他日夜守护，亲侍汤药三年。隋唐时，李密以对祖母孝敬甚笃而名扬乡里，多次被朝廷征召。清朝大力提倡孝德，清顺治帝亲自为《孝经》作注。康熙帝颁发“圣谕”提倡孝道，敕令全国广为宣讲。他认为，帝王治天下要“首崇孝治”，“孝为万事之纲，五常百行皆本诸此”（《御制文选》卷三十一），极力践行“以孝治天下”的古训。

孔子说：“其为人也孝弟，而好犯上者，鲜矣。不好犯上，而好作乱者，未之有也。”（《论语·学而》）这是说孝顺父母的人很少有犯上作乱的。自古以来，儒家就坚信忠与孝互为表里、不可分割。明代袁可立的《张家瑞墓志铭》中有云：“为亲而出，为亲而处。出不负君，移孝作忠。处不负亲，忠籍孝崇。”① 移孝作忠，求忠诚于孝子之门，指把孝顺父母之心转为效忠君主之心，在“家”与“国”之间建立起桥梁。忠籍孝崇，官员在家行孝的程度成为衡量其对国的忠诚度的重要指标和依据。由此，孝悌成为选拔、任用、考评官员的依据。汉代是“以孝治天下”著称的朝代，有所谓“举孝廉”的制度，在当时规定四科取士的选定标准为：“一曰德行高妙，志节清白；二曰学通行修，经中博士；三曰明达法令，足以决疑，能案章覆问，文中御史；四曰刚毅多略，遭事不惑，明足以决，才任三辅令，皆有孝悌廉公之行。”（《后汉书·百官一》引应劭的《汉官仪》）并专设孝悌、三老等乡官以弘扬孝悌之道。孝悌乡官的职责是为民做孝悌方面的表率，劝化乡民在日常生活中行孝悌。古代为弘扬孝道，还实施了丁忧制度：朝廷官员在位期间，如若父母去世，则无论此人任何官何职，从得知丧事的那一天起，必须辞官回到祖籍，为父母守制 27 个月，为父母守孝报恩。所谓慎终追远，民德归厚矣，就是说形成讲孝道的社会风气，则天下太平。与丁忧制度相对应的一个权变之法叫“夺情”：为国家夺去了孝亲之情，可不必去职，以素服办公，不参加吉礼。夺情就意味着舍小为大、以国为家，既充分考虑了孝道亲情，又兼顾了家国天下。

---

① 中国方志丛书 华北地方第 456 号 河南省考城县志. 台北：成文出版社，1976：1444.

2. 谨信

谨，即谨慎；信，即诚信。如果说孝悌是处理家庭伦理关系的重要规范和德性，那么谨信就是处理社会关系的主要规范和要求。

“谨”是中国古代圣贤信奉的道德准则之一。“谨”，即小心谨慎、慎重重视，指待人处事细致、不苟且。《说文解字》中以“谨”和“慎”互释，“谨，慎也”。“谨”的对立面为懈怠、疏忽、大意。

“谨”字从言，因而，作为一种修养，谨首先要求为人做事言行谨慎，君子应当“敏于事而慎于言”（《论语·学而》）。君子要在言行上自我约束，做到“夫人不言，言必有中”（《论语·先进》）。谨言表现为言之有物，说的话能一语中的，说到点子上。荀子说：“其所为身也，谨修饰而不危。”（《荀子·君道篇》）管子说：“择可言而后言，择可行而后行”（《管子·形势解》）。西汉扬雄的《法言·修身》中有云：“言轻则招忧，行轻则招辜”。

谨作为一种修养，就是做事有度，不走极端，体现的是中庸之道，是对度的把握。谨言慎行，并不是让人畏首畏尾、瞻前顾后，而是要人言行适当，当言则言，不当言则不言，言行合乎时宜、场合。“孔子于乡党，恂恂如也，似不能言者。其在宗庙朝廷，便便言，唯谨尔。”（《论语·乡党》）“可与言而不与之言，失人；不可与言而与之言，失言。知者不失人，亦不失言。”（《论语·卫灵公》）“恭而无礼则劳，慎而无礼则葸，勇而无礼则乱，直而无礼则绞。君子笃于亲，则民兴于仁。故旧不遗，则民不偷。”（《论语·泰伯》）言行不恰如其分，只是一味地小心谨慎，该说的不敢说，该做的不敢做，不合礼的要求，结果就是胆小怕事，畏葸不前。葸就是谨慎的极端化发展，违背了度的要求，即违背了中庸的要求。

谨作为一种德性，就是要居安思危、见微知著。不仅说话办事要留有余地，而且懂得谨慎节制欲望，不骄不躁。“祸生于得意”（《说苑·敬慎》），要知道福祸相倚的道理，得意时、顺利时更要谨慎小心。而且，传统道德还特别强调“慎独”，“戒慎乎其所不睹，恐惧乎其所不闻”（《礼记·中庸》），作为君子，要为人正直、胸怀坦荡，做任何事情都要问心无愧。

谨不仅体现在自我修养中，而且体现在与朋友的交往中。中国古代特别强调谨慎择友、交友，要交善友、益友，而不交损友。一旦成为朋友，就要遵守朋友有信的原则。

“信”是中国传统道德中非常重要的规范。春秋时期的典籍如《左传》《国语》等中均有论及；孔子将恭、宽、信、敏、惠作为体现仁的五种德行。孟子把信作为处理五种人伦关系的规范之一，提出朋友有信。汉代的贾谊将信列为“德之六美”（《新书·道德说》）之一，并将信与仁、义、礼、智并列。后来，董仲舒正式将信列为“五常”之一，信遂成为中国传统道德的基本规范之一。

作为人的一种美德和规范要求，信的首要含义是真诚无妄。《说文解字》以“诚”和“信”互释。“诚，信也，从言成声”；“信，诚也，从人从言”。朱熹言：“诚者，真实无妄之谓。”（《四书章句集注·中庸集注》）又言：“诚者何？不自欺不妄之谓也。”（《朱子语类》卷一一九）“诚”是指真实的内心态度和品质，“信”是指“使人信任”，一个人真诚才能获得他人的信任和信服。“信”从“人”从“言”，要求人说话算数，说到做到。一言九鼎，一诺千金，这就是信。《论语》讲“言而有信”（《学而》），“言忠信”（《卫灵公》），“古者言之不出，耻躬之不逮也”（《里仁》）。不轻易说话，是因为害怕做不到而招致羞耻，所以“君子欲讷于言而敏于行”（《里仁》）。这些都表明信与人的言说有重要的关系。

人之为人，信为立身之本。“失信不立”（《左传·襄公二十二年》），守信方能立足社会。孔子说：“信则人任焉”（《论语·阳货》）；反之，“人而无信，不知其可也”（《论语·为政》）。《论语·卫灵公》中记载：“言忠信，行笃敬，虽蛮貊之邦，行矣。言不忠信，行不笃敬，虽州里，行乎哉？”只有言而有信，才能获得他人的信任，那么虽在荒蛮之地也会行得通。讲话不忠诚信实，行为不恭敬实在，就是在本乡本土也会处处受阻，无法达到自己的目的。陆九渊则把诚信看作人区别于动物的重要标志，人不讲诚信，就与动物无异。“人而不忠信，何以异于禽兽者乎？”（《陆九渊集·主忠信》）在人与人的交往中，诚信是基本原则。孔子的弟子子夏提出，“与朋友交言而有信”（《论语·学而》），结交朋友，如果不以信为原则，就会导致众叛亲离。

信是立身之本，也是处世交友之本。从政者要以信为本，因为只有在日常交往中守信，才可能在从政中守信，从而取信于民。

第三节　新时代政德的伦理结构

政德是从政者基于对治国理政规律的深刻认识而确立的人生追求、价值取向和道德准则。政德的伦理结构是指从政者处理各种伦理关系所应遵守的道德规范及其构成。从政者最主要的伦理关系有政治伦理关系、行政伦理关系和日常伦理关系。与此相应，政德的道德要求具有从政者的政治道德、公共管理道德和日常生活品德三个方面。道德是一种意识形态，是阶级性和全人类性的统一，是历史传承性和时代性的统一。每个阶级、每个时代都有与特定阶级和特定时代相适应的道德要求。政德因与政治关系密切，故而阶级性和时代性更显著。新时代的政德观就是明大德、守公德、严私德。

一、明大德

大德是与小德相对应的。《论语·子张》中有云："大德不逾闲，小德出入可也。"大德指大节，小德指小节。在马克思主义政党的执政活动中，凡属根本、重大、原则、方向的问题，都是政治。因此，所谓大德，就是政治生活中关涉根本原则和根本方向的道德要求，是由政党的性质、宗旨和价值追求规定的。具体地说，大德就是政治品质，指党员干部的政治信仰与政治忠诚。从政者"明大德"，就是要处理好自身与政党、与民众的关系，坚定政治信念，强化对党组织的政治忠诚。坚定的政治立场和政治信念是从政者一切道德的基础与出发点。政党首先是以一定的主张和信念组成的政治组织，其基本属性是政治属性，政治立场和政治追求决定着政党的本质与前途。党员领导干部作为政党的一员，忠诚于党的事业、坚定政治立场是首要的政治道德要求。时代在发展变化，党在不同历史阶段的具体政策、措施也必然经历相应的调整和变化，但无论怎么调整、怎么变化，党员的根本政治立场、政治追求不能变。在革命时期，敌我界限分明，容易辨别谁是敌人、谁是朋友。在和平时期，敌我界限并不分明，双方之间是一场看不见硝烟的战争，故而分清是非、辨明方向、坚定立场变得非常艰难。面对新时代、新征程，党员领导干部在重大原则问题上必须立场坚定，任何时候、任何情况下都不能含糊和动摇，必须坚持党的民主集中制，坚持个人服从组织、少数服从多数、下级服从上级、全党服从中央，维护党中央的权威与核心。

二、守公德

公德是指存在于社会群体中的道德，是生活于社会中的人们为了群体的利益而约定俗成的行为规范。作为政德的“公德”是指从政者在公共生活中的德行，更具体地说，是从政者在公共管理实践中应当遵守的道德规范。在公共事务活动中，从政者的政德要求是服务人民、恪尽职守、公正廉洁。道德与法律发挥作用的机制不同，其最大的特点不是通过强制手段进行约束，而是通过社会舆论、风俗习惯和内心信念实现约束。这种约束机制虽然不是强制的，但却是根本的。得民心者得天下。从政者要理解民众的需求，获得民众的情感认同，而不是靠权力和武力强行让民众服从。要得到民众的支持，关键是要得到民众发自内心的认同，而要得到民众发自内心的认同，就要坚持以人民为中心、为人民服务。新时代的领导应是以守公德而确立威望的权威型领导，而不应是以强大的国家机器为后盾的权力型领导。在人们的自主性和个性不断增强的时代，建立在公信力基础上的领导力才是真正持久的、有力量的领导力。对执政党和从政者而言，在公共生活中坚守道德、做坚守道德的表率，既是社会道德的风向标，也是新时代增强中国共产党的政治领导力、思想引领力、群众组织力和社会号召力的必然要求。

三、严私德

私德是指个人品德、作风、习惯以及个人私生活中的道德。作为政德的“私德”是相对于政治生活中的大德、公共生活中的公德而言的，是指从政者个人的操守和行为。如果说社会对普通人私德的约束越来越宽松，更多依靠个人的内在信念和良知来维系的话，那么，对从政者来讲，互联网时代对个人私德的要求和约束却越来越严格、越来越具有强制性。中国古代就有“修身、齐家、治国、平天下”的逻辑，坚信一切皆以修身为本，只有内圣才能外王。古希腊思想家柏拉图也认为治理国家的哲学王应当具备高尚的德性。在道德价值多元化的今天，西方国家在领导人竞选时，个人的道德言行是党派之间互相攻击的重要方面。从事公共管理的从政者个人的价值追求、品德情趣必然会对公共事务产生影响，因而很难说是私人之事。在互联网时代，私德的范围越来越小，个人言行的公开性越来越强、透明度越来越高，这就要求从政者戒贪止欲、克己奉公、廉洁修身，重视个人私德修养，慎独、慎私、慎微、慎初。

第四节　传统政德的继承与创新①

中国传统社会非常重视政德与德治。以儒家为代表，儒家倡导“修己以安人”，认为统治者只有提高自身修养，才能实现“安百姓”的治国目标。在周公“敬德保民”、《周易》“厚德载物”思想的基础上，孔子“祖述尧、舜，宪章文、武”（《中庸》），提出了“为政以德”的思想，奠定了儒家政德思想的基础，此后历代的思想家将这一思想不断理论化、体系化。儒家政德思想作为中国共产党政德思想的主要来源，经由革命、建设、改革时期的不断发展，推陈出新，形成了包括政德理念、政德原则、政德规范等的系统的政德思想。

一、政德理念：从“仁政爱民”到“以人民为中心”

儒家倡导政德，目标在于“以德配天”“修德配命”，其核心是处理君与民的关系问题，其本质是解决执政的合法性问题。处理君与民的关系的理念，是政德最核心的理念，回答的是政治统治和政治认同的关系问题。处理统治者与被统治者、执政者与民众的关系的政德理念，规定着政德原则和政德规范的方向。

---

① 本节内容曾以《中国共产党对儒家政德思想的继承与创新》为题，发表于《新视野》2018年第4期，在此做了部分修改。

政德的核心理念以对君民关系的认识为基础。对于君民关系，儒家的基本认识是“民惟邦本，本固邦宁”（《尚书·夏书》）。“民以君为心，君以民为体……君以民存，亦以民亡。”（《礼记·缁衣》）百姓是国家的根本，治国之道在于安民，百姓安定了，国家的根基就能稳固。基于此，儒家政德观的核心理念就是“仁政爱民”。“仁”是儒家人际关系的核心范畴。孔子主张“仁者爱人”，将“仁”扩展到政治领域，就是要“重民”“安民”“教民”“赏民”。孔子主张对百姓要“道之以德，齐之以礼”，并以此引导普天下的人都有恭敬、宽厚、诚信、勤敏、慈惠的美德，从而实现天下为仁的美好境界。

孔子的君民观承前启后，既是对上古民本思想的继承，也成为此后“民贵君轻”仁政思想的开端。孔子之后，孟子把孔子的仁德思想发展为仁政说，从民本论出发阐释仁政的必要性，认为民贵君轻，从政者要行仁政，使百姓安居乐业。一方面，孟子继承孔子的“仁者爱人”思想，提出“老吾老以及人之老，幼吾幼以及人之幼”（《孟子·梁惠王上》）的推己及人思想。另一方面，孟子总结历史教训，认为“桀纣之失天下也，失其民也；失其民者，失其心也。得天下有道：得其民，斯得天下矣。得其民有道：得其心，斯得民矣”（《孟子·离娄上》）。民心向背事关国家兴衰，得民心方能得天下。孟子认为“民为贵，社稷次之，君为轻”（《孟子·尽心下》），明确提出“以民为本”的执政理念。孟子将民本思想贯穿到施政原则和社会理想中，形成了“仁政”思想。“乐民之乐者，民亦乐其乐；忧民之忧者，民亦忧其忧。乐以天下，忧以天下，然而不王者，未之有也。”（《孟子·梁惠王下》）与民同乐，为民分忧，就能得到民众的拥护。

宋代以朱熹、二程等为代表的理学家把孔孟的仁爱思想与《周易》的生生之德论结合起来，建立了以生命为本体的宇宙论，使“仁”与天地万物之生相联系。他们认为“仁”是生命精神和生长之道，天地以生为道，生生不息是宇宙的根本规律。清代思想家戴震主张，“一人遂其生，推之而与天下共遂其生，仁也”（《孟子字义疏证》卷下）。戴震看到个人的生存与发展以物质需求的满足为前提，同时也认识到天下人都是如此，所以要求由己之生而遂人之生。这样就把追求个体幸福推至社会整体即天下共生的层面，使儒家仁学具有了崇高的精神，儒家的仁政思想从而获得了本体论意义上的价值支撑。

中国共产党把儒家政德思想、马克思主义的公仆理论以及中国革命道德实践结合起来，在革命、建设和改革三个阶段，不断丰富并逐渐形成“为人民服务”的政德理念。与新时代中国特色社会主义实践相适应，中国共产党的十九大报告提出“以人民为中心”的执政理念，把“人民”这一概念提到执政的核心地位，可以看作“为人民服务”理念的当代表述。

毛泽东早年非常注重学习伦理学理论，特别是系统学习了传统儒家经典并深受儒家修养论的影响。他曾说：“吾人须以实践至善为义务，即以发达吾人身心之能力至于极高为义务也，即以实践具足之生活为义务也。”① 以后，毛泽东接受了马克思主义，把马克思主义和中国革命实践结合起来，认识到广大民众特别是农民在中国革命中的地位。秋收起义时，毛泽东就鲜明地打出了“中国工农红军”的旗号。以后，在抗日战争中，为了团结更广泛的力量，中国共产党逐渐将“工农”这一概念转变为“人民”，使之更具包容性。毛泽东指出：“总括工农及其他人民的全部利益，就构成了中华民族的利益。”②

中国共产党人将中国人民和中华民族的利益看作一个整体，注重团结最广大的人民群众，认识到接续数千年中华文明一以贯之的“民本”理念的重要性，认识到只有传承这一优秀民族文化基因，才能在中华大地上生根。1944 年毛泽东在张思德追悼会上以《为人民服务》为题做了演讲。毛泽东说：“我们的共产党和共产党所领导的八路军、新四军，是革命的队伍。我们这个队伍完全是为着解放人民的，是彻底地为人民的利益工作的。”③ 此后，“为人民服务”成为中国共产党一以贯之的执政理念，也成为各级领导干部政德理念的经典表述。

中国共产党根据不断变化的国情，准确判断依靠谁、为了谁，从经典马列主义的无产阶级，到土地革命时期阶级矛盾的“工农”，再到抗战时期民族矛盾后的“人民”，实现了符合中国独特国情的历史性跨越。中国共产党的政德理念也从“为无产阶级服务”发展为“为工农服务”，最后

---

① 毛泽东早期文稿. 长沙：湖南出版社，1990：238.

② 毛泽东选集：第 1 卷. 北京：人民出版社，1991：159.

③ 毛泽东选集：第 3 卷. 北京：人民出版社，1991：1004.

提炼和升华为“为人民服务”，这成为中国共产党一以贯之的宗旨。成为中华人民共和国的执政党后，中国共产党把“为人民服务”五大金色大字镌刻于中南海新华门的红墙上，使“为人民服务”的价值成为中国共产党执政的核心理念。

党的十八大以来，与“为人民服务”理念一脉相承，“以人民为中心”成为新时代中国共产党人的执政理念。在中国共产党的十九大报告中，“人民”二字一共出现了203次，显示了新时代在价值理念上对从政者与“人民”关系的自觉，“以人民为中心”成为新时代政德建设的核心理念。

在改革进入攻坚阶段，面对全球化进程中价值观、权力观、利益观的变迁，意识形态领域出现了种种模糊和混乱的问题。中国共产党的十九大报告以“不忘初心，牢记使命”为主题，明确指出，中国共产党人的初心，就是为人民谋幸福，为中华民族谋复兴。在政德建设方面，其贡献在于：一是使“为人民服务”的政德价值理念更加明确，具有了鲜明的时代特色。新的历史时期，中国共产党面临着脱离群众的危险，“以人民为中心”的理念旗帜鲜明地重申了中国共产党的执政理念。二是使“为人民服务”的政德价值理念有了现实的针对性。现实社会中由于发展带来的公平失衡的问题、人民利益得不到保护的问题、环境被破坏的问题等都在一定程度上偏离了发展的目标。“以人民为中心”为解决一系列现实问题提供了价值导向。三是使新时代政德价值更加具有感召力、凝聚力和向心力。“以人民为中心”，不断增强人民群众的获得感、幸福感和安全感，必将极大地增强中国共产党在新时代的感召力、凝聚力和向心力。

二、政德原则：从“重义轻利”到“增强人民群众的获得感、幸福感、安全感”

道义与利益的关系问题是道德的基本问题。儒家认为，“趋利”还是“趋义”是衡量一个人道德品质高低的重要标准。先秦儒家的观点非常鲜明，即主张重义轻利、先义后利。孔子说：“君子喻于义，小人喻于利。”（《论语·里仁》）“义”成为君子与小人的分水岭。《论语》中有“君子谋道不谋食”“君子忧道不忧贫”（《论语·卫灵公》）之说，相近的表述还有“君子义以为上”（《论语·阳货》），只有“上好义”，才能使“民莫敢不服”（《论语·子路》）。孟子在见梁惠王时说的第一句话就是：“王何必曰利？亦有仁义而已矣。”（《孟子·梁惠王上》）孟子把义看得比生命还重要。“生，亦我所欲也；义，亦我所欲也。二者不可得兼，舍生而取义者也。”（《孟子·告子上》）孟子认为，义与包括生命在内的利之间存在不可调和的矛盾，在二者不可兼得的情况下，他做出了舍生取义的选择。

荀子也主张先义后利。荀子说：“行义以礼，然而义也。”（《荀子·大略篇》）“遇君则修臣下之义，遇乡则修长幼之义，遇长则修子弟之义，遇友则修礼节辞让之义，遇贱而少者则修告导宽容之义。”（《荀子·非二十子篇》）“不学问，无正义，以富利为隆，是俗人者也。”（《荀子·儒效篇》）荀子认为，“义之所在，不倾于权，不顾其利，举国而与之不为改视，重死、持义而不桡，是士君子之勇也”（《荀子·荣辱篇》）。

需要指出的是，先秦儒家并不是一味排斥物质利益。孔子认为，符合道义的利益取之无碍，能做到“见利思义”“义然后取”（《论语·宪问》）则可。孟子说：“非其道，则一箪食不可受于人；如其道，则舜受尧之天下，不以为泰。”（《孟子·滕文公下》）荀子则主张以义制利。董仲舒继承先秦儒家重义轻利的思想，提出“正其谊（义）不谋其利，明其道不计其功”（《汉书·董仲舒传》）的观点，主张贵义贱利。宋明道学家进一步发展贵义贱利的主张，提出“存天理，灭人欲”的口号。南宋事功学派和明末清初实学派对宋明道学进行批判，主张义利并重。综观儒家义利观，虽曾呈现不同时代的重心转变，甚至存在极端化倾向，但总体来看，儒家义利观的基本主张是重义轻利。

在道义与利益的关系问题上，儒家主张重义轻利，这一标准成为儒家从政者的基本道德原则。重义轻利中的这个“义”，就是“谊”，就是在处理个人与他人、与集体的关系中应爱他人、爱国家、爱民族。中国共产党在义利关系问题上，对儒家的重义轻利原则进行了批判地继承，提出了义利统一的革命的功利主义原则和集体主义原则。1942 年 5 月，毛泽东在延安文艺座谈会上说：“我们是无产阶级的革命的功利主义者，我们是以占全人口百分之九十以上的最广大群众的目前利益和将来利益的统一为出发点的，所以我们是以最广和最远为目标的革命的功利主义者，而不是只看到局部和目前的狭隘的功利主义者。”[①] 1942 年 12 月，毛泽东在《经济问题与财政问题》一文中说：“我们的第一个方面的工作并不是向人民要东西，而是给人民以东西。”“就是组织人民、领导人民、帮助人民发展生产，增加他们的物质福利，并在这个基础上一步一步地提高他们的政治觉悟与文化程度”[②]。1948 年 1 月，毛泽东说：“对被领导者给以物质福利，至少不损害其利益，同时对被领导者给以政治教育”[③]。毛泽东指出要按照国家利益、集体利益和个人利益三者兼顾的原则来解决义利矛盾。

判断中国共产党党员和干部道德与不道德的标准就是：是否为人民谋利益，是否为最广大人民群众谋利益。这一道德原则被毛泽东表述为革命的功利主义（在处理国家、集体和个人之间的关系时，强调三者结合，称为集体主义原则）。毛泽东说：“必须以合乎最广大人民群众的最大利益，为最广大人民群众所拥护为最高标准”[④]。习近平总书记在党的十九届中央政治局常委同中外记者见面时的讲话中指出：“我们要牢记人民对美好生活的向往就是我们的奋斗目标，坚持以人民为中心的发展思想，努力抓好保障和改善民生各项工作，不断增强人民的获得感、幸福感、安全感，不断推进全体人民共同富裕。”“增强人民群众的获得感、幸福感、安全感”，是对“为人民谋福利”的革命的功利主义的继承与发展，相对于“为人民谋福利”而言，增强人民群众的获得感、幸福感、安全感，不只是强调满足人民群众的物质利益，还包含满足人民群众的政治诉求和精神追求。这是在“人民美好生活需要日益广泛，不仅对物质文化生活提出了更高要求，而且在民主、法治、公平、正义、安全、环境等方面的要求日益增长”的新时代，共产党员和领导干部需要坚守的政德原则。

三、政德规范：从“忠、信、廉、慎”到“明大德、守公德、严私德”

《尚书》中有“九德官人”说：宽而栗、柔而立、愿而恭、乱而敬、

① 毛泽东选集：第 3 卷. 北京：人民出版社，1991：864.
② 毛泽东文集：第 2 卷. 北京：人民出版社，1993：467.
③ 毛泽东选集：第 4 卷. 北京：人民出版社，1991：1273.
④ 同①1096.

扰而毅、直而温、简而廉、刚而塞、强而义。官员要具备以上九种品德。孔子提出“崇德”原则，“主忠信，徙义，崇德也”（《论语·颜渊》），认为衡量从政者是否合格，根本标准在于其是否具有优良的品德。

在众多的德目中，儒家特别推崇忠、信、廉、慎等德目，这些德目构成儒家的主要政德规范。“忠”作为政德规范，与“孝”对应，主要规范君臣关系，但其不仅要求忠君，而且要求忠于国家和民族、忠于职守，所以有私忠和公忠之分。“致忠而公”（《荀子·臣道篇》），就是讲只有绝对的忠诚才能实现“奉公尚忠”“天下为公”。“信”作为儒家的政德德目，主要的含义是取信于民。“信则人任焉”（《论语·阳货》），“政令信者强，政令不信者弱”（《荀子·议兵篇》）。“廉”是巩固政权的重要保障。《周礼·天官·冢宰》中说平治官府之计有六事：“一曰廉善，二曰廉能，三曰廉敬，四曰廉正，五曰廉法，六曰廉辨。”“善”“能”“敬”“正”“法”“辨”，皆以“廉”为本。此外，儒家特别强调“慎”德。“慎”就是小心谨慎的意思。《诗经》中有句名言：“如临深渊，如履薄冰。”《中庸》中讲：“是故君子戒慎乎其所不睹，恐惧乎其所不闻，莫见乎隐，莫显乎微，故君子慎其独也。”

政德规范是规范政治活动中人与人之关系、人与事之关系的道德规范。中国共产党在革命、建设和改革开放的实践中，对传统政德规范进行了继承和创新，忠于国家、服务人民成为最重要的政德规范。毛泽东特别重视用马克思主义的观点、方法来剖析传统思想文化，通过对其内涵的改造，引申出有利于实践的新义。毛泽东认为，有必要对儒家倡导的“三达德”即“智、仁、勇”做唯物论的改造，以为无产阶级所从事的现实斗争服务。他以“制定正确的理论政策”释“智”，以“亲爱团结”释“仁”，以“克服困难”释“勇”，又加上做事“忠实”等，遂成别具一格的一家之言。① 对于忠、孝、仁、义，毛泽东说：“一个真正的孝子慈孙，必然是对国家民族尽忠尽职的人。这里唯一的标准，是忠于大多数与孝于大多数，而不是仅仅忠于少数与孝于少数，违背了大多数人的利益，就不是真正的忠孝，而是忠孝的叛逆。对于仁义也是一样，有益于大多数人的思想

---

① 毛泽东书信选集. 北京：人民出版社，1983：147－148.

行为谓之仁，处理关系于大多数人利益的事务而得其当谓之义。汉奸、汪派、托派之所以成为不忠不孝不仁不义之叛逆，就是因为他们只顾少数人的私利，抛弃了全民族大多数人的共同利益。”①

新时代，习近平总书记从明大德、守公德、严私德三个角度，结合新时代中国特色社会主义建设，深刻阐释了政德的含义及基本要求，进一步清晰地勾勒出一个统一的、明确的、科学的政德规范体系，为加强政德建设指明了方向。

大德、公德和私德构成了政德的三个层次，大德是理想信念层次，公德是岗位角色层次，私德是个人修养层次。所谓大德，就是政治生活中关涉根本原则和根本方向的道德要求，是由政党的性质、宗旨和价值追求规定的。具体地说，大德就是政治品质，指党员干部的政治信仰与政治忠诚。公德是指存在于社会群体中的道德，是生活于社会中的人们为了群体的利益而约定俗成的行为规范。作为政德的公德是指从政者在公共管理实践中应当遵守的道德规范。在公共管理实践中，从政者的政德要求就是服务人民、恪尽职守、公正廉洁。私德是指个人品德、作风、习惯以及个人私生活中的道德。作为政德的私德是相对于政治生活中的大德、公共生活中的公德而言的，是指从政者个人的操守和行为。

大德、公德和私德从内容构成上呈现为由高到低的三个层次，但从修养角度而言，三者相互联系、相互影响。私德为基础和起点；公德为本分，是职业生活中的基本道德；大德是理想信念，是政德的核心理念，贯穿于公德与私德中。明大德、守公德、严私德构成了一个完整而系统的政德体系。

---

① 中共中央为开展国民精神总动员运动告全党同志书//建党以来重要文献选编（一九二一—一九四九）：第16册. 北京：中央文献出版社，2011：183.

第二章　大德：政治活动中的忠诚*

以从政者的伦理关系为基础，政德可分为大德、公德和私德。大德是从政者处理与所属的政党、国家以及民众之关系的伦理要求和品德。古今中外，在不同的政治体制下，从政者要处理的伦理关系各不相同，但无论在哪种政治体制下，大德所涉及的伦理关系都是从政者与所属的政党、国家以及民众之间的伦理关系。处理这些伦理关系的最重要的道德范畴就是“忠”。在中华民族的传统道德体系中，“忠”在封建社会长期被作为首要政治道德而得到普遍认同和尊奉。建构新时代从政者的忠诚体系，需要对传统忠德进行现代的转化与创新，从中吸取智慧。

第一节　中国传统忠德的特点

在中华传统道德文化中，“忠”被认为既是修身进德、学礼行礼的方法，又是处理君臣关系、为政治民的基础。孔子以文、行、忠、信“四教”育人（《论语·述而》），孟子将仁、义、忠、信看作人应当追求的“天爵”（《孟子·告子上》），《周礼》以知、仁、圣、义、忠、和“六德”荐举贤能（《周礼·地官·司徒》），宋代则明确将孝、悌、忠、信、礼、

---

* 本章内容曾以《传统忠德在现代行政伦理中的转化与创新》为题，发表于《中国人民大学学报》2016 年第 4 期，在此做了部分修改。

义、廉、耻“八德”看作做人的基本道德。孙中山先生推陈出新，提出忠、孝、仁、爱、信、义、和、平“新八德”，将“忠”置于首位。自春秋战国始，在中国历朝历代概括的德目中，“忠”都位列其中，一直被认为是做人之重要道德。“忠”作为一个德目，伴随着中华文明的不断发展，历经各个历史时期的批判与传承，呈现出复杂曲折的命运，其内涵也随时代的变迁而不断丰富与创新。概言之，中国传统忠德主要体现为忠孝、忠诚、忠君。

一、忠寓于孝，忠孝统一

忠、孝共同构成中国传统道德的核心，谈忠就不能不谈孝。在忠孝关系上，“移孝作忠”“求忠臣必于孝子之门”是最典型的表述，也是目前现实生活中留存的忠孝文化。在政治生活实践中，“孝”一直是人们评价从政者之品德的一个重要参照。人们通常认为，如果一个人连自己的双亲都不孝敬，那么就不可能指望他做到“忠”。从思想观念的历史发展过程看，忠孝关系随着国家政治体制的变化经历了一个从忠寓于孝、忠孝分离到忠孝统一的不断转化与发展的过程。早期中国夏、商、周王朝家国一体，以血缘关系维系政治统治是一个自然的结果，孝与忠之间具有互通性和一致性。研究表明，在夏、商、周三代，作为一个独立的政德规范，“忠”尚未产生，“三代尚无忠的概念”，“忠产生于春秋时代”①。可以认为，春秋之前，“忠”概念寓于“孝”概念之中，尚未获得独立内涵。春秋战国时期，社会处于剧烈变革中，同时又蕴含着极大的创新活力。适应当时经济、政治和社会结构变迁的需要，忠、孝逐渐分离为两个内涵不同的概念。“忠”概念在由宗法分封制向郡县制转变的过程中逐渐从“孝”概念这一母体中分离出来。在井田制及分封制瓦解的过程中，旧的贵族阶层日益沉沦，新兴地主阶级逐渐上升，分封制逐渐为郡县制所替代，与宗法、礼乐制度密切相关的世卿世禄制逐渐遭到破坏。郡县长官不再是世袭领主，而是由君主直接委派的官员。郡县长官由君主任免、对君主负责，成为中国历史上最早的取代贵族领主的职业官僚。

---

① 范正宇.“忠”观念溯源.社会科学辑刊，1992（5）.

随着世袭领主制的瓦解和职业官僚的兴起，选贤任能成为选拔官员的主要方式，政权与族权渐趋分离。依据血缘宗法确定等级秩序的传统渐被瓦解，宗族本位与国家本位出现矛盾和冲突，出现所谓“礼崩乐坏”。以血缘宗族依附为基础的“孝”德难以适应新的政治体制的需求，“忠”逐渐从“孝”中分离出来，获得了独立的内涵，即形成了要求卿大夫、臣民对君主、国家全心全意、尽忠竭力的政德。至此，“孝”与“忠”两个概念呈现出二元化趋势。“孝”作为一种家庭、家族道德，越来越体现人伦化特色；而“忠”作为一种政德，则是一种超越血缘、人伦情感的政治义务。①

“忠”从“孝”中分离出来，二者分属于政治道德与日常人伦两个领域，规范的关系与职责不同，但有着共同的渊源。孝被看作一切道德的基础和根源，孝先于忠，忠寓于孝。当忠与孝发生冲突时，忠服从于孝，孝大于忠。《礼记·王制》中有云：“父母之丧，三年不从政。”旧时官员遭父母丧，应弃官家居守制三年，称“丁忧”，服满再行补职。孔子说：“父为子隐，子为父隐，直在其中矣。”（《论语·子路》）孟子也认为，当忠与孝发生冲突时，应以孝为重。有人问孟子：舜是天子，皋陶是法官，（如果）瞽瞍（舜的父亲）杀了人，那该怎么办？孟子认为，身为君，舜要维护刑法，不能阻止人们对他的父亲行刑；身为儿子，舜要保护父亲，不能看着父亲受到刑法的惩罚。在两难情况下，舜只能带父亲逃走。（《孟子·尽心上》）可见，在孟子的道德选择排序中，忠是从属于孝的。

在中国传统文化中，忠的心理基础是孝，孝是一切仁德的根本。对忠的心理基础的论述，最典型的就是《论语·学而》中有子的话：“其为人也孝弟，而好犯上者，鲜矣；不好犯上，而好作乱者，未之有也。君子务本，本立而道生。孝弟也者，其为仁之本与!”曾子将孝悌之道和政治统治连接起来，开创了“移孝作忠”的先河，“事君不忠，非孝也；莅官不敬，非孝也”（《大戴礼记·曾子大孝》）。《孝经》在继承孔子、曾子孝论的基础上，进一步阐述了“移孝作忠”思想，把孝提升为社会政治伦理层面的道德。孝的对象是双亲，“善父母为孝”（《尔雅·释训》），汉代贾谊

---

① 朱汉民. 忠孝道德与臣民精神——中国传统臣民文化论析. 郑州：河南人民出版社 1994：57.

将孝界定为“子爱利亲谓之孝”（《新书·道术》）。忠的对象是君、国家和社稷。董仲舒为了论证忠与孝的内在统一关系，把天地关系中的“地义”与五行关系的“土德”联系起来，将二者统一于下事于上的关系中。在论述天地关系时，他说：“地出云为雨，起气为风。风雨者，地之所为。地不敢有其功名，必上之于天。命若从天气者，故曰天风天雨，莫曰地风地雨也。勤劳在地，名一归于天。”（《春秋繁露·五行对》）在五行关系中，他认为，土德表现为“虽居中央，亦岁七十二日之王，傅于火以调和养长，然而弗名者，皆并功于火，火得以盛”（《春秋繁露·阳尊阴卑》）。他进而认为，臣道效法“地义”而生，孝道效法“土德”而生，二者统一于下事于上这一等级关系中，分别表现为子对父、臣对君的顺服关系。父亲是一个家庭的尊者，维持家庭秩序要遵循孝道；君主是一个国家的至尊，维护国家的秩序需要臣民对君主尽忠。

对君主尽忠就是在国家这个大家庭中尽“孝”，这样就重新将已经逐渐分离的国家政治关系和家族血缘关系联系起来，将忠与孝的心理基础和外在要求统一起来。汉代讲“以孝治天下”，有所谓“举孝廉”，就是推举孝子和廉吏当官。一个对自己的父母都不孝顺的人，怎么会爱别人？没有爱别人的仁爱思想，怎么能做好官？《后汉书》中有云：“夫国以简贤为务，贤以孝行为首。孔子曰：‘事亲孝故忠可移于君，是以求忠臣必于孝子之门。’”将子女对家长（即父亲）的服从延伸到君臣关系和臣民关系中，最终形成了相应的制度。

二、忠诚相通，重内轻外

作为道德意识和观念层面的“忠”观念，可上溯到原始社会后期。到了春秋时期，“忠”作为道德德目出现，并跻身“令德”“吉德”行列。“忠”可以与任何德目联系。“忠”首先是作为一般社会性道德观念出现的，具有真诚、正直、恭敬等含义，尤其强调尽心竭力。① 从其基本内涵及所指向的实质意义而言，“忠”与“诚”的意义最接近，二者相通相连，都表示尽心尽力，其重心在内不在外。

---

① 张锡勤，柴文华. 中国伦理道德变迁史稿：上卷. 北京：人民出版社，2008：94.

“忠”，从字形上看，是“中”在“心”之上，发自内心为忠。“忠”就是内心的意思，指对人对事无不尽心尽力的态度。《左传·昭公十二年》中有云：“外内倡和为忠”。外，指人外在的容貌仪态、言行举止；内，指人的内心。内心所想与外在表现一致，表里如一，就是忠。在古代典籍中，“忠”与“诚”可以互训，本质上都是指一种真实无欺、内外统一、无虚无妄的状态。《忠经·天地神明章》中有云：“忠也者，一其心之谓矣。”忠，是人对天地、真理、信仰、职守、国家及他人等都至公无私，始终如一，尽心竭力地完成分内义务的美德。做人做事，都要做到竭诚尽责，就是忠的表现。无论是“敬”“一心”，还是“竭诚”，都表达发自内心的绝对诚实和竭尽努力，强调尽心、诚意，不虚伪地对待他人。

曾子说：“为人谋而不忠乎?”强调的就是为朋友做事要尽心尽力，毫无保留。孔子将“忠”和“信”连用，表达同样的意思。“子曰：君子……主忠信。”（《论语·学而》）君子行事以忠信为主。“忠”与“诚”、“信”，都是指恪守良知、诚实不伪。孟子盛赞“仁、义、忠、信，乐善不倦”（《孟子·告子上》），认为忠是上天赐予、终身不变的“天爵”。朱熹说：“忠，只是实心，直是真实不伪。”（《朱子语类》卷十六）“忠”的本质是诚实和不欺。“在中华元典文化中，忠信合用成词；迟至唐代，才出现忠诚合用成词的文化现象。在千百年文化演进中，忠诚已经演变成一种代表、象征意志、信念、行为规范和精神面貌的文化符号。”① 虽然“忠诚”成词较晚，但“忠”与“诚”的内涵较近，忠诚对中华民族的精神文化影响十分深远。

“忠”在传统文化中，是一种道德上的诚实无欺状态，也是一种修养方式（所谓忠恕之道）。无论作为一种道德状态还是作为一种修养方式，“忠”的重心都在己不在他、在内不在外。曾子说“吾日三省吾身：为人谋而不忠乎?”，就是一种自我反省。孟子也强调人要经常反省自己是不是“忠”，是不是对人对事做到了尽心尽力。“自反而忠矣，其横逆由是也。”（《孟子·离娄上》）意思是说，如果自己已经尽心竭力，做到无愧于心，而对方认为我没有尽心，表现出蛮横逆反，那么就不必在乎，随他去好了。

---

① 张艳国. 忠诚文化及其现代价值. 江汉论坛，2005（9）.

孟子认为，人的德性是有层次之分的。他说："分人以财谓之惠，教人以善谓之忠，为天下得人者谓之仁。"（《孟子·滕文公上》）在这里，惠、忠、仁是三种不同的道德层次与境界。第一层次是"分人以财"，第二层次是"教人以善"。通常说来，分人以财人皆高兴，教人以善则未必。所谓忠言逆耳，并不是所有人都能听进劝善之言，教人以善者必须放下利害的计较，因为劝人为善很可能使对方产生怨恨，从而得罪人甚至招致报复。不畏自己的私利、一心为他人考虑而劝他人为善，这样方显示出一种利他的品格和精神。所以，"忠"内含"谏"，即一心一意为对方着想的责任。对于上级的不当行为，孔子、孟子都主张不能一味顺从，要诚实进"谏"，即孟子所说的"教人以善谓之忠"，因此有"忠谏"之说，"忠谏不听，蹲循勿争"（《庄子·至乐》）。但无论如何，"忠"更多的是在乎自己做到无憾无悔、问心无愧，至于他人是否听从并不是"忠"的重心。孟子所说的君子"三乐"中，其中一乐便是"仰不愧于天，俯不怍于人"（《孟子·尽心上》）。光明磊落、坦坦荡荡、问心无愧，便是人生的快乐之一。在这一意义上，"忠"主要体现为动机的纯粹，对得起自己的良知，至于外在结果怎么样并不重要，即使他人误会，没有达到好的结果，也丝毫无损于"忠"。

三、君国一体，重君轻民

尽管中国传统德目并不直接对应或仅仅限于某一种人伦关系，但每一个德目都有自己主要的对应关系。在儒家思想中，"孝"是规范家庭中父母与子女关系的德目，"忠"则是规范国家中君臣关系的德目。当我们谈父母与子女关系时，对应于"亲""孝"；谈君臣关系时，对应于"义""忠"。"在中国历史发展进程中，由于封建社会持续的时间较长，与此相应的封建君主专制集权特点非常突出。同样，在道德领域长期以来忠君取代涵盖了忠的其他内涵而成为忠的代名词。"① 而且，在"朕即国家""家国一体"的封建社会中，国家被认为是一家一姓的国家，君主是国家的代表，忠于君主就是忠于国家，忠君与爱国在传统社会高度统一。

"忠"的对象——是"君"、是"民"还是"国"——并不是固定和一

---

① 张锡勤，桑东辉．中国传统忠德研究的几个热点问题．伦理学研究，2015（1）．

成不变的，而是随着时代的变化而不断变化的。在先秦的许多文献里，规范君臣关系的“忠”是双向的、有条件的、相对的，正所谓“君仁臣敬”“君惠臣忠”“君臣有义”。管子说：“为人君者，中正而无私。为人臣者，忠信而不党”（《管子·五辅》）；孔子说：“君使臣以礼，臣事君以忠”（《论语·八佾》）。作为规范君臣关系的道德要求，“忠”的对象具有多元性的特点。“忠”有时指为君之德，“上思利民，忠也”（《左传·桓公六年》）。统治者要时刻想着为人民谋利益，这叫忠。“忠”有时指为臣之德，如管子认为，“为主而惠，为父母而慈，为臣下而忠，为子妇而孝，四者人之高行也，虽有小过，不为不肖”（《管子·形势解》）。如同“惠”对于君、“慈”对于父、“孝”对于子一样，“忠”是为臣者最重要的德行。管子还进一步对何谓臣子之忠做了规定：“能上尽言于主，下致力于民，而足以修义从令者，忠臣也。”（《管子·君臣上》）

当然，对君主仅仅“从令”并不能表明“忠”的完整含义，忠君还应该“据法而不阿，上以匡主之过，下以振民之病者，忠臣之行也”（《管子·君臣下》）。春秋时期，“谏”已经成为“忠君”观念的重要内容，君主无道时，要犯颜直谏，以纠正君主的过失。荀子认为，臣子应该遵循礼义和法律，以德辅佐君主。“谏、争、辅、拂之人，社稷之臣也，国君之宝也。”（《荀子·臣道篇》）荀子把臣子对君主的“忠”分为大忠、次忠、下忠三种，“以德覆君而化之，大忠也；以德调君而辅之，次忠也；以是谏非而怒之，下忠也”（《荀子·臣道篇》）。而且，“忠”并非一味听从君命，“逆命而利君谓之忠”（《荀子·臣道篇》）。臣子对君主的“忠”应是理性的、有条件的，并非一味盲从，如果盲目服从，就不是忠，而是国贼。

从战国后期开始，由于铁器的使用和牛耕的推广，荒地开垦增多，私田急剧增加，井田制逐渐瓦解。伴随着井田制的瓦解和土地私有制的出现，阶级关系发生了变化，以地租方式维持的封建地主阶级和农民阶级共同构成了封建社会的生产关系。伴随着经济领域的改革，政治体制不断变化，最直接的是分封制向郡县制过渡，官员任命中的世卿世禄制逐渐被选贤任能所取代。于是，产生了新型的君臣关系，这必然要求产生与之相应的政治道德。与这种要求相适应，“忠”的内涵和规范对象发生了变化，即自下而上的忠君观念得以强化，逐渐取代了上下对应互动的道德要求，原来规范君主的“忠于民”逐渐过渡为规范臣的“忠君”观念。秦汉之后，“忠”概念越来越向着单向的、绝对的方向发展。

董仲舒在论证“忠”德的合理性和将“忠”德推向绝对化的过程中发挥了关键性作用。董仲舒借助天地关系来说明“忠”德的合理性。他认为天子受命于天，政治上官制的设立是天子效法天的行为，君臣之间的关系也应效法天地之间的关系。他在《春秋繁露》中提出了“王道三纲”，即君为臣纲、父为子纲、夫为妻纲，赋予君对臣、父对子、夫对妻的绝对支配权，而臣对君、子对父、妻对夫则只有绝对服从的义务。至此，“忠”由先秦时期内涵宽泛、对象多元的日常伦理范畴演化为内涵明确、对象单一的政治道德范畴，并上升到“纲”的地位。宋代以后，这一思想发展为“君要臣死，臣不得不死”的“愚忠”观念，完全抹杀了个体的主体价值和独立人格。

第二节　传统忠德的现代转化

在几千年的传统文化演化过程中，伴随着社会变迁，特别是政治结构的演化，“忠”德观念经历了由上而下、由宽而窄、由相对而绝对的不断演化。“忠”作为一个道德概念，一直都与人们的生活特别是政治生活和行政实践密切相关，但也不断受到来自各方的质疑与批判。在当代政治生活实践中，忠诚、廉洁、担当成为新时代好干部的标准被提出来，忠诚成为选拔干部的政治标准和道德标准。

中国近代以来，随着最后一个封建皇帝退位，延续了两千多年的封建帝制终结，与传统统治相适应的传统道德文化受到猛烈抨击，其根基已经动摇，民主、自由、平等等西方理念被一些进步知识分子引入，但在政治实践中却水土不服。一时间，旧传统被打破，但新传统并没有随之建立起来。作为传统道德之重要组成部分的“忠”德面临同样的命运。随着作为封建社会之国家代表的君主的消失，“忠”德的规范对象消失了，“忠”德遇到了前所未有的挑战。一些志士仁人开始探寻如何实现传统文化的现代转型。孙中山先生作为现实的革命家，特别强调“忠”德在治理国家中的继承和创新问题。张岱年先生在《试论新时代的道德规范建设》一文中对“忠”进行分析时，特别强调“公忠”具有爱国主义的时代意义。他说：“在社会主义时代，爱国主义应是道德的第一原则，这一行为规范仍可用‘忠’来表示。为了区别于忠于个人的忠，可以称为公忠。”[①] 南京大学徐小跃教授认为，不能将“忠君”一概定性为糟粕，而是一要区分它的“正”与“不正”，二要看忠君与爱国是否统一。具体说来，君之意是为了国家、为了人民、为了民族，那么，此时的忠君就等同于爱国，应该得到肯定和颂扬。[②]

改革开放以来，经济领域的变革引发了社会结构的深层变化，伦理道德方面的危机也随之显现，如何构建与新的社会结构相适应的道德体系和核心价值，如何实现传统道德的创造性转化与创新性发展，再次成为重要的理论与现实问题摆在了国人面前。现代社会的行政伦理关系较传统社会的君臣关系已经发生了很大的变化，如果说传统的君臣关系是在家国一体的政治结构中的君臣关系，那么现代的行政伦理关系则是以职责为核心而不是以“君”为核心的行政伦理关系。但是，只要科层制的官僚体制存在，只要行政关系与行政组织存在，“忠诚”就是政德的重要规范与品德，也是现代行政实践的规则。行政学的奠基人之一伦纳德·怀特（Leonard D. White）在其专著《行政学概论》（*Introduction to the Study of Public Administration*）中就将忠诚、竭力负责等看作“官纪”的重要表现。他说：“官纪者，乃表现于热望、忠诚、合作、竭力负责及以服务为荣之精神也”，“官纪是一种表征，即整个雇佣情势纯净结果之标记，同时亦为可以培养之素质”[③]。但现代政德中的伦理关系发生了变化，需要对传统忠德进行现代的诠释与转换，这样方可将传统“忠”德化为当代政德建设的积极资源。关于传统“忠”德在当代政德建设中的转化与发展，可以从政德理念、政德实践以及政德制度三个层面进行讨论。

第一，政德观念层面，传统忠德的内涵需要由以强调个体动机为重心

---

① 张岱年. 试论新时代的道德规范建设. 道德与文明，1992（3）.

② 蒋正翔. 忠德的多重意义与价值. 光明日报，2015－06－27.

③ 伦纳德·怀特. 行政学概论. 刘世传，译. 北京：商务印书馆，1941：262.

的忠君爱国扩展到以责任为中心的忠于职责的行政忠诚。传统的忠君观念已失去社会基础，但忠于国家、忠于人民、忠于法律、忠于职守的政治责任仍然是当代行政伦理的核心价值。尽管传统忠德特别是先秦时期的忠德有着多重内涵，其中也包括了忠于国家、忠于人民、忠于法律、忠于职守的内涵，但是封建社会高度集权的家国体制与现代社会人民主权的政治结构有着根本的不同，因而其内涵有着很大的差异。在现代依法行政的背景下，“忠”不再是简单的君国一体的“忠”，不再是不问是非、只问心诚的“忠”，而应当与现实的行政伦理关系中以职责为中心的角色意识相结合，成为一种出自道德动机的品质和一种基于现实行政伦理实践与多重关系定位的行为准则。

道德与实践密切相关，道德实践的丰富性决定了道德活动和道德情境的特殊性。然而，道德作为一种原则和要求，应当具有一定的普遍性。但是在传统文化中，道德规则之于道德实践始终是第二义的。“忠”无论在圣人的思想中还是在国人的道德实践中，都不是一种规则，而是一种气节，是一种为了坚守道德和信念而不惜牺牲生命的气节、操守与情怀。我们常常会将这种品德操守赞誉为忠贞、忠烈。但现代行政伦理中的忠诚有别于信念伦理，或者说不是主要基于信念和品德，不以强调个人内心的“诚”为重心。在现代行政实践中，从道德上判断一个人的价值，不仅要看他是不是忠诚，而且要看他是否担当起他所处的现实行政伦理关系赋予他的责任。作为当代行政伦理规范的忠诚，需要把对国家的责任具体到与每个个体的职责和角色定位相联系的行政责任中，定位于金字塔结构中的行政层级关系中；每一个人忠于职守、忠于职责，尽心尽力地做好自己岗位要求的事，负起岗位职责，就是对国家的忠诚。当然，这种忠诚观的培养依赖责任与权利明晰的制度设计。正如怀特所说：“高效的政府必须依靠权责的合理配置。这个原则很容易发现，就是明确责任使每个人都有确定的职责，在这种条件下，成功与否就依赖个人能否勤奋与智慧。”①

第二，政德实践层面，“忠”的对象需要实现“以人为中心”向“以

① Leonard D. White. Introduction to the Study of Public Administration. New York: Macmillan, 1926: 59-60.

事为中心”“以法律规则为中心”转化。在任何组织中，忠诚都是非常重要的道德要求。从政者应当将忠诚作为核心理念，这一点没有任何争议。一般要求从政者忠于祖国、服务人民，但在现实中，由于祖国和人民是没有特定对象的宽泛概念，也由于受到行政实践中科层制的行政层级设计与行政人员升迁机制的影响，忠诚在行政伦理实践层面事实上演化成忠于上级乃至忠于上级领导。较仁、义、礼、智、信而言，传统忠德的历史命运更为特殊，每逢历史变革时期，其内涵和时代价值就会成为学界关注与争论的焦点。这主要是由于，“忠”作为“三纲之首”，其内涵已经被定格在“君为臣纲”，“忠”的作用被认为是维护不平等的等级秩序，“忠”在本质上是“不平等之道德”。然而，批判与清算只是停留在理论观念层面，在现实的行政实践中，忠于上级、忠于领导依然是从政者奉行的重要道德。理念与现实之间的分离在忠德这一现象上表现得非常突出。目前随着依法行政理念的宣传与普及，忠于法律的理念在从政者的意识中普遍确立，但现实中人们依然奉行“黑头不如红头，红头不如笔头，笔头不如口头”的潜规则。在现实的行政实践中，谈到忠德，人们还是将之指向某一特定的有恩于自己或即将对自己的发展产生重要影响的人。这既与人们固有的忠德观念有关，也与现有的体制有关。比如，时至今日，官位达到一定级别，从政者职务调整，其秘书、司机随之调动，在他管辖范围内，提拔、重用“自己人”一直都是行政活动的惯例。在政治生活中，是否“跟对人”成为从政者职业发展的决定性因素。目前暴露出来的集团腐败、塌方式腐败、圈子文化，都可以折射出政治生活中“忠于个人”的忠德文化和人身依附的政治生态。

国家治理现代化的实现，需要品德、文化与制度互相促进，体现在忠德的现代转化中，就是要在现实中培养求真务实的态度，将“知恩图报”式的、不讲原则和法律的对“人”的无限绝对忠诚，转化为对“事”的忠诚，转化为追求将事做完美的态度，转化为提升自己才干的热情和努力。国家治理现代化的实现，不仅需要现代化的管理制度，而且需要现代化的管理文化和管理者。现代化的管理者应当是忠于职守、把管理与服务的精细化作为目标、把提供高效的公共服务当作义务的管理者，而不是把拉关系、琢磨领导的心思、为领导提供精细化的服务当作工作义务与职责的管理者。与此同时，应培养从政者忠于法律、规则至上的信仰。国家治理现代化的核心是实现人治向法治的转化，从人治社会迈向法治社会，其中最活跃的因素人要实现由忠于上级与领导转向忠于法律与规则。在现代社会转型过程中，从政者常常陷入忠于上级命令还是忠于法律法规、忠于领导还是忠于职责的冲突中，这体现了忠德从观念到生活实践层面实现全面转化的迫切性和重要性。

第三，政德制度层面，实现由重内轻外的单向的品德忠诚向内外结合的双向的契约忠诚的转化。西周、春秋时期，忠德作为一个道德规范，其规范对象是双向的，虽然人与人的地位、身份是不平等的，但在一定的范围内又是可以选择的。“君使臣以礼，臣事君以忠”（《论语·八佾》），臣忠是以“君使臣以礼”为前提和条件的。这个条件可以被看作君和臣之间的一种契约。但是汉代以来，随着大一统的封建专制国家的建立，维护国家集权稳定成为君主所面临的越来越重要的问题，以董仲舒为代表的思想家出于维护封建统治的需要，把早期的双向忠德观渐渐演化为只强调臣对君的义务的单向忠德观，忽略了君对臣的义务及君对臣的权力的限度。忠德越来越成为下对上的一种无条件服从，而上对下则没有任何义务的不平等要求。在中国传统文化里，忠诚是对为人臣者最重要的道德要求，必要时应当“杀身成仁”“舍生取义”。在现代社会，国家已经不再是一家一姓的国家，而是人民主权的国家，行政组织中任何一级的成员都是行政权力的执行者，而不是拥有者，为了保障人民主权不被滥用，需要制定法律和制度。因此，现代国家治理的核心是法治而不是人治，这就决定了现代行政伦理要求的忠诚是忠于法律而不是忠于某个人。

与忠于法律相一致，忠诚的表现形式或者说制约方式应当由单向的品德忠诚转化为双向互动的契约忠诚。在传统文化中，忠诚是最重要的政治道德，儒家讲忠有时和信连用，但是儒家更强调的是诚，而不是信。为了忠，可以牺牲信，为了自己的主子而欺骗、失信，不仅不会受到道德的谴责，反而会被认为是一种更高的忠诚。在现代行政伦理中，应当强化忠德中的“信”内涵。在现代行政伦理中，忠诚不应当是单方面的，而应当是双向的。在现代行政伦理中，忠诚应当是基于组织同个体之间权利与义务相统一的契约之上的忠，而不应当是单方面的、绝对而无条件的忠。在西方，从柏拉图开始，就非常重视公民的各安其位、各守其责，到了近代，霍布斯、洛克等人创立了社会契约论。在现代职业伦理中，组织不仅通过外在的法律法规的形式对行政组织与其成员之间的权利和义务进行规定，而且通过内在的“心理契约”（即以组织成员与组织的关系为前提，以承诺与感知为基础，组织成员与组织间彼此形成的责任和义务的期望）加以相互约束。在这一意义上，现代行政伦理中的忠诚，应当由强调单向的、个体内心的“品德忠”向以契约为基础的“事业忠”转化。

第三节　忠诚冲突与独立人格

传统忠德要在新时代获得新生，既需要实现内涵的拓展与功能的转化，还需要实现内在品质与外在保障的创新。就内在品质而言，应从培养独立思维、独立判断能力和独立人格中寻求现代忠德的创新之路；就外在保障而言，应建立将组织需求与个体需求相统一的制度机制和管理体系，以促进现代忠诚观念的培育与忠诚文化的形成。

改革开放以来，与经济生活中的诚信危机相对应，政治生活中出现了忠诚危机。现代行政组织中的忠诚危机（或者称之为忠诚冲突更为贴切），应当被看作在社会转型、由传统社会迈向现代社会过程中人的观念和行为方面的困惑。传统社会家国一体，对君的忠诚与对国的忠诚高度统一，在高度集权的君主制下，“忠”的对象相对单一、明确，因而忠诚的冲突最多体现为“忠孝冲突”。尽管在不同历史时期也出现过忠于君与忠于国、忠于君与忠于道之间的冲突和论争，但是在家国同构的体制没有发生根本变化的政治结构中，这种冲突和论争主要存在于与历史人物的评价相伴随的理论中，在现实的道德实践中，忠于君与忠于国的矛盾并不突出。

现代社会由于国家体制和政治结构发生了根本的变化，国家已经不再是一家一姓之国家，行政活动中出现了多重的伦理关系，特别是改革开放以来经济改革导致了利益主体多元化，党和政府、企业和民众的利益的分化导致国家利益与集体利益的概念虚化，以利益分化为表现的政治、行政领域的权力冲突和价值冲突凸显，行政价值观、行政伦理关系的变化致使行政领域的忠诚冲突问题凸显，具体表现为：以人情与职责冲突为表现的忠于人还是忠于事的冲突，以法治与人治冲突为表现的忠于上级还是忠于法律的冲突，以功利与良知冲突为表现的忠于客观责任还是忠于主观责任的冲突，等等。面对这些冲突，传统的忠德规范显得捉襟见肘，难以给政德实践以指导。

解决现代行政伦理中的种种冲突和困境，不仅需要对传统忠德进行转化，而且需要对传统忠德进行创新，其关键在于培育具有独立判断能力和创新精神的现代人格。当代行政伦理忠诚困境的解决没有现成的规则可遵循，也不能以“服从上级”来推卸自己应该担当的责任，而是需要基于独立人格的独立判断与选择。在这一意义上，忠就不再是一个单一的德目，而是一种基于稳定人格的智慧。事实上，对传统忠德的批判早在19世纪末20世纪初就开始了。梁启超在谈到传统道德的转型与建构时就认为，忠诚的对象不应局限于“君”而应扩展为国家。“言忠国则其义完，言忠君则其义偏。”而且，梁启超进一步将忠看作人格的重要支撑：“忠孝二德，人格最要之件也，二者缺一，时曰非人”，“人非父母无自生，非国家无自存，孝于亲，忠于国，皆报恩之大义，而非为一姓之家奴走狗者所能冒也”①。忠既然根植于人格之中，那么要实现忠德的现代转化，就需要转化其所依赖的人格。梁启超著有《新民说》，致力于革新民德，并以自己的言行践行他对独立人格的追求。时至今日，现代行政伦理中忠德的转化与创新的关键依然是，培养以真、善、美为追求的独立人格与创新性品格。

行政忠诚意识的转化需要培育与新的行政关系相符的忠诚观念。观念具有先在性和滞后性并存的特点。观念与现实之间存在着时间上的不同步。一方面，观念可以是未来的现实，表现出先在性特点。一些具有独立人格与创新性品格的人基于对社会发展规律和趋势的预测形成了面向未来的意识，这种面向未来的先在性观念在很大程度上对生活实践起指导作用。另一方面，观念具有稳定性，可以是过去的现实，表现出滞后性特点。在社会发展的进程中，绝大多数人的观念落后于社会实践，需要在具

① 梁启超．新民说//梁启超全集：第2册．北京：北京出版社，1999：664．

有独立人格与创新性品格的人们的启蒙和引导下，在社会实践和观念的不断互动中，渐进地实现新旧观念的更替。在传统忠德向现代行政伦理规范忠诚的转化过程中，观念的转化与培育是首要的。在这里，除了在学理层面对传统忠德进行新的诠释和整合，对现代行政伦理观念进行传播之外，更重要的是在行政实践中需要有一批先导者自觉地推动。具备独立人格与创新性品格的人需要以超越性、继承性和建设性为原则，推动传统忠德的现代转型。所谓超越性，表现为在社会转型、观念变革时期，需要在一定程度上超越固有的权威以及现行的体制、机制和观念的约束。“忠”作为一种行政伦理规范，是以“服从”某种权威、体制的制约为特征的。因此，较其他品德而言，在忠德的现代转化过程中超越性显得更为重要。如果不能超越旧的体制、机制和观念的约束，不能在一定的范围内实现忠诚观念与行动的转换，那么忠德的创新性转化与创造性发展就不能实现。所谓继承性，体现的是忠德作为一种道德形态的前后相继关系，现代政德忠诚的建构是在传统忠德基础上展开的，不是对传统忠德的全盘否定，而是既克服又保留，克服其陈腐落后的东西，保留其合理的因素。所谓建设性，是指对传统道德的批判不是为批判而批判，也不止于批倒，而是旨在对建构新的道德体系具有积极的促进作用。具体到忠德而言，对国家、组织的忠诚不是表现为盲目“服从”，也不是简单地止于否定和批判，而是需要在对目标与理想的信仰的基础上实现对现有权威、体制、机制的超越，是基于对组织与组织成员的责任而进行的积极建构。

目前，忠德在行政生活中正在经历这样一个过程：由传统的以维护集体利益为表现的对党和人民的忠诚到以追求政绩为表现的对个人利益（包括物质利益与成长发展）的忠诚，再回归到以责任与担当为表现的对党和人民的忠诚以及对法律和良知的忠诚。新中国成立初期，在全社会倡导“大公无私”的理念、要求，培育了从政者“狠斗私心一闪念”的忠诚意识。改革开放以来，市场经济体制的建立、道德上对个人合法利益的认同、公权制约机制的不完善，诱使一些从政者不顾法规和良知，疯狂腐败，对党和人民的无私忠诚演化为以个人利益最大化为标准的对自我的忠诚。无论是大公无私的绝对忠诚还是无视法规和良知的自私自利，都是建立在外在惩罚和个人欲望支配下的“服从人格”基础上的忠诚。实现传统忠德的现代转化与创新，重要的是培育现代契约精神，既不盲从，完全忽视个人利益与个人需求，也不无视社会规则地追求个人利益。基于现代独立人格和创新性品格的行政忠诚，是一种建立在对自身权利与义务的理性认知基础上的、在忠于自我实现与社会规则约束中寻求最佳平衡的创造性品德和智慧。

此外，实现传统忠德的创造性转化，还需要建立起相应的制度保障体系。没有对个人权利的保障机制，从政者很难培养起独立人格，也就不可能在现实层面真正实现传统忠德的转化。没有制度的支持，一方面，具有新的内涵的忠德会由于缺乏认同和支持的社会氛围而推行不了；另一方面，即使信奉现代忠德精神，也不会在现实中取得相应效果。在规范的制度条件下，不仅传统忠德精神可以融会于现行制度中，而且这种精神的发扬可以激发制度的创新，从而形成观念、人格、制度相互支持的系统，推动传统忠德的转化与发展。具体地说，为培育现代独立而稳定的人格以支持传统忠德的现代转化，在制度方面，要注重政策、法律法规和标准的稳定与统一，以制度的可预期性和稳定性减少人为因素，从而使从政者逐渐实现由忠于人向忠于事、忠于制度规则转化；在管理层面，关注心理契约，包括如何通过管理建构组织成员之间的信任、承诺、交流，以培育组织成员之间的相互忠诚，而不仅仅是忠诚于上级领导。

当然，强调制度在人格塑造中的作用，不能将制度作为个人德性堕落和苟且的借口。正如张岱年先生所说："不见不良制度之罪恶谓之盲，甘受不良制度之束缚谓之悖，徒以此制度足以维持自己之优越地位而拥护之，谓之贼。"①

① 张岱年. 心灵与境界. 西安：陕西师范大学出版社，2008：213.

第三章　公德：公共管理中的德行

从政本质上是一种职业，公共活动中的德行也就是从政者的职业道德，是从政者在管理公共事务中应当遵守的道德准则。古今中外的学者和政治实践者对于从政者职业生活中的道德进行了非常多的讨论，在这个意义上也可以说，行政伦理学这一学科就是对公共活动中的政德的研究。

第一节　公德的依据

公德是从政者在公共管理实践中应当遵守的道德规范。从政德规范的特点来看，大德与政治规范更为接近，公德与公共管理实践密切相关。在公共管理实践中，政德的核心是规范公共权力在运行中的随意性。政德规范随时代的发展而不断变化，既受一个时代的政治特点影响，也与从政者的职业特性相关，同时一些政德规范直接来自对从政者的法律法规要求。哪些规范会成为一个时代从政者的“公共道德规范”，需要对其依据进行讨论。

一、公德的依据

在公共管理实践中，政德规范的基础（或者来源）主要有三个：一是与公共权力行使相关的职业基础，二是公职人员必须遵守的法律法规，三是与社会生活发展相联系的现实基础。

第一，公共管理实践中的职业道德与公共管理这一职业关系最为紧密，公共管理实践中的职业道德是从公共管理的职业特性中引申出来的。职业是随着社会分工的发展而逐渐发展起来的。由于职业的专业化发展，每一个职业都具有与本职业相关的职业权利。职业越发展，专业化程度越高，从业者在行使职业权利时受到的约束就越依赖其内在良知，因为职业的专业化程度越高，非本专业的人员就越难判断从业者是否尽责，在职业活动中是否有违职业相对人的利益。职业道德是与职业权利的行使密切相关的道德规范，或者说，职业道德规范是对从业者行使职业权利过程中的从业者与职业相对人之间关系的道德要求。从事公共事务管理的公职人员，在职业生活中所拥有的权力即是公共权力。公共权力的产生源于维护社会生活的公正。因此，对公共权力的行使者而言，最重要的道德要求就是公正，于是公正就成为公共管理实践中对从政者最主要的道德要求。

第二，每一个职业都有与该职业相关的法律法规，对从事本职业的人员的基本权利与义务进行规范。这些法律法规天然地是本职业从业者应当遵守的职业道德。对我国的公职人员来讲，与其职业直接相关的法律法规包括《中华人民共和国公务员法》。国际上还有 100 多个国家和地区有约束公职人员行为的更为直接的公职人员伦理法，如美国政府于 1978 年颁发了《美国政府道德法案》，1993 年颁布了《美国行政部门雇员道德行为准则》，韩国国会 1981 年通过了《公职人员伦理法》又于 2001 年通过了《防止腐败法》，日本 1999 年颁布了《国家公务员伦理法案》。在中国，《中国共产党廉洁自律准则》与伦理法在内容和形式上相近。这些法律法规直接对公职人员行使和运用公共权力中的道德行为进行约束，其核心要求是廉洁。

第三，政德规范还会受到时代特有的社会现实的规定。公职人员在公共管理实践中的道德既具有传承性，也具有时代性，即与每一代公职人员所面临的社会实践难题和突出问题相关。例如，中国正处于由传统社会向现代社会的转型过程中，公职人员处于由传统的依行政命令执法向依法行政转变的过程中，因而遵法是当前公职人员的主要职业道德规范。与此同时，服从命令这一官僚制行政实践中最需要遵守的道德规范，在当代的行政实践中并不构成突出的道德要求。这并不是因为这一规范不重要，而是因为这一规范应当是深入公职人员的行为习惯和思想意识之中的要求，是无须强调公职人员就会自然遵守的规范。

二、公德的规范

依据公共管理的职业要求、法律要求和现实要求，可以将当代中国公共管理实践中最主要的政德规范概括为：公正、廉洁和依法。

1. 公正

公正作为政德规范，是从政者的职业要求决定的。“公”对应的是“私”。《诗经·召南》中说：“被之僮僮，夙夜在公。”“公”指公事、公务，而非私人事务。《论语》中记载，鲁国大夫季康子问政于孔子，孔子对曰：“政者，正也。”在古代，“政”亦可通“正”，做正直、公正讲。《荀子·正论篇》中认为，“上者”为“下之仪”“下之本”，“上公正，则下易直矣！”只要从政者做到公正，平民百姓自然能够驯服和率直，从而易于管理。

政德的公正规范在古代主要体现为任人唯贤与赏罚严明。如《墨子·尚贤上》中在提及选贤的标准时说：“有能则举之，无能则下之，举公义，辟私怨”，“公”与“私”在此便被作为一组相关联的概念予以使用。因此，“公”的核心意涵就是“辟私怨”，即“无私”。古希腊哲学家亚里士多德把公正当成一种完全的德性，认为人们如果具有了这种德性，便不仅能以德性对待自己，而且能把善德施于他人。在今天，政德因两个从政要素而区别于普遍意义上的社会道德，这两个要素就是公共权力和公共利益。因此，作为政德规范的公正主要指“社会公正”，即关系到社会利益和负担的分配。公正要求党政干部平等地待人处事，对事物的判断不受主观情感和一己之私所扰，从客观角度做出评价。作为管理者，从政者个体的公正品德与社会公正联系紧密，在权力关系中，公正对于每一个管理者都具有一种自我约束力，这种约束力是建立公正社会制度的根本保障。在社会主义中国，从政就是运用公共权力，增进公共利益，分配公共资源，在履行这一公共职责时的核心要求就是“公正”。领导干部作为公共事务的管理者，在行使公共权力时必须“持公有正”。一方面要“执政为公”，不因私废公、不徇私舞弊；另一方面要“执政有正”，即办事公正、不偏不倚、一视同仁，不厚此薄彼、不媚上欺下。这既是调动下属的积极性、创造性的需要，也是领导确立权威的要求。

2. 廉洁

权力和利益相伴而行。公共权力就是对社会价值进行权威分配和再分配，保持分配的公平、公正。在实践中，权力天然地具有扩张与异化的特性，权力具有的自主性很容易被滥用，权力的异化特性决定了其具有蜕变的可能，权力的滥用和蜕变都导致其成为滋生腐败的温床。因此，对从政者而言，最需要以道德和法律的形式加以制约的就是贪欲，最需要提倡的美德就是廉洁。

墨子认为，君子要有廉、义、爱等品行，即使在贫苦中也要坚守廉的节操，保持在利益面前节制和刚直不阿的品德。五代《戒石文》言："下民易虐，上天难欺"."尔俸尔禄，民膏民脂。"意在提醒各级官员，老百姓是衣食父母，为官须清正廉洁、造福百姓。为官就须重官德，树官德就得除贪欲。古往今来，不少官员因贪污腐败被绳之以法，究其根源，皆在于官德沦丧、贪得无厌、欲壑难填。清正廉洁是从政者最基本的职业操守。从政者应当严格约束自己的行为，戒贪止欲、克己奉公、拒腐防变，做到清清白白做人、干干净净做事。在廉洁问题上越线，不只是道德问题，往往会受到法律和纪律的惩罚。

3. 依法

公共管理实践中政德的静态载体是公职人员具体岗位赋予的行政职责，动态表现形式是公职人员具体的行政行为。依法依规行使行政权力，是公职人员最基本的职业道德。行政权力是政治权力在国家和政府层面的具体表现形态，其本质属性由政治权力的阶级属性规定，常态下表现为特定的社会公共权力。政德属于道德范畴，但又区别于普通的道德规范，它是公职人员在行使行政权力过程中体现出来的素养与品质，是与行使公共权力联系在一起的特殊职业道德。依法依规行使职权，是从业者最基本的职业道德要求。公职人员应当树立高度的法治自觉，带头尊法、学法、守法、用法，从内心尊崇和敬畏宪法法律，提高法治素养，依法办事，严格按照法定权限、规则、程序行使权力、履行职责，始终在宪法法律范围内活动。

第二节　公德的核心

“不受曰廉，不污曰洁”，廉洁的基本含义是清廉和清白，不损公肥私，不受不义之财，保持清白的人品不受玷污。“廉洁”最早出现在战国时期诗人屈原的《楚辞・招魂》中：“朕幼清以廉洁兮，身服义而未沬。”古往今来，廉洁都是从政者必须具备的道德素质和境界，也是从政者必须遵守的法纪。廉洁是一个包含多方面要求的道德规范，与公忠、正义、仁爱、诚信、节制、勤俭等都有密切关系。早在春秋时期，齐国名相管仲就把“廉”奉为国家的“四维”之一。“礼、义、廉、耻，国之四维。”“维”指结物用的大绳，“四维”即立国的四大纲要。廉洁从政既要靠从政者的自律，也要靠完善的法纪，要内外兼顾，通过自律和他律的结合使从政者遵守廉洁规范，养成廉洁品德。

一、廉洁：为政之本

“廉”的本义是“便宜”或“经济”，引申为不贪非分之利。“洁”的意思为纯净无污、清白干净。廉洁作为一种品德，就是要求从政者洁身自好、不贪污受贿、为人正派。廉洁规范是关于从政者廉洁从政的各种法律、法规、制度、命令、政策、纪律的总和。这是由从政者的职业性质、工作特点和社会责任决定的。

1. 廉政：从政者的必备素质

廉洁从政，简称廉政。自古以来，从政者就被要求必须廉洁从政。《周礼・天官・冢宰》中记载，当时考核官吏有“六廉”标准：“一曰廉善，二曰廉能，三曰廉敬，四曰廉正，五曰廉法，六曰廉辨。”《周易・否》中讲：“君子以俭德辟难，不可荣以禄”，意思是君子以节俭为德而避开危难，不可追求荣华以谋取禄位。用今天的话说就是，从政不能以发财为目的，想发财就不要从政。《礼记・曲礼上》中有云：“临财毋苟得，临难毋苟矣”；刘向说：“义士不欺心，廉士不妄取”（《说苑・政理》）。在古人看来，廉是为官之本、为政之要，“惟公则生明，惟廉则生威”。一个官员倘若做不到廉洁，就不会有威信。为官从政要把国家利益和民族利益放在首位，要“先天下之忧而忧，后天下之乐而乐”。

廉洁历来是对为官从政者的基本要求。《管子·牧民》中有云：“何谓四维？一曰礼，二曰义，三曰廉，四曰耻。”汉代班固讲：“吏不廉平则治道衰”（《汉书·宣帝纪》）。官吏如果不廉洁、不公正执法，王道就会衰落，国家就不能长治久安。北宋陈襄说：“廉，盖居官者分内事。孰不知廉可以服人，然中无所主，则见利易动。”（《州县提纲·洁己》）他告诫为官者：“思人生贫富固有定分，越分过取，此有所得，彼必有亏。况明有三尺，一陷贪墨，终身不可洗濯。故可饥、可寒、可杀、可戮，独不可一毫妄取。苟有一毫妄取，虽有奇才异能，终不能以善其后。故为官者当以廉为先。”（同上）宋代真德秀说：“凡名士大夫者，万分廉洁止是小善，而一点贪污便是大恶。不廉之吏，如蒙不洁，虽有它美，莫能自赎。”（《西山政训》）范仲淹讲：“天下官吏不廉则曲法，曲法则害民。”（《范文正公集·政府奏议》）官吏如果不廉，就会滥用权力、徇私枉法、坑害百姓。

现代社会，政治、为政、做官的概念有了很大的变化，但是廉洁依然是对从政者提出的首要政德要求。从政者腐败、滥用权力，较之因能力缺失而带来的不当行为而言，后果相当于故意为恶与过失为恶的区别，故意为恶带来的不良影响远远大于过失为恶带来的影响。从政者是否廉洁直接关系到党和政府的形象与威望。廉洁作为一种道德要求，既要积极倡导，还要有法律作为保障，惩治其反面——“贪污”。

2. 廉政：从政者的道德境界

“廉政”概念由春秋时齐国晏婴提出：“景公问晏子曰：廉政而长久，其行何也？晏子对曰：其行水也，美哉水乎清清，其浊无不雩途，其清无不洒除，是以长久也。”（《晏子春秋·内篇问下》）在晏婴看来，廉洁就像水一样，要是混浊就会污染道路，要是清洁就会洗去污染。晏婴做相国三年，齐国政治清平、百姓安乐，但晏婴却生活清贫。齐景公划出一块土地，要封给晏婴。晏婴推辞不受，他说：“富而不骄者，未尝闻之。贫而不恨者，婴是也。所以贫而不恨者，以若为师也。今封，易婴之师。师已轻，封已重矣。敢辞。”（《晏子春秋·内篇杂下》）在晏婴看来，贫穷在一定意义上是自己的老师，用土地换老师，封赏加重了，善德却减轻了，因此不可受赏。

廉洁作为一种品质，表现为一种对待名利的态度。“廉”的意思是品行正，不贪污；“洁”的意思是干净。廉洁作为道德规范，要求人们对待财富要保持廉洁自律的心态，对物质财富、精神财富、荣誉利益、美色权利等不能有贪心。宋朝的包拯，一生克己奉公、刚正廉洁。他担心自己死后会有子孙后代凭借自己的威望贪赃枉法，特意立下遗嘱：我的后世子孙，为官者若贪赃枉法，便从族谱中除名，死后不准葬入祖坟。

为政清廉，不是今天才提出的，而是人类历史的精华，是治国安邦的重要规矩。为政清廉，不单是我国历史上官员的美德，世界各国都把为政清廉作为政权建设的重要组成部分。在现代社会，从政者应加强廉洁自律，不做有违廉洁规范之事，在没有外在约束的情况下依然坚守廉洁的本分。“名节如璧不可污”，清正廉洁是道德行为，也是道德情操，还是道德觉悟。

3. 廉政：道德管理的重点

廉洁是从政者的本分，但是权力本身的易腐蚀性诱使掌权者极易“伤廉”。从政者要具备廉洁品德，既需要加强自我修养，还需要加强道德管理。古今中外的各个国家都会采取各种方法对从政者进行廉洁教育和管理。古代一些清醒的统治者深深懂得“水能载舟，亦能覆舟”的道理，从保持社会稳定和巩固政权的现实需要出发，坚持不懈地与腐败现象做斗争，积累了很多这方面的经验，如：要求高层官吏律己正身，倡导朴素节俭的社会风尚。中国古代不少王朝的统治者深知这一道理，在清正廉洁方面做出了表率。此外，统治者还重视从入口把关，举贤任能，选拔与培养勤政为民的清官廉吏。历史上凡是开明的君主及其统治集团中的代表人物总会在不同程度上重视选拔与培养清官廉吏。

世界各国都非常重视公职人员的廉政管理，普遍的做法是颁布专门的廉政道德法、成立独立的廉政管理机构、加强廉政教育等。目前，我国处于社会主义市场经济体制的建立和完善过程中，由于一些政策、制度的制定往往滞后于改革进程，机制和制度不健全、不完善，以及工作中存在一些漏洞和薄弱环节，给腐败现象的滋生以可乘之机。一方面，发展市场经济，金钱的作用、诱惑力急剧增大；另一方面，长期计划经济形成的权力过分集中的状况还没有根本改变，很容易滋生权钱交易等腐败现象，从政者时常处于种种利益的诱惑中。

目前我国已经出台很多规范从政者行政行为的法律、纪律、准则。2006年1月1日，《中华人民共和国公务员法》正式实施。这不仅标志着我国的公务员立法已经基本成熟，而且有利于国家的廉政建设，为公务员廉政管理提供了重要法律依据。《中华人民共和国公务员法》要求从德、能、勤、绩、廉五个方面全面考核公务员，有助于加强对公务员的廉政管理，提醒公务员廉洁自律，有关的奖惩规定有利于激励公务员廉洁从政。《中华人民共和国公务员法》规定了十一项给予奖励的情形和十六项给予惩戒的行为，其中很多项直接与反腐倡廉相关。针对党员领导干部，2015年10月中共中央印发了新修订的《中国共产党廉洁自律准则》。2018年7月，中共中央公布了新修订的《中国共产党纪律处分条例》（以下简称《条例》）。此次修订《条例》，将党章和其他主要党内法规对党组织、党员的纪律要求细化，充分体现了党纪严于国法。

加强廉政教育培训也是一项重要的管理措施。2016年7月，中共中央组织部、人力资源社会保障部、国家公务员局印发了《关于推进公务员职业道德建设工程的意见》，其中提出了“坚定信念、忠于国家、服务人民、恪尽职守、依法办事、公正廉洁”的职业道德建设内容。“公正廉洁”作为公务员培训的重点内容，便是对廉洁政府建设需要的回应。2018年11月，中共中央印发《2018—2022年全国干部教育培训规划》，再次把廉政教育作为党性修养的重要内容加以强调，要求干部培训要“强化廉政教育，开展经常性警示教育，引导干部知敬畏、存戒惧、守底线”。

二、廉洁的层次

道德修养有境界之分，同一个行为背后的动机决定了道德修养的境界。明代思想家薛瑄在《从政录》中把为官清廉者划分为三个层次：“世之廉者有三：有见理明而不妄取者，有尚名节而不苟取者，有畏法律、保禄位而不敢取者。见理明而不妄取，无所为而然，上也；尚名节而不苟取，狷介之士，其次也；畏法律、保禄位而不敢取，则勉强而然，斯又为次也。”从政者的人生境界不同，对廉洁的追求也就不同。薛瑄将“廉洁”分为上品、中品、下品三个层次。上品：“见理明而不妄取”，是顺应明理，是真正道德意义上的廉洁；中品：“尚名节而不苟取”，是有所顾虑而不取；下品：“畏法律、保禄位而不敢取”，是勉强而为。这既说明了廉洁作为为官者品德在境界上的差异，也指明了廉洁的修养之道。

1. 重实利的功利境界

道德行为的动机决定道德行为的层次。“畏法律、保禄位而不敢取”是一种重实利的功利境界。这类人本来有贪吃贪占思想，但顾忌法规严，胆子小，不敢做，很勉强，属于较低层次的“难为型”廉洁。当代著名哲学家冯友兰先生将人生境界从低到高划分为四个层次：自然境界、功利境界、道德境界、天地境界。按照他的阐述，自然境界是遵从习惯的最低境界，比如婴儿的境界：一切都是自然的、天生的。天地境界是最高的境界，一般人很难达到。因此，从政者主要处于功利境界和道德境界。处于功利境界的人，其行为都是为了私利。处于功利境界的从政者，面对金钱、美色等诱惑之所以不敢贪占，主要是因为畏惧国家法律的惩罚，所以，其清廉并不是对私利的自觉抵制，而是勉强为之。一旦缺少有效的法律约束，就很容易为实际的利益所诱惑，最终成为贪腐者。

2. 尚名节的功利境界

相较于对实利的重视，“尚名节而不苟取”是尚名节的功利境界。对名声的追求虽然仍带有强烈的功利色彩，但已经处于较高的层次。处于尚名节的功利境界的人并不是谋求具体的物质利益，而是为了得到和保有清正廉洁的名节。这类人虽然为了博取好名声，一时也严格自律，但因出发点带有私心、名利心重，经常会怨天尤人，所以这种行为终究不会长久，属于“面子型”廉洁。明代湛若水说：“‘在官之人有禄可仰，然后可责其为善’，是以常人待之，而非正人为善之心也。”（《泉翁大全集》）廉洁是对从政者的最基本的要求。

3. 明义理的道德境界

廉洁的道德境界是“见理明而不妄取”。“见理明而不妄取”已经超越不敢取者对实利的追逐和不苟取者对名节的崇尚，从而将廉洁作为一种自然而然的结果，而不是刻意地追求。从道德的角度讲，就是达到了康德所说的“为义务而义务”的境界，而不是为了惧怕惩罚或者博取名节。例如，范仲淹之所以至今仍为人们所称颂，不仅仅在于他为官清廉，更重要的是在于他崇高的道德境界，因为他达到了“先天下之忧而忧，后天下之乐而乐”的道德境界。基于道德境界的廉洁，是真心实意、心甘情愿的廉洁，是将廉洁作为价值追求而不是作为获得财富或者名节的手段，这是廉洁的最高境界。从政者做到廉洁，只是“小善”。从政者真正的为善是超越俸禄的交易，做出额外的功德。真正廉洁的人并不刻意追求廉名。清代汪辉祖在其《佐治药言・自处宜洁》中对一位友人夸某君“操守可信”不以为然，指出：“今有为淑女执柯，而称其不淫可乎?”意思是说，廉洁被作为从政者的立身之本，犹如贞洁之于女子。如果以廉与才做比较，则廉先于才、重于才，廉洁是从政者的必备条件。

重实利、尚名节与明义理这三种不同的人生境界，直接影响从政者的廉洁层次，但在现实生活中，处于“畏法律、保禄位而不敢取”和“尚名节而不苟取”的功利境界的人更多一些，而处于“见理明而不妄取”的道德境界的人非常少，因为要达到“见理明而不妄取”的道德境界需要更加漫长的过程。其中，一个人的家庭出身、文化背景、教育程度、人生经历和所处的时代环境等，都会影响他的人生境界的形成。所以，从薛瑄的廉洁三层次中我们可以得到这样的启示：反腐倡廉教育既要有长期规划，又要有现实目标。长期规划是通过持之以恒的教育让受教育者达到“见理明而不妄取”的道德境界，现实目标是通过教育让受教育者具备基本的思想道德素质，知道“什么可为、什么不可为”，同时能深入了解制度的基本精神，形成维护制度的信念。

三、中国传统廉政道德的内容

尽管在不同的时代和不同的地域，廉政具有不同的内容与表现形式，被打上了历史与时代的烙印，不可避免地带有时代的局限性，但作为中华民族优秀的传统道德，廉政具有超越时空和阶级的价值。今天经过创造性转化，廉政依然能够成为我们反腐倡廉可资借鉴的有益资源。

综观中国传统廉洁文化，道德规范、名言和事例比比皆是，归纳起来主要体现在三个方面：一是廉洁从政，要求官员以廉洁之德立心、立身，明确为官做人要清清白白，做事要光明磊落；二是廉洁用权，官员面对权力可能带来的利益，不滥用权力谋私利，而是见利思义，以德促廉、以廉立威；三是廉洁修身，要求官员为官唯清、恪守清廉、珍惜声誉。

1. 廉洁从政

廉洁从政是对从政者最基本的要求，其基本内涵包括政者正也、政在去私、不贪不占三个由高到低的层次。

第一，政者正也。“政者，正也。子帅以正，孰敢不正?”（《论语·颜渊》）“其身正，不令而行；其身不正，虽令不从。”（《论语·子路》）居高位者不公不正，下属官员难以正直。春秋时期，齐灵公喜欢内宫女扮男装，结果大家纷纷效仿，全国的妇女都穿起男服来。从政者要身先士卒、率先垂范，要求别人做到的自己先做到，要求别人不做的自己坚决不做。正己是正人的前提，正人须先正己。尺子因为直，才能量他物；处处以身作则、为人表率，才能端正别人。以身作则，首先要做到廉洁自律。廉洁规范更是这样，从政者要求别人廉洁，自己必须带头廉洁；要求别人不行贿，自己首先不受贿；受贿不禁，必然行贿不止。一个社会是不是风气纯良，很大程度上取决于从政者是不是廉洁，如果廉洁就会公正，不廉洁就难以保证公正。

第二，政在去私。《管子·形势解》中有云：“行天道，出公理，则远者自亲；废天道，行私为，则子母相怨。”出于公心，就是疏远的人也会亲近你；徇私舞弊，即使是母子也会彼此埋怨。《韩非子·有度》中有云：“能去私曲就公法者，民安而国治；能去私行行公法者，则兵强而敌弱。”能去私心而遵守公法，就国泰民安；能克服自私行为而奉公守法，军队就会强大，从而使敌国削弱。唐代张蕴古在《大宝箴》中有云：“大明无私照，至公无私亲。”日月光明，不会偏照一隅；大公无私的人不会徇私枉法，袒护私情。传说当年尧年岁已高，想找一个贤能的人继承自己的帝位，有人提议让他的儿子继任，但他认为儿子的才能和品行修养都不够。通过近 20 年的考察，尧将权力托付给了德才兼备的舜。

政在去私是指从政者要克服私心，做好公家之事。管理国家事务，就是增进和分配好公共利益。政在去私要求从政要以“公心”为出发点，处理好“公”与“私”的关系；凡事以“公利”为重，当个人利益与集体利益、国家利益发生冲突时，做到先公利后私利，必要的时候牺牲个人利益以保证国家利益、集体利益的实现。政在去私还要求从政者凡事以公正为原则，决策、用人都将私情、私利排除在外，如果从个人感情和利益出发，就很难做到公平、公正。尧不将帝位传给自己的儿子，而是传给更加贤能的舜，就属于不以私害公的德行之举。

第三，不贪不占。《淮南子·人间训》中有云："仁者不以欲伤生，知者不以利害义。"讲仁德的人不会因为满足私欲而伤害天性，智慧的人不会因为贪图利益而伤害道义。北齐刘昼的《刘子·贪爱》中有云："小利，大利之蠹；小忢，大祸之津。苟贪小利，则大利必亡。"小利是大利的隐患，贪图小利必然导致大利不保。孟子言："可以取，可以无取，取伤廉。"（《孟子·离娄下》）可以拿取也可以不拿取的，拿取了就有损廉洁；可以给予也可以不给予，给予了就有损恩惠。这是说财物的拿取和给予须有原则，以不伤廉害惠为准则。春秋战国时期，鲁国宰相公仪休喜欢吃鱼，他担任相国后，亲朋好友甚至素不相识的人都买鱼送给他，可是他一概拒绝。他说："我自己的俸禄足够买鱼吃，如果贪赃枉法丢了官职，自己就买不了鱼了。"廉洁的人能抵制各种诱惑，贫穷而不收贿金，饥渴而不饮盗泉，任何时候都能坚持原则不逾矩。

2. 廉洁用权

权力是把一把双刃剑。权力不论大小，只要不受约束和监督，就可能被滥用。从根本上说，只有把权力关进制度的笼子，用制度监督、规范和约束权力，才能保证权力的正确行使。与此同时，还需要加强对权力的道德制约，加强从政者的政德修养，以此增强从政者不想腐的定力，消除腐败动机。

第一，见利思义。《论语·里仁》中有云："君子喻于义，小人喻于利。"君子看重道义，小人看重利益。诸葛亮的《便宜十六策·思虑》中有云："欲思其利，必虑其害。"想要得到利益，必须考虑危害。这些格言都表明，面对利益时应反思当取不当取。取不义之财，难免置自身于不义，重者则身败名裂，走上犯罪之途。中国古代有很多从政者在廉洁用权方面树立了光辉的榜样，他们成为见利思义的标杆。春秋时期，宋国有个人得了一块珍贵宝玉，想把它献给国相子罕。子罕不肯接受，对献玉的人说："我以不贪为宝，尔以玉为宝，若以与我，皆丧宝也，不若人有其宝。"（《左传·襄公十五年》）这就叫人各有志。

君子与小人的区别就在于对待义与利的态度，"君子喻于义，小人喻于利"。君子以道义为先，小人以利益为重。外在的宝物是有限的，可得可失；内在的品格则是无价的，不会像外物一样容易遗失。见利不贪是非常可贵的品质。当今社会为人们提供了多种机遇，各种诱惑也乘势而来，从政者需要在纷繁复杂的环境中，培养抵制诱惑的能力，做到见利不贪、洁身自爱、纤尘不染。

第二，以德促廉。德行有很多种，各种不同的德行有着相互促进的作用。廉洁是人们处理与外物关系的态度，能否做到"不贪不取"与人对待外物的态度有直接关系。节俭的人往往廉洁，相反，奢侈的人往往贪心。因此，中国古代思想家们都非常强调以德促廉，特别是"俭以养廉"。诸葛亮的《诫子书》中有云："夫君子之行：静以修身，俭以养德。"君子的操守品行，是以静思反省来修养身心，以俭朴节约来培养高尚的品德。《元史·乌古孙泽传》中有云："非俭无以养廉，非廉无以养德。"不俭朴不能培育清廉之风，不清廉则不能养育道德。

人可以一生不仕，但不可一日无德。"立功""立言"需要客观的条件和机会，唯有"立德"人人可为。修身、齐家、治国、平天下，从政须以修身为本，从政重德一直是我国政治文明的一大传统。"兴道德，国运昌"，古人强调以德促廉、以德养廉，德与廉既相互制约又相互影响。廉洁是为官之本，也是为官之德。为官要廉洁，必先要涵养官德。从政者在政府、企业和社会组织中担任公职，修养自身的德性更为重要，因为这不仅关系到个人的精神品质，更关系到党和国家的形象与事业，对社会风气有重要的推动和引领作用。

第三，以廉立威。廉洁的官吏是人民的表率，贪赃的官吏是人民的盗贼。"公生明，廉生威。"如果从政公正，老百姓就不敢怠慢；如果从政廉洁，官吏就不会欺骗。从政者公正就会光明磊落，廉洁就会产生威望，这是恒久不变的真理。在我国历史上，修身立德、为官清廉是许多思想家的政治主张，也是许多士大夫终身恪守的准则。他们以身作则，不滥用权力，成为历史上以廉立威的典范。当前，一些从政者贪污腐败，既败坏了社会风气，也败坏了自身的权威。从政者要树立威信，就要为政以廉、公正无私。

3. 廉洁修身

修身，是指个人对自己的思想意识和道德品质进行主动的、自觉的锻炼与修正，按照社会的道德要求，不断克制、消除自己内心的各种非道德欲望，努力将自己的品德修养提高到尽善尽美的境界。只有在自我完善、自我升华中形成廉洁品德，才能达到“德”与“得”的统一。

第一，立身唯清。立身唯清，是指人安身立命要清白，干干净净做人做事。“廉”是不贪，“清”是口味，是境界。“清”与“高”相连，“清高”是一种志趣、一种不俗的高贵。“清”和“雅”相连，“清雅”指清新秀雅、不拘世俗。“清”是从政者对自我提出的更高道德要求。从政为官，不仅要修养清雅之气，而且要出淤泥而不染。对从政者而言，清雅的品格影响很大，对于社会风气有着引领和导向的作用。西汉刘向的《说苑・谈丛》中有云：“上清而无欲，则下正而民朴。”为官者清心寡欲，下属风气就正，民风也就淳朴。为官者一身正气，自然不会摆官架子；为官清廉，腐败之风自然远离。北宋词人苏舜钦的《无锡惠山寺》中有云：“清泉绝无一尘染，长松自是拔俗姿。”清泉没有一点尘垢沾染，长松有挺拔超群的身姿。明代于谦的《入京》中有云：“清风两袖朝天去，免得闾阎话短长。”两袖清风地朝见皇帝，免得被左邻右舍说长道短。这些名句以歌颂清廉而广泛流传，表明无论在哪个朝代，为官廉洁、立身唯清都是人们所赞扬的高贵品德。

第二，恪守清廉。作为一种官德和治国思想，“廉”最早出现在西周初年的《周礼・天官・冢宰》中：“以听官府之六计，弊群吏之治：一曰廉善，二曰廉能，三曰廉敬，四曰廉正，五曰廉法，六曰廉辨。”由此可见，“廉”是中国古代官员必备的政治品德。唐代诗人孟郊的一首诗《答郭郎中》中有云：“松柏死不变，千年色青青。志士贫更坚，守道无异营。”这些名句告诫人们，在任何情况下都要恪守清廉的品德，不能因为贫困或者遇到难处就放弃清廉的操守。恪守清廉关键在于“守”。许多在利益和富贵面前丢盔弃甲的人，他们当初也曾以清廉为志，但随着环境和条件的变化，坚守内心操守于他们而言变得越来越困难。

第三，珍惜声誉。《大戴礼记·曾子制言上》中有云："富以苟不如贫以誉，生以辱不如死以荣。"不义而富有不如誉而贫穷，耻辱地活着不如荣耀地死去。于谦的《无题》中有云："名节重泰山，利欲轻鸿毛。"名誉和节操比泰山还重，私利和物欲比鸿毛还轻。做善事则流芳百世，做恶事则遗臭万年。清代张廷玉等撰的《明史·赵光抃传》中有云："富贵一时，名节千古。"拥有荣华富贵只能短暂一时，保持名声节操才能流传久远。

第三节　公德的层次

公共管理实践中的政德规范往往以抽象的概念形式表达，缺少可操作性。把握道德建设的层次性特点，对于理解道德理论与道德实践的关系、厘清道德与法律的关系具有重要价值。道德是社会教化的结果，但最终的呈现是个体的，是由个体的身心特征、价值观等因素决定的。社会道德规范在个体身上内化不同，个体接受效果不一样，导致普遍的社会道德规范在个体那里呈现出不同的境界。从道德建设来讲，普遍的道德规范也有着不同的层次性要求。了解了道德规范的层次性特点，"公职人员道德要不要立法"的问题就迎刃而解。

在中国传统道德建设中，非常重视道德规范的层次性。每一个抽象的道德范畴都有着多层次的内涵和要求。比如"仁"，它的基本要求是"爱人"。孔子的弟子樊迟问仁，孔子回答："仁者爱人。"但是"爱人"有三个不同的层次：第一个层次是爱父母，这是最基本的层次；第二个层次是爱兄弟；第三个层次是"泛爱众"，"子曰：弟子入则孝，出则弟，谨而信，泛爱众，而亲仁"（《论语·学而》）。

第一个层次的爱父母是"孝"，不孝在古代要受到法律的制裁。从秦汉起，"十恶"中就有"不孝"。[1] 第二个层次爱兄长，在道德境界和层次上高于"孝"，"不悌"会受到道德的谴责，但不会受到法律的制裁。第三

① "十恶"为：谋反、谋大逆、谋叛、恶逆、不道、大不敬、不孝、不睦、不义、内乱。这些罪行被封建统治者认为是最重的罪，故称之为"十恶"。

个层次“泛爱众”是更高的道德要求，倡导但并不要求常人都做到。再比如“义”，义的第一个层次是“见义思利”，利为人所欲，但是见利不思义，就可能因不义之财而影响公共权力的使用，如此就损害了廉政的道德。如果违背了廉政这一政德规范，重者就构成贪污受贿罪，会受到法律的制裁。义的第二个层次是“见义勇为”，即看到别人需要帮助，主动提供帮助，这是道德层次。义的第三个层次是“舍生取义”，这就要求有很高的道德境界，见到应当做的事，即使献出自己的生命也在所不惜。为了公平正义，为了维护法律的尊严，为民请命，牺牲自我，舍生取义，这是历代士人追求的理想境界，是理念层面的一种很高的道德追求，不能要求常人都做到。

在西方，著名的法哲学家富勒（Lon L. Fuller）在《法律的道德性》（*The Morality of Law*）一书中把道德分为“向往的道德”与“义务的道德”。在他看来，“向往的道德”是一种道德理想，与法律的距离较远，而“义务的道德”是一种道德义务，与法律的距离较近，它谴责的行为一般说来就是法律禁止或应当禁止的行为。借鉴中国传统道德层次论和西方法学家富勒的思想，公职人员的职业道德也应分为“向往的道德”和“义务的道德”。通常“向往的道德”是一种理念和理想，要大力宣传和提倡；“义务的道德”则要通过法律的形式加以规范和约束。廉政道德就是一种“义务的道德”，它与利益冲突相关，应以法律或者伦理法规的形式加以规定。

第四章　私德：日常生活中的修养

私人生活中的德性，也称“私德”，是指个人品德、作风、习惯以及个人私生活中的道德。作为政德的“私德”是相对于政治生活中的大德、公共生活中的公德而言的，是指从政者个人的操守和行为。随着社会的发展，社会对普通人私德的约束越来越宽松，但对从政者私德的约束却越来越严格、越来越具有强制性。在互联网时代，从政者越来越受到民众的关注，被置于聚光灯和显微镜下，私德的范围越来越小，个人言行的公开性越来越强、透明度越来越高。

第一节　私德的基础

私德是指从政者在个人的品德、操守以及家庭生活中的德行。从政者的私德与从事公共事务的关系经历了一个统—分—合的过程。在古代，无论西方还是中国，都曾有过君子治国的理想。柏拉图、亚里士多德和孔子都主张从政者应当是品德高尚的人。近现代以来，从马基雅维利开始，人们把政治与道德分开，强调政治与权力、领导能力的结合。这种理念与技术化的官僚体制相结合，从政者特别是行政官员的私德越来越被置于不重要的位置。有人认为，克林顿只要具备强有力的领导能力，能够把国家治理好就可以，他有没有性丑闻似乎关系不大。正是这种倾向，导致了今天社会生活中工具主义、功利主义盛行，以成败论英雄的导向使人类整体向善、向美的追求弱化，产生了社会生活中“有知识没文化、有技术缺伦理”的各种价值危机。

在中国，改革开放 40 年的历史，是国家经济发展的显著期，也是人文精神和理想逐渐在人的价值观中旁落的时期。与国际社会追寻美德的伦理学发展趋势一致，今天是反思从政者私德的时候了。私德是一个人立身、从政的基础底色。不具备基础底色，就会失去为政的根本，必然给政治生活带来不良影响。

一、伦理观念

做官先做人，“为政”先“为道”，不明道，无以为政。政德中的私德、公德和大德共同构成一个系统，其中作为个人品德的私德是公德和大德的基础。个人品德的形成基于人们对伦理关系的自觉以及在此基础上形成的伦理观念和道德感。没有伦理观念和道德感的人，没有基于对伦理关系的认知而形成的独立人格，就很可能在政治实践中丧失原则和定力。

社会关系是一个复杂的系统，在这个系统中人们按照生存、发展和秩序的目标，形成各种社会关系。社会除了有交换关系、财产关系等经济关系之外，还有维系社会秩序的尊卑和亲疏关系。以尊卑和亲疏关系为特征的伦理关系贯穿于一切社会关系之中，它可以宏观到一个国家、一个社会、一种文明，也可以微观到一个家庭、一个社团、一个企业。尊卑和亲疏是被某种文化体系下的社会道德观念所认同的，因而对于社会的生存与发展起着非常重要的作用。中国传统文化以重礼仪、伦理著称于世。“父子有亲、君臣有义、夫妇有别、长幼有序、朋友有信”（《孟子·滕文公上》）的伦理秩序，一直是维系人们私德的纽带。孝悌为规范家庭关系的主要伦理规范，是个体处理各种伦理关系的基础，也是国家稳定的根基。《论语·学而》中有云：“君子务本，本立而道生。孝弟也者，其为仁之本与!”君子专心致力于根本的事务，根本建立了，治国做人的原则也就有了。

孝顺父母、顺从兄长是仁的根本。孝悌不但能培养人知恩图报、饮水思源的意识，而且能使人树立重恩义、讲道义的行事原则。“孝”，不仅要养父母之身，而且要养父母之心和父母之志。通过以孝悌为本的修身，人们就可以处理好家庭及个人交往中的各种伦理关系。由近及远、推己及人，符合人的道德心理与道德情感的发展规律。孝道尽至圆满，就能从孝悌修身严私德，到移孝作忠守公德，最后到立身行道明大德。

慈爱子女也是重要的道德规范。先秦时期思想家们的道德规范都具有双向互动的特点，如父慈子孝、兄友弟恭等。这些在今天也是处理人际关系的基础。有了孝敬父母、友爱兄弟、诚信朋友的品质，在公共管理实践和政治生活中就会对各种伦理关系进行妥当的处理。

二、是非标准

是非观是一个人对人对事的评价和判断标准，也是一个人的做人准则。是非观既决定人们做什么和不做什么，也决定人们对自身所作所为的评价。具有正确的是非观，人们才能知道自己在什么时候做错了什么事情，也才能在做错事情后反省自己的错误，同时也能勉励自己，积极地改正错误。道德上的是非观，就是判断善恶的标准，是人们内心良知的体现，也是荣辱观的体现。如果是非观颠倒了，善恶观、荣辱观也会颠倒。对从政者而言，如果颠倒了是非观，就会把损害公益、满足私欲看作理所当然，就会抱有所谓“有权不用，过期作废”的想法，为了“位子”“票子”“面子”“路子”而不惜一切代价，在应当为民请命、担当责任的时候明哲保身。这些都是由于长期受到不健康的价值观念和政治生态的影响，是非观模糊所致。

三、节制品格

节制是一种古老的美德，要求人们用理性合理地控制自己的情欲，使之合乎道德。所以，节制主要指自我节制，也就是道德自律，以一定的道德原则和标准对任何“过”与“不及”进行合理的调整、矫正。墨子认为，君子要有廉、义、爱等品行，即使在贫苦中也要坚守“廉”的节操，保持节制和刚直不阿的品德。毫无疑义，这里的“廉”要以节制为前提，只有在为人、为政时做到节制，才能有清廉、廉洁的行为。

很多思想家都把节制看作修身的重要机制和品质。早在古希腊时期，柏拉图和亚里士多德就把节制视为社会管理者的重要德性。黑格尔更是对任性和意志自由做了深入辨析，认为意志自由是经过在自身中反思而返回到普遍性的特殊性，人只有在对任性的节制与限制中才能获得真正的意志自由。中国道家创始人老子主张“胜人者有力，自胜者强”（《道德经》第33章），并把“不自见”“不自是”“不自伐”“不自矜”作为圣人处世的重要原则。儒家则把“己所不欲，勿施于人”视作自我节制和自我修养的金规。这些都表明人生修养以节制品格的修养为要，节制是政德修养的基础。

第二节　私德规范

私德是中国传统道德的重要内容，以亲情、友情等情感作为出发点，主要规范亲人、朋友之间的伦理关系。对政德而言，私德与公德的差异在于公德是从政者处理公共事务的道德准则，私德则是从政者处理个人日常生活关系的道德准则，它以亲朋好友为主，但并不限于亲朋好友。在现代社会，公共事务和公共管理活动除外的一切领域的德性都可以被称为私德。在这一意义上，私德可以被看作从政者个体的德性和品德之总称。

一、善

善作为一种道德规范，其内涵是仁慈、正派、和谐。从政者掌握着公共权力，在社会生活中居于主导地位。虽然在日常生活中，从政者应依家庭和朋友关系之伦理为标准进行活动，但在现实中从政者的权力往往会向日常生活领域辐射，通常在亲朋好友中有一定的威望。如果没有仁心、爱心、善心，就会把公共权力带到私人生活中，对他人施加不当影响。

中国传统文化源远流长，以仁、义、礼、智、信为核心的儒家思想本身就以善为基础。比如“仁”，仁者爱人，是说做人要善良，要有怜悯之心，注重关心人、爱护人、帮助人、照顾人，要做到“己欲立而立人，己欲达而达人”，“己所不欲，勿施于人”。对从政者来说，仁爱不仅是一种品德，而且是一种责任与义务。这是因为，当人们仅仅把仁爱当成一种品德要求时，并不能必然保证将其贯彻到自己的行动中，只有把仁爱当成一种责任与义务，才能为它的实现提供保证。比如“礼”，即讲礼貌、懂礼节，礼者敬人，敬人者善。人人都有受尊重的需要，正如老百姓所讲的那样：“你敬我一尺，我敬你一丈。”讲礼貌、尊重人、团结人，是正确处理人际关系的基本要义。再比如“信”，就是指诚信。人无信不立，国无信不兴。孔子认为，“信”是一个人的立身之本。他说：“人而无信，不知其可也。大车无輗，小车无軏，其何以行之哉!”（《论语·为政》）一个人，如果失去“信”，就像车子没有輗軏一样，是一步也不能行走的。无论哪一种德性，其基础都是“善”。将善的态度和善的行为相结合，就会使人与人之间建立起信任、合作的关系，为个体的身心和谐、社会的和谐秩序奠定良好的基础。

二、勤

“勤”既是职业生活中的美德，也是私人生活中的美德。在人们日常生活的交往中，诚、信是内在，勤是外在。诚、信、善都不能止于心性，都需要在实践中落实和践行。勤能补拙，勤能增智。很多时候人并不缺少为善的动机，而是由于懒散而缺少践行的实践。有人把勤概括为“五勤”，即脑勤、眼勤、手勤、腿勤、嘴勤。这是站在人的身体机能方面讲的。“勤”是一种态度，一旦确立了“勤”的态度，生活就会充实而充满活力。从日常交往来看，主要是勤于做事、勤于助人。其一，勤于做事。无论亲人还是朋友，在一起交往就必然涉及一些具体事务，在处理这些事务时有人主动、有人被动。在与他人的交往中付出劳动的不均衡会引发一些矛盾和冲突，这与是否勤劳有重要的关系。其二，勤于助人。在自己力所能及的范围内，积极回应亲人、朋友的求助，看到亲人、朋友遇到困难，主动提供帮助，这是处理好人际关系的一个重要规范。在今天，勤于助人是友善友爱精神在日常生活中的体现，也是在国家治理体系和治理能力现代化进程中培育公众慈善精神的品德基础。

三、慎

“慎”，即小心谨慎。《诗经》中讲：“如临深渊，如履薄冰。”为官执政像踏在薄冰上、走在深渊旁，必须小心谨慎，否则便有陷进去或摔下去的危险。

慎既是一种思维方式，也是一种人生修养。“慎”是“心”和“真”二字的组合，谨慎不谨慎关键在于心、在于真。具体来讲，有以下三个方面。

一是慎独。所谓慎独，就是哪怕独自外出、夜深人静、无人监督的时候，都能做到“思无邪”，而不是想入非非，心存侥幸。《中庸》中说：“是故君子戒慎乎其所不睹，恐惧乎其所不闻，莫见乎隐，莫显乎微，故君子慎其独也。”一个人独处，在无人看见的地方要警惕谨慎，在无人听到的时候要格外戒惧，因为不正当的情欲容易在隐晦之处表现出来，不好的意念在细微之时容易显露出来，所以君子更应严格要求自己，防微杜渐，把不正当的欲望、意念在萌芽状态克制住。曾国藩在《诫子书》中第一条讲的就是慎独，认为“慎独则心安……能慎独则内省不疚，可以对天地、质鬼神”。刘少奇在《论共产党员的修养》中也说，党员“即使在他个人独立工作、无人监督、有做各种坏事的可能的时候，他能够慎独，不做任何坏事”①。做到慎独，就可以问心无愧，敢于面对天地良心和鬼神的质问。

二是慎思。慎思，意思是谨慎地思考。《礼记·中庸》中有云：“博学之，审问之，慎思之，明辨之，笃行之。”学习、思考和行动是一个系统。思想是行动的先导，思想上一旦出了问题，行动上就容易犯规。一个人成熟不成熟的关键就看他能不能慎思，想问题是不是遵守客观规律、法律纪律和人际伦理，思想合规律、合纪律、合伦理，行为才可能光明磊落。思想上心存侥幸，放松修养与自我约束，对自己不能严格要求，对错误的思想或行为不高度警惕，对不良的想法和行为不能及时反省与纠正，就容易在错误的道路上越走越远。自私是一种近似本能的欲望，处于一个人的心灵深处。在公与私发生矛盾的时候，在自我利益与他人利益发生矛盾的时候，在进行行为选择的时候，人们通常能察觉自己的行为是否可能损及别人的利益。能不能以“公”心战胜“私”心，能不能以他人利益战胜自我利益，能不能把自私自利的想法勇敢而果断地舍弃，是一个人是否有坚定

① 刘少奇. 论共产党员的修养. 北京：人民出版社，1949：47.

的信念、是否有自我约束的意志力、是否善于思考的标尺。

三是慎友。朋友是人生不可或缺的，每个人都会有几个至亲至近、知心知意的朋友。以利相交，利尽则散；以势相交，势去则倾；以权相交，权失则弃。不同的人有不同的交友目的，交友的质量决定着生活的质量，对人生的幸福有着重要的影响。亚里士多德和孔子都对友谊有过很多论述。传统社会非常重视交友，随着经济社会不断发展进步，朋友性质在潜移默化中不断转型，有驴友、网友、室友、酒友、烟友等圈子。“染于苍则苍，染于黄则黄。所入者变，其色亦变；五入必，而已则为五色矣。故染不可不慎也。”（《墨子·所染》）与不善之人相交，如入鲍鱼之肆，久而不闻其臭。由于从政者掌握着一定的权力和资源，所以很多人以与其交友为荣，因为结交这样的朋友会给自己带来利益与好处，在交友过程中，也会运用一些物质诱惑收买人心。从政者判断和选择朋友、净化自己的交友圈子比普通人更重要，也更难。

第三节　私德修养

“私德”指个人品德、修养、作风、习惯以及个人生活中处理家庭关系、邻里关系、朋友关系的道德规范，它规范人们在私人生活中的行为，教人如何做人。

《大学》中有云：“大学之道，在明明德，在亲民，在止于至善”，“自天子以至于庶人，壹是皆以修身为本”。在《大学》中，修己是治人的前提，修己是为了齐家、治国、平天下。治国、平天下与修己之间有着内在的联系。按照《大学》中的逻辑，为政之道与大学之道异曲同工，明德、亲民、止于至善既是政德修养的表现形式，也是政德修养的方式。德是立身之本，为官之魂。从政应从修身开始，应从齐家开始。对从政者而言，私德并不是私事，也不是小节。德在个体身上是一个完整的体现，只有完成了内在的德性修养，才可以把这种修养转化为治国、平天下的努力，更主要的是在治国、平天下的实践中能把个体的德性修养体现出来，实现国家的德治。从政者加强私德修养，具有发自内心的价值追求和原则，就不会在公共管理实践中做出违背法律和道德的事，即使在没有法律和纪律规范的领域，也能做到从心所欲不逾矩。公德与私德虽然是一个人的德性在不同领域的体现，但却不可以被截然分开。虽然有尽忠不能尽孝的情况，但道德规范的冲突不是人格的冲突，很多时候，为了一个大的目标牺牲个体的私情，但这并不妨害私德，而是一种悲壮的、成全的私德。

一、修心养德

1. “修心”是根本

儒家讲修身，《大学》中讲修身从修心开始，所谓“正心诚意”。修养的目标是让我们的言语和行为公正。我们的言语和行为是由心支配的。心正了，言语和行为就端正了，所以修身的根本是修心。人世间，许多人为追求物质享受、社会地位和显赫名声等身外之物而心力交瘁、疲惫不堪。皆因忽略了自己的内心，不明白万事以修心为先的道理。明代著名思想家王阳明创立了独具一格的“心学”体系。王阳明说：“心即理也，天下又有心外之事、心外之理乎?”（《传习录》）人应永远保持“初心”，不受外界环境的影响，光明磊落，坦诚纯粹。做每一件事都要符合良知的要求，这样才能使心中的浩然之气壮大起来，遇到事就能以良知为指导，从而达到“从心所欲不逾矩”的境界。儒家重修心，道家、佛家也重修心。《庄子·田子方》中有云：“夫子德配天地，而犹假至言以修心，古之君子，孰能脱焉?”《魏书·释老志》中有云：“故其始修心，则依佛、法、僧。”唐朝崔涂的《入蜀赴举秋夜与先生话别》中有云：“失计方期隐，修心未到僧。”

对从政者来讲，要治国、平天下，也应先从修心治身开始。北宋王安石说：“修其心，治其身，而后可以为政于天下。”（《王安石年谱三种·王荆公年谱考略·卷二十》）当官先修心，修心当正心；心正则身正，身正则影直；奉公当去私心，处事要出于公心。

2. “养德”是途径

“德”从“心”，心养德。修心以对己，养德以待人。许慎在《说文解字》中说：“外得于人，内得于己也。从直从心。”将善德施于他人，使他人受益；将善念存于内心，使自己身心皆宜。“德”表示认识“道”、实践

“道”而后有所得。“德者，得也，得其道于心而不失之谓也。”（《四书章句集注·论语集注》）东汉刘熙对“德”的解释是：“德者，得也，得事宜也。”（《释名·释言语》）“德”就是把人与人之间的关系处理得合适，使自己和他人都有所得。在中国古代，当人们自觉地意识到人和人之间道德关系的发生必须是对人、对己双方都有所“得”的时候，人们就开始了对人我之间的道德关系的反思。《中庸》中有云：“故大德必得其位，必得其禄，必得其名，必得其寿。”《荀子·致士篇》中有云：“得众动天，美意延年。”保持良好心态，就能德行天下，延年益寿。1990年，世界卫生组织把“道德”正式纳入健康的范畴。道德固然不是医术，但道德对人的心灵和精神的调节作用却又是医术所不能做到的。修养德性，有利于身心健康，也是兼济天下的根本。

3. “守志”是方向

“志”是志向、志气，是个人独立人格和自由意志的表达，是道德自制力的体现。守志就是坚守自己的志向。《左传·昭公十三年》中有云：“我先君文公，孤季姬之子也，有宠于献。好学而不贰……亡十九年，守志弥笃。”佛教中讲“净心守志”，一方面要净化心灵，另一方面要坚守学道的志节。做官必先守志，守志必先养气。孟子说：“我善养吾浩然之气也。”（《孟子·公孙丑上》）做官之人，当是有志之士。“石可破也，而不可夺坚；丹可磨也，而不可夺赤”（《吕氏春秋·诚廉》），石头再怎么破碎，依然是坚硬的；丹砂再怎么研磨，依然是红色的。意志就是构成人的内在本质的坚石和成色，无论如何，都不可摧毁。守志还需养志。《荀子·儒效篇》中讲：“志忍私，然后能公”。意思是说，在意志上能够抑制私欲然后才能为公。北宋张载的《正蒙·有德篇》中有云：“荣利非乐，忘荣利为乐。”南宋文天祥讲：“人生自古谁无死，留取丹心照汗青。”（《过零丁洋》）清代林则徐讲：“苟利国家生死以，岂因祸福避趋之。”（《赴戍登程口占示家人》）政德中强调守志，就是要坚定信仰，不因外界的风吹草动而改变自我的志节。

二、自省反思

认识错误是改正错误、拯救自己的第一步。一个人要是尚未认识到自己在做错事，他是不会有改正错误的愿望的；在改正错误以前，得发现和承认自己犯了错误。唯有如此，及时反省，我们才能将自己从过失和失败中拯救出来。孔子说："见贤思齐焉，见不贤而内自省也。"（《论语·里仁》）孔子的学生曾子力行自省原则："吾日三省吾身：为人谋而不忠乎？与朋友交而不信乎？传不习乎？"（《论语·学而》）荀子则把自省和学习结合起来，作为实现知行统一的一个环节。他说："君子博学而日参省乎己，则智明而行无过矣。"（《荀子·劝学篇》）及时发现自己存在的问题，才能避免因为"小事"而酿成"大祸"。朱熹说："日省其身，有则改之，无则加勉。"（《四书章句集注·论语集注》）

"自省"是自我意识能动性的表现。在心理学看来，自省不仅是一种优良的品德，更是一种使人自我完善的能力。心理学把自省定义为通过自我意识来省察自己言行的过程，也就是自我评价、自我反省、自我调控和自我教育。孔子说："未见能见其过而内自讼者也"（《论语·公冶长》）。孔子所说的"能见其过"与"内自讼"，应是自我发展与完善的重要心理机制。"自省"既包括自我批判，也包括自我肯定。自省不仅包括对自身的不足之处、过错之处的反省，也包括对自身的优点和成绩的总结；自省不仅包括改正错误之处，弥补不足之处，包括痛苦的内省和自我批判，也包括积极的、愉快的、向好的方面引导自己的思想和言行的建设性反思。

第一，自省的目的是了解与认识自我的性格特质和价值观。一个人身上各种丰富性的背后都有着不同的意涵，而这些往往代表了我们自己的情感和意志，这些都是我们自己的内在。很多时候，我们对自己认识不清，不了解自己需要什么、自己的价值观是什么。自省，就是让我们自觉地通过反省、反思而认识内心真实的自我。通过反观自己的言行举止，获得对自己行为习惯的反馈，了解自己性格特质的优势和不足，洞察自己行为背后的动机；通过洞察自己对外界情境的反应，认识自我价值，从而知道自我能够赋予热情的事物是什么。我们对于该做什么以及不该做什么有了清晰的认知，就不会盲目地追寻，不会被一些非本质的、不重要的事分散注意力，这样我们就可以更好地发挥自己的潜力，更加靠近真实的自己。

第二，通过自省，深化认同，将价值观内化于心。每个社会都有其所倡导的核心价值，或者说道德导向。道德教育的目标和任务就是把外在于个体的普遍的道德价值内化为个体的追求和价值取向。在这个过程中，自省是一个很重要的心理机制。通过自省，一方面，以社会价值导向和自我的价值观进行对照，寻找不相符的地方，调整自我价值观；另一方面，找到所有触及自我价值观的源点，对照反省社会价值导向与现实的自我价值取向之间的差别，列举出社会价值观所需要的品质，再了解要具备这些品质我们需要做什么，然后行动起来。

第三，把自省的结果落实到改变习惯和思维方式的行动中。曾子说："吾日三省吾身"，自省对于习惯和思维方式的形成与改变具有重要价值。翻开落马官员的悔过书，大多数腐败分子在落马后才开始反省，可惜，此时的反省为时已晚。

三、齐家重教

中国人从来都把家庭教育当作安身立命的根本。中国的家训智慧源远流长。据研究，中国古代传承下来的家训有十多万种。中国古代家训的内容十分宽泛，包括家庭生活、言行举止、个体修身、交友处世，乃至出仕从政、建功立业等各个方面。这些内容中的精华被行之于文传于后世，形成了中国古代独特的家训文化。北宋司马光的家训《训俭示康》提倡戒奢尚俭。诸葛亮的《诫子书》中讲："静以修身，俭以养德。非淡泊无以明志，非宁静无以致远。"这些都是良好家风的典范。

1. 言传身教

孔子曾赞叹颜回安贫乐道的高尚德行："贤哉，回也！一箪食，一瓢饮，在陋巷，人不堪其忧，回也不改其乐。贤哉，回也！"（《论语·雍也》）颜回一生清贫，不慕富贵，追求儒家的人生境界，为后世子孙树立了榜样。南北朝时期，作为颜回的后人，颜之推认为治家和治国同理，父母兄长要"以行为教""以学为教""以身为教"。颜之推写作《颜氏家训》，使"家训"在我国正式得名，颜氏家族的淡泊名利、勤俭节约等传统代代相传。

中国古代很多为官者都以清廉传家，隋朝房彦谦做官时清正廉洁，把得到的俸禄统统用来周济亲戚朋友，家中没有剩什么钱财。他对儿子房玄龄说："我留给子孙的没有财富，只有清白二字。"后来他的儿子房玄龄成为一代名相，大唐重臣。包拯一生为政清廉，平生也没有什么积蓄。他警诫自己的子孙：为官者若贪赃枉法，便从族谱中除名，死后不准葬入祖坟。

以廉齐家，不仅要言传，让子孙妻儿通晓廉的规范，而且要身教，在行动上给子孙妻儿树立榜样。家庭是孩子成长的第一所学校，父母是孩子的第一任老师，从政者须格外注重自己的品行对子女的影响。在中国传统家庭教育中，通过日常生活中的耳濡目染，逐渐培养廉洁的品质，形成家风传统。当前腐败现象中，一些官员的亲属、子女利用职权进行腐败交易，败坏了社会风气，也给官员造成了不良影响。古代以廉齐家的传统给现代从政者很多启示，从政者不仅要廉洁修身，还必须重视以廉齐家，言传身教，培养家庭成员廉洁自律的品质。

2. 勤俭持家

“历览前贤国与家，成由勤俭破由奢。”唐代诗人李商隐《咏史》中的这一名句广为流传。唐代诗人白居易在《草茫茫》中说：“奢者狼藉俭者安，一凶一吉在眼前。”奢华的人遇到突发事件容易陷入窘迫，勤俭的人遇到类似问题则往往比较从容。中华优秀传统文化中，先贤都倡导勤俭。司马光在《训俭示康》中写道：“俭，德之共也。”凡是道德水准高的人，往往都勤俭朴素。我们强调俭，并不是说要人们当苦行僧，而是强调要弘扬勤俭节约之风，不能奢侈浪费。无论对国家、民族而言，还是对家庭、个人而言，奢侈浪费都是灭亡的先兆。

“古人云此水，一歃怀千金。试使夷齐饮，终当不易心。”这首题为《酌贪泉》的诗是东晋吴隐之写的一首五言绝句。全诗运用对比手法来突出吴隐之为官的清廉。前两句描写喝了贪泉的泉水变得贪婪的传说，后两句描写吴隐之喝了贪泉的泉水后为官清廉的志向。吴隐之从小清白廉洁，孝顺父母。后来做了官，他和妻子也没改变俭朴的生活。相反，妻子织布以补贴家用。吴隐之冬天没有棉被，曾经脱下衣服浣洗，没有衣换，只得披着棉絮。虽然丈夫当了官，但妻子辛苦生活的状况和普通百姓没有区别。有人不理解，她却说：“我的丈夫为官非常廉洁，所得的俸钱除了赡养亲人，还要救济百姓，我在家辛苦点没什么，可以支持他不因钱财而失去廉洁的品行！”

范仲淹是北宋著名的政治家，政绩卓著，他的“先天下之忧而忧，后天下之乐而乐”的名言千古流传。有一年，次子范纯仁准备娶媳妇，列了一张长长的购物单给父亲范仲淹看。范仲淹看后很不高兴，范纯仁嘟囔道："花烛成婚乃一生大事，再说办得体面点也是为您增光。"范仲淹厉声道："我家历来以清廉节俭为荣，岂容你为图虚荣而败坏我的家风？倘你不听我劝告私自购买这些贵重的物品带入家门，我将当着全家人的面把它们烧掉。"范纯仁只好朴素、简单地办了婚事。

勤俭持家是指治家一要勤，二要俭。勤劳与懒惰相对，节俭与奢侈相对。勤与俭尽管有区别，但二者联系十分密切。只勤不俭如漏器打水，终将一空；只俭不勤，如流水断源，终会干涸。

勤俭的本质在于尽己之力，不怠惰，不放纵。勤俭持家不仅能兴家、兴国，而且能养身、养德。有人认为俭朴和奢侈都是个人生活的小节，无关大体。实际上，从政者应当从小事中，从生活、工作中养成勤俭节约的习惯，有了良好的习惯，就不容易做出浮华享乐的行为，从而保持勤俭节约、清正廉洁的品质。

3. 廉教兴家

南唐谭峭的《化书》中有云："一人知俭则一家富，王者知俭则天下富。"一个人知道节俭一个家庭就会富裕，一个君王知道节俭一个国家就会富裕。南宋李邦献的《省心杂言》中有云："成家之道，曰俭与勤。"曾国藩27岁就中了进士，点了翰林。祖父曾玉屏虽然非常高兴，但却没有"一人得道，鸡犬升天"的想法。他一再告诫儿子曾麟书："虽然家里有人点了翰林，但仍要靠种田为生，不可以靠他吃饭!"曾国藩在京做官时从来就不需为家中生活操心。曾国藩的一生受其祖父影响深远，他信奉祖父的遗训，黎明即起，克勤克俭。良好的家风造就了曾国藩一生的品行秉性。

家庭的廉洁教育主要指长辈通过言传与身教，教会后辈廉洁自律的道理，营造清廉的家庭氛围，以达到培养廉洁德性的目的。人一旦拥有了廉洁的品性，不管为官与否，都会对自己专注的领域尽心职守，为人处世符合普遍的社会规范，能够处理好公与私的关系，因而往往容易被他人所接纳，获得成功。寇准、欧阳修和曾国藩之所以成为一代名臣，得益于他们自小受到良好的廉洁家风教育。从政者要注重家风建设，通过言传与身教引导妻子、孩子等培养奉公职守、勤劳节俭等廉洁自律品质。

第二部分
政德的内化：从伦理到心理

第五章　政德的心理结构

政德规范是基于从政者的社会角色而制定的行为规范。个体对这些规范的认识和理解不同，就有了各不相同的内化程度，因而就有了各自不同的道德品格。外在的道德规范与个体心性相结合就成为品德，对从政者而言，就是政德的心理结构。

第一节　传统政德的心理结构论

中国传统政德论对政德心理论述很多。儒家经典《大学》就是一部政德修养论，其中对政德心理有很深入的论述。“欲修其身者，先正其心；欲正其心者，先诚其意；欲诚其意者，先致其知；致知在格物。物格而后知至，知至而后意诚，意诚而后心正，心正而后身修，身修而后家齐，家齐而后国治，国治而后天下平。”格物致知、诚意正心讲的都是心理结构。朱熹说：“所谓致知在格物者，言欲致吾之知，在即物而穷其理也。”（《四书章句集注·大学章句》）“格物致知”在于通过研究事物之理，增进对事物的认知，不断获得对事物之理的真知。“诚意”的关键在于慎独。“诚于中，形于外，故君子必慎其独也。”（《四书章句集注·大学章句》）“正心”的本质在于“虚壹而静”，排除各种感性欲望的干扰，达到纯正无瑕的状态。“诚意正心”的心理状态是获得真知、修养德性的前提。

一、仁：政德的核心

孔子说："志于道，据于德，依于仁，游于艺。"（《论语·述而》）人的品德源于内在的"仁心"，每一种表现于外的具体品德都是"仁"的自然流露和表现。朱熹说："仁者，爱之理，心之德也"（《四书章句集注·论语集注》），"仁在内，公在外"（《朱子语类》卷六）。孔子道德思想的重要进展，就是给众多的德目找到一个共同的德性基础"仁"，他说："仁者，居处恭，执事敬，与人忠。"（《论语·子路》）在当时对"仁"的众多解说中，给出了一个有心性根源的、以内心感情"爱"为特质的解释。孔子回答樊迟"什么是仁"之问说："爱人"（《论语·颜渊》）。孟子继承了孔子的这个理论方向，将儒家道德思想体系中的德性范畴概括为仁、义、礼、智之"四德"或仁、义、礼、智、信之"五性"。孟子说："恻隐之心，仁之端也；羞恶之心，义之端也；辞让之心，礼之端也；是非之心，智之端也。"（《孟子·公孙丑上》）可见，儒家一开始就是在心理的、心性的层面，以情感或心智的特征对德性做描述的，努力在人自身之中追寻道德根源。

"仁"的精神体现在个体的知、情、意中，即构成传统道德的内在心理结构。在政德的心理结构中，仁是核心。仁是仁心、仁德，是一种精神理念，是伦理与心理相通的桥梁。《孟子·离娄上》中有云："今有仁心仁闻，而民不被其泽，不可法于后世者，不行先王之道也。"司马光的《马病》中有云："羸病何其久，仁心到栈频。"明代沉受先的《三元记·秉操》中有云："他身如泥塑，秉烛到天明。他一点仁心认得真。"仁与知、情、意相结合，就成为政德的心理结构，也就是说，政德的心理结构由注入了"仁"的内容的道德理性、道德情感和道德意志构成，三者彼此联系、互相渗透，共同构成政德的心理结构。

二、知：道德理性

道德理性是政德形成的起点和最基本的心理机制，它使从政者的道德修养具有高度的自觉性。这种自觉性不仅指对自己的思想、言行随时反省、检查和解剖，而且包括对社会道德理想或道德观念的认知和理性审查。

“知”在古代汉语里，除了相当于“知道”“知识”外，还经常与“智”通用，相当于“智慧”。例如，孔子的名言“知之为知之，不知为不知，是知也”（《论语·为政》），最后一个“知”，即为聪明、智慧之意。儒家之智不局限于知识，不囿于简单的聪明。孔子将智（知）、仁、勇并称为“三达德”。在孔子看来，“知”体现着个人对外在的道德要求和道德规范的认识程度与水平。一个人对社会伦理关系、道德原则没有一定的认识，就很难具有高尚的品德。获得“知”的途径是学习。孔子说：“弗学，何以行?”（《中论·治学》）学习的内容即是关于“礼”的知识。“不学礼，无以立。”（《论语·季氏》）只有具备了关于“礼”的知识，才能在行为中遵循“礼”。一个人不知“礼”，其行为有可能合乎“礼”，然而这还不具有理性特征，只有掌握“礼”的有关知识，其品德才具有理性特征，才有助于实行“仁”，即所谓“知者利仁”。相反，在选择行为时如果不通过理性具备关于品德的种种知识，就会误入歧途。“好仁不好学，其蔽也愚；好知不好学，其蔽也荡；好信不好学，其蔽也贼；好直不好学，其蔽也绞；好勇不好学，其蔽也乱；好刚不好学，其蔽也狂。”（《论语·阳货》）只有对美德的热烈向往而不实际地学习美德，就不能真正理解美德的内涵，就会发生六种流蔽而远离美德。

三、情：道德情感

道德理性仅仅是品德形成的必要条件，而非充分条件。道德理性只有和道德情感相结合，使外在的道德原则、道德规范内化到人的性格中，使道德成为人们自身的要求，成为人们感情世界的一部分，才可谓“成人”。孔子说：“知之者不如好之者，好之者不如乐之者。”（《论语·雍也》）“知之”“好之”“乐之”中的“之”字，指“道”“礼”这些外在的道德规范。仅仅知道它们可贵，未必肯追求；能“好”之，才能积极追求。但喜好它们而加以追求，自己犹与它们为二，有时也会因懈怠而与它们背离。只有到了“乐之”境界，外在的道德规范才成为主体生命的一种追求、一种享受。

作为理想的品格，仁爱不仅仅一般地表现为对他人的尊重、关心，而且更在于同他人在情感上的沟通，即以真诚之情对待他人。孟子把仁界定为“恻隐之心”，恻隐之心是一种同情心。在孟子看来，一个完美的人应当具有普遍的仁爱之心：“仁者以其所爱及其所不爱。”（《孟子·尽心下》）同样，荀子也认为，作为理想的追求，完美的人格应当包括健全的情感。对荀子而言，人性中本来便包含情：“情者，性之质也。”（《荀子·正名篇》）当然，本然形态的情感还未达到理想的要求，应当通过艺术教育，寓教于乐，使个人的感情升华为对道德规范的遵从和敬畏之情，升华为融“道”之情。具有了这样的情感，就说明个性与社会道德规范达到了高度统一，道德主体成为“乐之”者，达到“从心所欲不逾矩”（《论语·为政》）的自由境界、审美境界，即所谓“成于乐”的成人境界。

儒家特别注重培养人的道德情感。孔子说：“兴于诗，立于礼，成于乐。”（《论语·泰伯》）孔子把诗、乐与礼并立，看作一个仁人君子所必不可少的条件。君子修身以学诗始，由乐而成。孔子对艺术的重视正是由于它可以陶冶情操，可以改变人的性情、感发人的心灵，使人自觉自愿地接受并实行仁道。刘宝楠在《论语正义》中解释说：“乐以治性，故能成性，成性亦修身也。”孟子从道德情感在“乍见孺子将入于井”情境中的当下呈现为依据，将道德修养落实在道德情感的培养上。荀子说：“夫乐者，乐也，人情之所必不免也。”（《荀子·乐论篇》）人的情欲是不可避免的自然现象，若不对之加以引导，顺着恶的性情发展，就会出现变乱。“先王恶其乱也，故制雅颂之声以道之”（《荀子·乐论篇》），乐可以使人的性情得到节制、引导，达到“化性起伪”的目的。

四、意：道德意志

道德理性（知）和道德情感（情）交互作用、彼此渗透，促进了政德的发生、发展。但是，仅仅具备知和情，还不能形成稳定的政德结构。政德的心理结构中还有一个必不可少的因素，即“意”。道德品质的形成离不开道德意志的调节、支配和控制。孔子把道德意志看作使道德理性与道德情感变得积极主动的条件和前提，没有善的意志、动机，就不可能有善的行为。孔子曾说：“视其所以，观其所由，察其所安，人焉廋哉，人焉廋哉！”（《论语·为政》）观察人的行为动机，观察人的行为途径也就是方法手段，观察人的行为目的，人就没有什么隐藏的实情了。人的行为要以善为起点，但这个善必须先由理性道德法则去发现，再由意志去接受。这样，一个具有道德价值的行为才能得以实现。

解决问题、克服困难、排除障碍的过程就是意志行动的过程。困难有外部困难和内部困难两种。人的意志坚强与否、坚强程度如何，是以困难的性质和克服困难的难易程度来衡量的。有时需要克服的是物质上的匮乏："子曰：'贤哉，回也！一箪食，一瓢饮，在陋巷，人不堪其忧，回也不改其乐。贤哉，回也！'"（《论语·雍也》）有时需要克服艰难环境的考验。当年孔子与弟子周游列国时"在陈绝粮，从者病，莫能兴。子路愠见曰：'君子亦有穷乎？'子曰：'君子固穷，小人穷斯滥矣。'"（《论语·卫灵公》）。另外，还要经得住质疑。"人不知而不愠，不亦君子乎"（《论语·学而》），自己的才华、能力不被了解，不被赏识，得不到提拔、重用，也不必郁闷、生气上火，该怎么干还怎么干，心平气和，一如既往。这样的表现是合乎君子的修养的。就是说，要抑制自己的自然天性，扛得住不被理解的寂寞，正如孟子所云："富贵不能淫，贫贱不能移，威武不能屈，此之谓大丈夫。"（《孟子·滕文公下》）这才是真正有意志、有担当的人。

孔子看到了意志在政德结构中的重要性，因而十分强调道德意志的培养。他说："岁寒，然后知松柏之后凋也。"（《论语·子罕》）他要求学生正确对待生死富贵、持志守道，做到"磨而不磷，涅而不缁"（《新语·道基》），经得起任何物欲的引诱和艰苦环境的磨炼。

没有坚强的意志，就不能实现为学、修道所立的志向，就容易为外界的恶习所染。孔子说："闻义不能徙，不善不能改，是吾忧也。"（《论语·述而》）又说："执德不弘，信道不笃，焉能为有？焉能为亡？"（《论语·子张》）一个人只有具备了坚强的道德意志，才能克服一切困难、排除一切障碍，做到"无终食之间违仁，造次必于是，颠沛必于是"（《论语·里仁》）。

儒家政德的心理结构由知、情、意三要素构成。这三要素并不是并列的，而是相互关联的，是部分与部分以及部分与整体相互规定的动机关联结构。在这一结构中，知、情、意三者缺一不可。没有理性的道德行为是盲目的，失去意志和情感的道德行为是被迫的（是无法进行道德评价的）、短暂的和枯燥乏味的。只有三者有机地统一起来，才能构成平衡稳定的内在政德结构。

第二节　道德定力及其构成

知、情、意三者构成了政德的心理结构。这三者相对平衡，政德的心理结构就相对稳定；相反，如果三者处于不平衡状态，政德的心理结构就处于冲突和不稳定的状态。通常，社会结构处于稳定状态，政德也相对稳定；社会结构处于变迁中，政德也会处于变动和冲突中。当前，中国社会处于传统社会向现代社会的转型过程中，政德结构也处于不稳定的变动中。因此，需要强化道德的心理结构，增强道德定力。“定力”是佛家语。佛法修持者的定力如何，决定其能否修成正果。定力就是坚守自己的信念和初心而不易被改变的能力。道德定力是道德上坚定不移的行为能力，是确保慎独慎微、廉洁自律的核心要素。具体地说，道德定力的构成要素包括道德信仰、道德意志、道德能力、道德气节。

一、道德信仰

信仰是对某种理论、思想、学说的心悦诚服，并心甘情愿以此作为自己的理想目标和行动指南。道德信仰是对某种道德标准和原则的深信不疑与坚定持守。从政者是否有道德信仰，决定了其在道德选择时是否有原则、能否坚守正义。作为道德信仰的道德定力有四层含义。

第一，相信善同真、美一样是人类永恒的价值追求。真、善、美是人类文明进步的标尺和基本价值准则。真、善、美的统一是现实性与理想性的统一，是人类追求的理想人格。虽然假、恶、丑也是现实性的存在，没有假、恶、丑，就没有真、善、美，也不能显示真、善、美的价值与可贵。但人不仅是事实的存在，而且是价值的存在、人格的存在。无论世事如何变迁，真、善、美都是人类永恒的价值追求。较求真和求美而言，求善并不能得到普遍的认同，因为现实中存在的德福矛盾使人们产生对善的价值的质疑，很容易让人们放弃求善的信仰。

第二，相信正义总会战胜邪恶，不会因为个别的、暂时的丑恶现象而丧失信心。历史在前进的过程中总会有曲折、反复甚至倒退，一些品德低下者可能恃强凌弱，损害真、善、美的价值，给人类带来痛苦，但是，有信仰的人坚信，真理一定能克服谬误，正义总会战胜邪恶，光明终将驱散黑暗，这是不以人的意志为转移的客观规律。那些置人民的愿望于不顾、逆潮流而动的行径是注定不能持久的，是注定要失败的，历史最终会做出公正的评判。

第三，坚信并遵循“人民至上”的道德理念。中国传统文化中有着非常丰富的“民本”理念，马克思主义唯物史观更是使“人民至上”的道德理念获得了科学的形态。马克思主义认为，人民群众是社会物质财富和精神财富的创造者，是推动社会向前发展的力量。尊重人民群众的历史主体地位，就要树立人民本位、人民至上的观念。“人民本位”即要求从政者在尊重人民的基础上牢记权力的来源，学会合法地、合理地运用权力。只有这样，才能把自己定位于“服务者”，而不是“命令者”“指挥者”“控制者”。“人民至上”是坚持马克思主义唯物史观的必然要求。

第四，有敬畏之心，坚信“多行不义必自毙”（《左传・隐公元年》）。敬畏不同于恐惧。恐惧是一种本能，它是靠直觉瞬间产生的，所恐惧的对象有很大的不确定性。敬畏的形成是人们始终处在“清醒”而又“戒惧”的状态，运用理性思考功夫产生的一种心理情怀，是对恐惧的哲学升华。“敬畏”由“敬”与“畏”两种情感组成，“敬畏”有别于一般的“敬”，也有别于一般的“畏”。“敬”某事物却未必“畏”某事物，比如我们尊敬、敬爱老人，并不是害怕老人。同样，“畏”某事物亦未必“敬”某事物，比如我们害怕老虎，但是我们并不敬重老虎。只有“敬”中有“畏”，“畏”中有“敬”，方能体现“敬畏”意识的真谛。

二、道德意志

“志以发言，言以出信，信以立志，参以定之。”（《左传・襄公二十七年》）一个人说出的话源于其心志，话既出就得讲诚信，有诚信才能立志。志、言、行齐备，才能安身立命。意志是人们履行义务过程中自觉克服困难的心理活动，为理想奋斗的坚持精神以及自我控制、自我约束的能力。人的意志由于具有明确的目的性，所以有明确的方向性和强大的动力性。人若无志，犹如航船无舵。意志既能发动符合目的的行动，又能制止不符合目的的行动。

意志是人自觉地确定目的，并根据目的调节、支配自身的行动，克服困难，去实现预定目标的心理倾向。意志过程包括两个阶段：一为采取决定阶段，也是意志行动的准备阶段。在这一阶段，首先要解决动机斗争问题，然后是确定行动的目标和选择达到目标的有效策略、方法与手段，并制订出切实可行的行动计划。二为执行决定阶段，这是将行动计划付诸实践的过程。在这一阶段，要坚定地执行行动计划，努力克服主观和客观困难，最终实现计划。其主要特征为：(1) 明确的目的性，即意志行动总是自觉确定和执行目的的行动；(2) 与克服困难直接相联系，即只有克服各种困难才能实现预定的目的；(3) 直接支配人的行动，即意志主要是为完成一定的目的任务而组织起来的行动。意志对行动的调节既可表现为发动和进行某些动作或行为，也可表现为制止和消除某些动作或行为。

意志是人的意识能动性的集中表现，意志发生作用的层次有三个：(1) 控制自己的冲动和行为，表现为控制肉体冲动和身体的能力，意志对人的行为有发动、坚持、改变、制止等方面的控制与调节作用；(2) 主动地引导欲望和行动，使其对结果有利或有益，这属于功利层次的趋利避害；(3) 在没有利益诱导的情况下，出于意志自觉选择做或不做某一行为，即道德选择。当意志进入道德意识和行动的领域时，它就获得完全的自我决断能力。道德意志是意志发挥作用的高级阶段。

道德意志是人们在履行道德义务过程中克服困难、排除障碍、控制情感的精神和毅力。它来自对一定的道德原则、道德规范的认识，是履行道德义务的内在精神力量，对人们道德品质的形成起着重要作用。道德意志是道德行为产生的直接原因。趋利避害，追求物质利益、身体的无痛苦、眼前的直接利益，追求自身利益最大化，是人的本能。在个人利益与他人利益发生冲突时，在没有外在强制约束力的情况下，特别是在没有直接的利益受损者的情况下，损害集体利益、保全个人利益是人的一种本能冲动。道德意志坚强的人，在任何情况下都能严格要求自己，不为自己的本能冲动所驱使，能按照自己的道德理性行事，控制道德情感，保持高尚的道德情操。相反，在外在诱惑的驱使下，有些人之所以不能保持初心，放弃了自己的人格与操守，大多是由于缺乏坚强的道德意志。

三、道德能力

在中国传统文化中，儒家的性善论一直占主导地位，诚如孟子所说："恻隐之心，人皆有之；羞恶之心，人皆有之；恭敬之心，人皆有之；是非之心，人皆有之。"（《孟子·告子上》）在西方，虽然人性恶的假设是社会制度设计的出发点，但西方文化中一直以来并不缺乏高扬人的道德理性的性善论。人们渴望道德理想，将道德看作人之为人的根据，是人区别于世间其他万物的根据。但人在现实活动中并不总能做出道德行为。

有道德动机，但不一定能做出道德行为、达到道德效果。道德动机与道德选择、道德行为、道德效果之间需要有道德能力介入。道德能力是拉近道德选择与道德愿望之间距离的唯一方式。人与人之间除了道德修养的差别，还有道德能力的差异。道德能力之所以必要，首先是因为道德情操和道德理念在大多数时候是模糊的，必须通过推理进行改弦易辙；其次是因为道德情感能使双方发生冲突；最后，道德选择需要的不仅仅是道德原则，也需要人们有获得美德的能力。

道德能力是主体的实践理性能力，其中的重要方面之一是道德行为主体具有对人、对事、对物做出善恶判断的能力，这种能力即为道德判断力。在伦理学思想史中，关于道德判断力，一些学者倾向于对经验性道德判断力进行研究，另一些学者倾向于对反思性道德判断力进行研究，前者以亚里士多德为代表，后者以康德为代表。

所谓经验性道德判断力，其核心是根据情境化（contextualization）进行道德判断的能力，即能够在具体情境中生成正确、合理的道德判断的能力。这种能力不是靠知识的传授而获得，而是靠丰富的人生经验而养成。亚里士多德伦理学中的明智或实践智慧（phronesis）所指称的就是这种经验性道德判断力。他说："明智是一种同善恶相关的、合乎逻各斯的、求真的实践品质"①，"离开了明智，我们的选择就不会正确"②。从

---

① 亚里士多德. 尼各马可伦理学. 廖申白，译注. 北京：商务印书馆，2003：54.

② 同①55.

这个意义上说，“明智”标志着一种在具体情境中生成经验性道德判断的能力。之所以称之为道德判断力，是因为它与善恶的观念相关联，或者说它以善恶的观念为理论前提，正因如此，亚里士多德才将“明智”称为“合乎逻各斯”的实践性智慧。

所谓反思性道德判断力，简言之，就是将特殊的经验性判断归属于普遍性的实践理性或道德理性之下的能力，包括规定性判断力与反思性判断力这两种形式。前者是把特殊归属于一个给定的普遍之下的能力，后者是为给定的特殊找到一个与之相适应的普遍的能力。在康德看来，反思性道德判断力不是实践理性，而是实践理性运用于经验而生成的判断力，它与经验相关，同时又为经验性判断力寻找普遍性的道德基础，这就是反思性判断力的着力之处。对反思性道德判断力来说，仅局限于经验的利害关系判断是引申不出道德判断的，只有将经验性判断置于反思性的实践理性或道德理性的基础上，才能引申出真正的道德判断。从这个意义上说，道德的经验性判断和反思性判断是关联在一起的，具体的道德行为是由非经验的因素和经验的因素共同作用而形成的。

在现代社会，行政活动和道德的关系日益复杂化，道德规范日益多元化，从政者一方面要杜绝“以情代法”，另一方面又要把握人情，体现法治精神。从政者必须在传统道德与现代法治的平衡中坚守公平和正义，把中国共产党的领导、人民当家做主和依法行政结合起来。这些都对从政者的道德能力提出了更高的要求，需要从政者具有一种道德创造力，即以求善为最终目的，整合并超越原有的道德观念或道德规范，新颖、独特地解决道德问题的能力。

四、道德气节

道德气节，是指面对荣誉或者外在的强力能够坚守自我，不为外在的名利所诱，不被外在的恐吓所屈服的品质。“丈夫之高华，只在于道德气节。鄙夫之炫耀，但求诸服饰起居。”[①] 大丈夫的高贵，在于道德气节的修养；庸俗人的炫耀，在于服饰和日常生活。道德气节是以人的独立性为

---

① 弘一大师. 格言警训选. 北京：中国画报出版社，2017：231.

基础的，不借助外在名利的人之为人的尊严感。在西语系统中，没有直接与“气节”对应的概念，“道德理性”“道德人格”与之较为接近，是指人与其他动物相区别的内在规定性，是人之为人的尊严、价值和品质的总和。对从政者而言，道德气节是指在行政管理活动中通过连续和持久的道德行为选择所表现出来的自我道德完整性，是道德意义上的整体性存在形态。道德气节是从政者做人做事有没有信誉、能不能经受住诱惑的根本。自古至今，人们尊敬的都是有气节的人，如曾子所说的“临大节而不可夺也”的君子、孟子所说的“大丈夫”、毛泽东所说的“有骨气的人”。

道德气节之所以为历代所称颂，就是因为人的一生充满了各种诱惑。人的欲望是无止境的，人在面临物质的、精神的诱惑时，能够保持初心，不为外界诱惑所动，方能显示高贵的人格。革命烈士叶挺在狱中写下了著名的诗篇《囚歌》，表达的就是这种气节。“为人进出的门紧锁着，为狗爬出的洞敞开着，一个声音高叫着：爬出来吧，给你自由！我渴望自由，但我深深地知道——人的躯体怎能从狗洞子里爬出！我希望有一天，地下的烈火，将我连这活棺材一齐烧掉，我应该在烈火与热血中得到永生。”①今天，一些从政者经不起外在的诱惑，在思想道德上为自己找借口，心理上将之合理化，于是丧失了气节。因此，强化人们的气节意识和观念，既是人之为人的必然要求，也是增强从政者道德自律的必然要求。

第三节　情绪与道德情感

为什么每个人都有道德理想和道德愿望，但并不是每个人都能做出道德的行为和成为道德的人？对从政者来讲，在政治实践中坚守道德尤其困难。这首先是由于道德情操和道德理念在大多数时候是模糊的，在遇到道德冲突和困境时，大多数人通过推理、权衡利害之后便改弦易辙，放弃了最初的选择；其次是由于道德情感不强烈，当面临道德冲突时就由情绪所

---

① 小学课本教材教科书编辑部. 小学语文：六年级下册. 北京：人民教育出版社，2016：64－65.

主宰，而不能实现道德情感的升华。在政德的心理结构中，除了组成道德定力的诸要素之外，道德情感是一个非常重要的要素。

列宁指出："没有'人的感情'，就从来没有也不可能有人对于真理的追求"①。道德情感常常左右个体道德认知的水平、道德意志的强弱、道德行为的趋向。道德情感由两个心理层面构成。第一个层面是处于较低层次的道德情绪，它分为积极的、肯定的情绪体验和消极的、否定的情绪体验两种。道德情绪带有较多的生理性和原始性，具有波动性大、不甚稳定、不易控制等特点。第二个层面是处于较高层次的道德感情，如对人民的敬仰之情、对国家和社会的热爱之情。道德情绪是低层次的情感体验，带有更多的自然性和自发性，如"目欲视色，耳欲听声，口欲察味"（《庄子·盗跖》）。顺从人的自然情绪，就有可能偏离道德要求，因为道德要求在很多时候恰恰是对自然情绪的修正和抑制，是对外在的低层次情绪的抑制和超越，是在道德认知基础上产生的高层次的道德情感。对从政者而言，因其行使公共权力，所以越少掺杂私人的情感或情绪，越能在行使权力中主持公道；另外，行使公共权力，又不能完全不顾行政相对人的特殊要求，故而在执法过程中以法治精神而不是法律条文执法，以保证行政责任的实现，就需要培养高尚的道德情感。

第一，培养道德情感，要实现原始道德情绪向道德情感的升华。道德情绪是指人们在社会生活中由一定的道德事件和现象所引起的心情、心态或心境，是指在特定时刻或具体形势下对某一道德事件所反映出来的体验或冲动。根据人们对体验对象的态度，可分为肯定的道德情绪（如满意、高兴）和否定的道德情绪（如不满、气愤）两大类。人民群众也许并不具备漂亮的外表，也不能给从政者带来直接的利益，他们的一些诉求甚至听起来有些"过分"。但是，从政者如果对自己的角色有清醒的认识，在了解了干群关系的本质和从政者的角色之后体谅百姓之需求，就会使自身原始自发的道德情绪升华为道德情感。有政德的从政者一定心怀民众、心系民众，时刻牢记自己的公仆身份，站起来当伞，为人民遮风挡雨，俯下身做牛，为人民鞠躬尽瘁。

---

① 列宁全集：第25卷．北京：人民出版社，1988：117.

第二，培养道德情感，要处理好情义与规矩的关系。重情义是中华民族的优良传统，也是现实生活中人与人之间联系的润滑剂。讲规矩，则是人们在社会生活中必须遵循的基本原则，所谓“没有规矩，不成方圆”。规矩不仅是指党的纪律，而且包括法律、制度、规定等刚性规矩和不成文规矩。当“情”与“矩”相遇时，党员干部特别是领导干部必须做到“情不越矩”，处理好二者的关系。毛泽东在处理重情义与讲规矩的关系方面为我们树立了光辉的榜样，他曾为自己定下三条原则：恋亲，但不为亲徇私；念旧，但不为旧谋利；济亲，但不以公济私。他是这么说的，也是这么做的。新中国刚刚成立时，他的多少亲友故旧来信谋官、谋职，除极个别确实才德俱佳者他会酌情推荐，其他都予以婉拒，但他又都慷慨地予以接济，并耐心地进行劝导，使之如沐春风。规矩是钢，情义如水；规矩在前，不废情义。今天的从政者，也当如此行事。

第六章　政德内化的心理机制

“内化”是一个心理学概念，最早是由以涂尔干为代表的法国社会学派提出的，指社会意识向个体意识的转化，即意识形态的诸要素通过一定的社会机制移置于个体意识之内，把社会意识形态的组成要素转化为个体的精神结构。道德内化，是指个体作为道德主体对社会道德的学习、选择、改造、发展的过程，是个体根据时代精神和个体内在要求对现存社会道德体系进行积极扬弃，从而形成个体道德素质和道德人格的过程。政德内化既受制于个体的个性因素，也与社会因素密切相关，是个性因素与社会因素交互作用的结果。本章论述政德内化的个性因素。

第一节　个性因素与政德内化

从政者首先是一个社会的人，政德发生首先受一个社会的经济关系、政治制度、公共行政体系、行政文化等客观条件的制约，但作为公职人员的个体并非千篇一律地受外在客观因素的模塑，而是在社会中不断进行创造、不断进行追求的个体存在。每一个时代要求的政德标准是普遍的，但在每个个体上的体现各不相同。从政者个性因素的差异决定了从政者个体品德的差异。对政德发生重要影响的个性因素很多，主要包括人们的生理-心理因素、个性心理因素和精神活动因素等。

一、生理-心理因素

对个体政德发生有着重要影响的生理-心理因素主要是性别因素和年龄因素。性别因素导致性别品德的产生，年龄因素则产生了与之相应的时年品德。

1. 性别因素在政德形成中的作用

现代医学研究表明，男女两性的遗传基因、语言能力、思维特征等方面存在着明显差异。在心理和行为方面，人们发现，男性比女性更富攻击性；在情绪方面，女性较男性敏感度更高；在人际交往方面，女性较男性更注重人际关系的亲密性、知己性。此外，女性比男性更具情绪表达性，更倾向于设身处地为他人着想，更能准确地感受他人的情绪。男女两性在生理、心理上的差异对品德的发生会有直接影响。男女两性的差异导致男性和女性在理解与接受社会道德规范时会产生差异：女性的形象思维较为发达，情感体验较为细致，因而生动的、富有情感的教育在女性那里较易生效；男性抽象逻辑思维较为发达，对抽象规则的接受能力较强。如此，男女两性对社会道德规范的内化程度就不尽相同。

对普遍的道德规范的内化在男女两性之间有着不同的体现。如爱孩子，在女性那里更多的是一种仁慈，在男性那里则表现为严格要求，因而有严父慈母之说。康德在《论优美感和崇高感》中对“优美感”和“崇高感”这两种情感进行了论述，并将人的心灵结构归纳为忧郁、活泼和激动这三种不同类型。还专辟一节讨论崇高和优美在两性相对关系上的区别，他认为两性的品质都是由优美和崇高相互结合而成的，看起来女性偏向优美、男性偏向崇高。但他又强调，并不是因为女性缺少后者或男性缺少前者，而是女性需要高扬优美，而男性需要突出崇高——这个原则非常重要：“对于这种两性类别的一切判断，无论是称赞的还是谴责的，都必须联系到这一点；一切教育和教导在眼睛前面都必须有这一点，此外一切要促进这一种或那一种性别的道德完美性的努力也是如此。”①康德列举了许多男女不同的品质，并且在现实中找到了对应的现象，其中最重要的是关

---

① 康德．论优美感和崇高感．何兆武，译．北京：商务印书馆，2009：29.

于理智、理性和感受、情感的。康德认为男女两性都具有理智，但男女两性的理智有气质上的差异，男性的理智深沉而崇高，女性的理智轻松而优美。[①]康德把有赖于原则的德行称为“真实的德行”，把由道德情感而来的德行称作“被采用的德行”或“优美的德行”[②]。真正的德行只能是基于原则的，而且原则越普遍该德行越崇高，“优美的德行”只是一种辅助性冲动。[③] 大自然赋予女性“良好的和善的感受、一种美妙的风范感和一个可爱的灵魂”，这使女性的德行是“优美的德行”[④]。也就是说，这种德行缺乏原则的高贵，只是“真实的德行”的助推剂。“真实的德行”与“优美的德行”即便从结果论上看区别不大，但本质上却有着截然的差异，就和男女性别的差异一样。

男女两性美德的表现形式不同，社会对两性的品德要求也不同。马克思在回答女儿向他提出的男女品德何者最珍贵的问题时说，男子最珍贵的品德是刚强，女子最珍贵的品德是柔弱。[⑤] 对以政治为业的人来讲，男女两性都承担相应的职责和义务，但却表现出具有差异的品德。通常男性更倾向于用竞争来体现公正，女性则更倾向于通过照顾和同情弱者来体现公平。在公共服务动机方面，男性的支配欲较女性通常要强一些，女性的服务意识较男性要强一些。在执行公务时，男性采用的方式更直接一些，女性相对婉转一些。虽然职业化和专业化的训练使这些品德在外在行为表现上的差别不是很明显，但男女性别因素导致的思维方式和情感表达的差异是天然存在的，会对政治活动产生影响。

2. 年龄因素在政德形成中的作用

年龄差异是影响品德生成的又一生理-心理因素。心理学研究表明，人的心理发展具有明显的阶段性，这种阶段性与人的年龄相关。不同年龄阶段最本质、最典型的区别特征，就是心理发展的特征。具有不同年龄特征的品德主体具有不同的心理特征，这些心理特征对品德的发生有着重要

① 康德. 论优美感和崇高感. 何兆武，译. 北京：商务印书馆，2009：30.

② 同①15.

③ 同①14.

④ 同①33.

⑤ 奇金. 马克思的自白. 蔡兴文，等译. 北京：中央编译出版社，2011：12-27.

的影响。时年品德就是基于这种不同年龄特征而对处于不同年龄段的个体提出的品德要求。

时年品德是指人生不同时期、不同年龄段的品德。这类品德产生的最主要的因素便是年龄特征。根据道德意识发展和道德实践的具体情况，人生阶段可以被划分为儿童、青少年、中年、老年四个阶段。由于人们在不同年龄段生理-心理特征有差异，遵从道德规范的方式不同，对各个年龄段的人们的品德要求也不同，因而产生了时年品德。德国诗人、哲学家歌德认为，儿童是现实主义者，他们的道德是追求实利；青年是理想主义者，他们偏爱精神的价值；中年是怀疑主义者，他们的道德充满矛盾、困惑与冲突；老年是神秘主义者，他们的道德被神秘感悟直觉所占据。歌德对不同年龄段的人们的道德的概括虽然未必准确、合理，但可以表明年龄特征会对人们的道德发生影响，是时年品德产生的重要因素。

年龄因素对政德同样会产生影响。一般地说，刚刚加入从政者队伍的人处于青年时期，这一时期的人充满理想和激情，对未来有着美好的憧憬和向往，他们往往朝气蓬勃、热爱工作，对自己的前途充满信心，对自己的工作充满热情。因此，这一年龄段的从政者较容易形成勇敢、热情等有益品德，同时也容易冲动、缺乏耐心。了解从政者在不同年龄段表现出来的不同心理品质，有助于提高政德教育的针对性和有效性。对于年轻的刚入职的从政者，重点是培养其公共服务动机，让他们了解政德与干部成长规律之间的关系，克服浮躁心态，沉下心来做好本职工作。对于掌握了一定权力的中年从政者，重点是培养其坚守理想信念的意志力，让他们正确认识权力的本质，处理好奉献与获取的关系，培养服务大众的情怀。对于即将退休的从政者，则要进行必要的心理关爱和价值引导，要他们正确认识人生发展不同阶段的价值，保持节操，避免“五十九岁现象”。

二、个性心理因素

个性心理因素主要指由人的各种心理特点结合而成的个性特征，包括能力、气质和性格三个方面。个性心理特征的差异是社会普遍道德在个体身上呈现出不同品德的主要原因。亚里士多德把不同的性格特征直接看作人的品德，韩愈用“性三品”解释人们德性的差异。虽然这种观点不能完全科学地解释品德的发生和发展，但个性心理特征的确对品德的发生和发展具有基础作用。

1. 能力在政德形成中的作用

有两种能力直接影响从政者品德的形成，即接受能力和行为能力。接受能力主要指从政者个体接受、内化社会道德规范的个性心理特征。接受能力的强弱对政德形成的影响，首先表现在与接受内容的关系上。接受能力强，表明接受者善于发挥主观能动性，能准确领会社会道德规范的内涵和精神。其次，它表现在与接受效率的关系上。一般来说，接受能力与接受效率成正比。接受能力强，则接受量大，接受速度快，因而接受效率高。接受能力差，结果则相反。从政者具备较强的接受能力，有助于他对法律、法规、道德规范的全面把握和接受。最后，它表现在个体与接受方式、方法的关系上。接受能力强，善于触类旁通、举一反三，因而对接受方式的限制小，接受者的适应性较大，能较快地适应并顺利地完成各种不同任务。行为能力的差异也是影响政德形成的重要因素，从政者掌握、接受了社会道德规范，还须借助行为能力使内在的德性在政治活动和私人交往活动中得以展现。行为能力的强弱导致从政者完成道德活动的效果产生差异，从而导致个体政德产生差异。

此外，政德接受效果的差别与道德情感能力的差别有很大关系。在政德实践中，存在的显著问题是认知与行为脱节。从政者作为道德接受主体虽具有丰富的道德知识，但道德情感认同力差、道德情感需要弱，致使其在道德内化中选择性地内化知识，而难以升华为道德情感，也没有转化成道德行为的动力，于是就产生了很多道德认知、道德情感和道德行为不统一的“台上一套、台下一套”的两面人。当面临复杂的道德境遇时，他们往往表现得冷漠，不愿意或者没有勇气践行道德原则，无所适从，产生严重的道德冷漠，无法实施道德行为。因此，在提升从政者的道德接受能力方面，美育和情感教育具有重要的作用。

2. 气质在政德形成中的作用

气质是指个人心理活动的动力特征，是个体不论在什么时间、场合，也不论活动内容、兴趣、动机如何，都稳定地表现出来的特定的心理动力特征。政德是凝结在从政者气质中的道德因素，政德必然会受到从政者个体气质的影响。

古往今来，许多学者对气质的分类提出了相同的观点。最早对气质进行分类研究和描述的是希波克拉底（Hippocrates），他的分类被后人广泛接受并且用于各种研究领域。希波克拉底是古希腊的著名医生，他的“四液说”系统地陈述了他对气质的分类。他认为人体中有四种性质不同的液体，与此相应，他把气质分为多血质、胆汁质、抑郁质和黏液质四种。我国古代教育家孔子也从类似气质的角度把人分为“中行”“狂”“狷”三类。孔子说：“不得中行而与之，必也狂狷乎！狂者进取，狷者有所不为也。”（《论语·子路》）意思是说，“狂者”对客观事物的态度是积极的、进取的，他们“志大言大”，言行比较强烈；“狷者”比较拘谨；“中行”一类的人则介乎二者之间，是所谓“依中庸而行”的人。①

不同类型的气质使道德在每个人的心理和行为中带有独特的风格与方式。不同气质的人在接受、内化社会道德的活动中，在道德行为的过程中，表现出不同的特点。当然，气质本身并无好坏之分。任何一类气质都有积极方面和消极方面，只有和道德结合在一起、构成一定的德性才能对之进行善恶评价。而且，气质不同不影响人的德性价值的高低。不同气质的人内化与践履社会道德的方式不同、效率不同，但最后达到的效果可以是一致的，任何类型气质的人都可以成为品德高尚的人或品德低下的人。

3. 性格在政德形成中的作用

性格是表现在人对现实的态度和行为方式中比较稳定的独特的心理特征的总和。人的性格有多种多样的特征，它是由诸种特征组合而成的复杂结构物。最主要的性格特征有态度特征、意志特征、情绪特征。这些特征都对品德的生成具有重要影响，有些甚至直接成为品德的组成部分。

性格的态度特征主要体现为个人对待现实生活、对待自身的稳定的心态和表现在外的风度。这一特征和道德要求相结合，直接构成从政者品德的重要因素，而且其中从政者个人对待社会、集体、他人的态度特征本身就是从政者品德的重要组成部分。意志特征是个体自觉调节自己行为的方式和水平方面的个人特征。这一特征在从政者品德形成中的作用主要体现

① 张海钟. 东西方哲学生理学心理学中气质概念的流变与解读. 阴山学刊，2011（4）.

在从政者要对自己的心理、行为进行道德调节，使自己的行为合乎政德要求，并最终成为自己的道德习惯。情绪特征是指个体经常表现的情绪活动的强度、稳定性、持久性方面的特征。这一特征决定从政者在践履道德行为时的强度、稳定性和持久性。从政者受情绪支配的强度较大，情绪波动较大，就使从政者很容易在一时冲动下做出道德的或不道德的行为，但这种道德的或不道德的行为如果没有足够的理性特征，而是受情绪支配，就很难持久，很难形成稳定性的品德。

三、精神活动因素

精神活动因素是指人们所特有的与个体生理-心理因素、个性心理因素相区别的创造性、超越性。精神活动因素表明人虽然在归根结底的意义上是由自身的自然存在和社会存在决定的，但人并不是完全隶属于自我的客观存在，而是可以在某种程度上摆脱自我客观存在的具有创造性、超越性的精神存在。这种精神存在具体体现为人的理想和信念。

人们具有的理想和信念对政德的形成非常关键。理想和信念是政德修养的动力源、方向盘，影响着从政者的价值目标，以及在道德修养上的方向与热情。理想和信念是个体较为高级的精神活动形式，也是较为高级的精神需求。远大的理想和坚定的信念是人的品德的坚实支柱，有理想和信念的人，一定是有定力的人，会为了理想和信念牺牲物质享受，承受各种痛苦和磨难。一个人的理想和信念若是动摇或丧失了，他不仅会茫然、困惑，而且可能走进道德相对主义与道德虚无主义的泥坑，最终导致道德上的堕落。美国著名的行政学者库珀（Terry L. Cooper）在谈到主观责任时认为，信念在一个人的主观责任结构中居于重要地位。他说："信念相对来说较为持久，而且它倾向于在我们的禀性中产生……换句话说，信念有助于培养禀性（先见）和道德准则（一贯行为）。"①

理想和信念是通过人的活动形成的，一经形成就成为个体生活、工作的巨大精神力量。理想和信念的差异及层次决定着品德的差异及层次，也

① 特里·L. 库珀. 行政伦理学：实现行政责任的途径. 张秀琴，译. 音正权，校. 北京：中国人民大学出版社，2010：85.

是个体在相同的环境中接受相同的刺激，但却产生不同的行为、留下不同的发展轨迹、构筑成不同的品德的内在机理。如此，就不难理解，为什么同是国家公务员、国家领导干部，有的人在任何情况下都兢兢业业、尽职尽责，有的人却得过且过，不能很好地履行自己的职责，特别是在受到不公正待遇或遇到不顺利的事时，就把个人情感带到工作中，影响公务；为什么同是国家公务员、国家领导干部，有的人利用手中的权力为国家、为集体谋利益，勤勤恳恳地为人民服务，有的人却利用手中的权力为自己谋私利，腐化堕落；为什么同是国家公务员、国家领导干部，接受同样的教育，拥有同样的社会生活条件，有的人在种种金钱和美色的诱惑面前不为所动、公正廉洁，有的人却挡不住种种利益诱惑，在利益冲突中丧失原则和品德。

个体具有以理想和信念为表现形式的精神创造活动，使个体的精神生活不断丰富、不断升华，从而不断实现自我、超越自我、完善自我，使个体的自然本性升华到具有道德光泽的人性高度，使个体的品德境界不断走向成熟、高尚。坚定的理想和信念对政德的形成具有重要作用，其本身就是政德的重要组成部分。

第二节　责任、习惯与良知

政德心理结构是对既有政德规范内化的结果，又是新的政德规范内化的基础。几乎所有的道德发展理论都对道德内化问题进行过探讨。心理学领域的行为主义、精神分析理论、认知发展理论等分别从强化、移情、顺应等方面研究了道德内化的心理机制，为研究政德内化机制提供了很好的基础。政德内化遵从一般道德内化的规律，也有自身的特殊性。政德内化包括三个重要机制：一是责任认同机制，是从政者通过对自身角色和相应道德规范的学习，在心理上产生对自身所负的道德责任的认同的过程。二是习惯养成机制，是从政者在政治与行政实践中，通过对运用道德规范经验的积累，实现了道德判断和道德选择的自动化、习惯化的过程。三是良知调控机制，是从政者将道德习惯升华为良知、内化为品格的过程，此时，从政者就达到了“从心所欲不逾矩”的境地，道德成为自觉自愿而坚定不移的信念，道德定力得以养成。

一、责任认同机制

政德作为一种政治职业道德，是从政者对政治道德规范的内化，是政治道德规范与个体品德的结合。政治道德规范是对从政者的道德责任和义务的规定，从政者内化政治道德规范，首先要做的就是认同自己应当承担的责任和义务，这就是政德养成的责任认同机制。

对从政者来讲，责任是与权力相对应的一个范畴。要行使政治领导和行政管理权力，就必须承担相应的责任。从政者的职业责任分为客观责任与主观责任。客观责任是法律和体制所规定的责任，主观责任则根植于从政者的忠诚、良知、信仰等。把客观责任，即法律规定、道德规范内化为个体的信仰、习惯和良知的过程，可被归于政德形成的内在机制。责任认同机制就是从政者将外在的客观责任内化为主观责任的机制。

责任的认同过程是一个从表层认知到深层认同的过程，是一个由被动认同到主动认同的过程。无论主观责任还是客观责任，只有被主体认同了、接受了，才能发挥作用。在这个过程中，对责任的理解和认识是第一位的，认同了，才可能建立起承担责任的情感和内在动力。没有建立在对客观责任之理解基础上的强烈认同，从政者就不可能内化外在的客观道德规范，就不可能把各种客观责任转化成主观责任，也就不可能养成相应的政德。在这一点上，对责任的内在认同发挥着关键性作用。相比较客观责任发挥作用的方式而言，主观责任发挥作用的机制更带有根本性。法律法规、组织制度等客观责任发挥作用的途径是惩罚，从内在情感机制来讲是恐惧与强制，这种作用的短期效果是比较明显的。然而，如果这种外在的强制不能转化为内在的认同，那么就可能出现阳奉阴违的现象，从政者就不可能创造性地履行自己的职责。出于外在压力而不得已为之与在对道德规范的强烈认同基础上尽责，结果是完全不同的。在当代社会，各种规范、责任之间往往会发生矛盾与冲突，故而从政者需要对种种客观责任、主观责任做出分析，选择符合伦理要求与大众利益的道德行为。

二、习惯养成机制

政德的心理结构包括道德认识、道德情感、道德意志和道德行为。行为习惯是稳定政德结构的重要心理机制。行为习惯是人们在长期的生活中形成的相对稳定的行为方式和反应倾向。政德内化的过程，就是通过反复践行道德规范，使道德规范外在于人的强制性渐渐转化为由内在需求推动的行为自动化的过程，即习惯的形成过程。养成了道德习惯，就会在面临道德行为选择和困境时，自觉地按照道德要求去做。按照习惯行事，主体就会产生积极的、快乐的正向心理体验，形成正向感受；相反，违背习惯行事，主体就会产生消极的、痛苦的负向心理体验，形成负向感受。

第一，道德习惯是道德语言通向道德行为的起点。作为政德心理机制的习惯，既表现于言语、行为、态度和爱好等方面，也表现于思维方面；或者说，在政德的养成中，思维习惯具有更大的价值。如果说，对普通人来讲，道德是一种规范、一种品德，那么，对具有一定领导职务的人来讲，就更应当强调道德是一种思维习惯。道德作为一种思维习惯，是指领导者无论在决策中还是在执行中，除了考虑政治因素、效率因素、法律因素之外，还要考虑道德因素。要将每一项决策可能产生的道德后果和道德影响作为决策与执行的考量要素。这正是领导者需要培养的思维习惯，这种思维习惯可以说是政德养成的前提。如果没有道德思维习惯，那么政德就很难被内化，或者只会停留在语言层面，难以化作行为，这样的政德就是一种说教。

第二，道德习惯是道德行为通向品德的桥梁和中介。对从政者来说，道德习惯的养成，大大缩短了从政者的道德选择、道德判断等活动的过程，使从政者在面临某种道德困境时能从容地采取符合道德规范的行为。具有利他品德是多次重复利他行为的结果，具有诚信品德是在每一次的道德实践中都会言而有信的结果，勇敢的人是在面临风险时总是能够第一个站出来，不怕担风险的结果。如果一个人把助人为乐、诚信、勇敢的行为习惯化、自动化了，那么我们就认为这个人具备了利他、诚信和勇敢的品德。

第三，道德习惯是稳定性与开放性的统一。道德习惯的形成，是品德完善和成熟化的标志，但不是说品德修养至此就可以停止了。社会在不断进步，道德规范在不断更新，道德习惯也应当随着社会的进步、道德规范的更新而不断突破旧的习惯，形成新的习惯。仅仅接受或者服从于现有道德规范要求的道德习惯，还不是品德发展的最高阶段。理想的品德具有开放的性质。它既是一种习惯，又要求理性地对待习惯。社会的不断发展要求从政者丢掉阻碍社会发展的旧品质、旧习惯，养成与社会发展相一致的优秀品质和道德习惯。

三、良知调控机制

领导干部个体对客观的义务、责任、意识以及在完成这些职责的过程中所形成的认识和感受，都会以职业良知的形式呈现出来。职业良知既是政德养成的内在机制，也是政德心理结构中最核心的要素。在责任体系中，它属于主观责任，是对客观责任的认同和内化的结果。领导干部意识到自己在职业活动中所应承担的义务和职责，明确了自己作为从政者所必须履行的义务和责任后，就会形成一种强烈的职业责任感，进而形成道德信念，随时督促自己尽自己的职责。作为政德的职业良知是从政者对自己的职业职责的主观认识，是从政者在履行职业责任的过程中所形成的道德责任意识以及对自我行为进行道德评价的能力，是从政者在政治活动、行政管理实践中形成的职业道德情感、道德意志和道德判断能力的总和。

职业良知一经形成，就有其自身的特点：其一，良知的形式是主观的，但其内容是客观的。良知尽管与每个个体的心理特征、个性密切相关，是一种复杂的心理形式，但它在客观上是对从政者之职责和义务的内化。其二，良知具有相对独立性。良知的内容是从政者的客观职责，是从政者的道德规范，但其与从政者的个性特征、价值观相关，因而每个从政者的良知就带有个人的特点。面临客观职责不明确、各种客观责任相冲突的情境，从政者个体具有较大的自由裁量权，需要发挥能动性，此时，良知的独立性就会发挥作用。其三，良知具有高度的自觉性。作为从政者道德意识的一个重要组成部分，良知对行政行为发生作用时是一种自觉自愿的行为，不被外力所强制，它使从政者即使是在不被监督的情况下，也不偏离客观责任的要求，达到了中国传统美德所倡导的“慎独”境界。

作为政德的良知与职责既有区别，又有联系。区别在于，其一，从形式上说，职责是客观的，良知是主观的。良知的内容除了有客观的职责之外，还与个人所受的教育水平、自我感知能力、个性人格有着密切关系，因而，相对于职责而言，良知是个体的。其二，职责发挥作用是靠一系列的外在法律、规章来约束的，良知所依靠的则是主观的内在道德感、价值观。职责和良知又是相互联系的，职责可以被看作良知的客观内容。作为政德的良知并不神秘，并不是天生的、先验的道德律，而是从政者在长期实践活动中对自己所应承担的职业责任的内化，是在长期实践活动中形成的一种内心信念，是对从政实践中各种政治关系、行政关系的一种伦理认识和体悟。因此，不同时代从政者的职业良知是不同的，良知带有很强的阶级性和时代性。个体由于所受的教育不同、成长环境不同、个性特征不同，也会形成不同的职业良知。

职业良知强的人，在职业活动中，经常对自己的行为进行自我道德评价，经过反省自己的行为，克制了个人的私欲，排除了各种与职业责任相违背的要素的干扰，尽了自己应尽之责，就会感到满足；如果认为在从政实践活动中，迫于外在的压力，或是放松了对自己的约束，做了不符合职责要求的事，就会产生深深的内疚感。如果某一个决策和行为产生了严重的后果，给集体利益或个人命运产生了深刻的负面影响，那么这种内疚感就会伴随他很长一段时间，甚至一生。可以说，对职业职责的履行情况的自觉意识就是职业良知的表现，良知在支持、校正和反省个人行为中的作用，是政德内化的重要机制。

良知在内化政德方面的作用，表现在道德行为之前、道德行为之中和道德行为之后。在道德行为之前，良知发挥着启动器的作用。符合良知的行为，就会加速启动，不符合的行为，就及时消除意念。在道德行为之中，良知发挥着监督器的作用。在道德行为过程中，良知会通过对动机的检查和结果的预测，对道德行为起到监督作用。行为符合道德规范，良知就会强化，让其沿着既定目标行进，觉察到不良行为，就会及时停止和纠正。在道德行为之后，良知发挥着道德法庭的作用，它能对行为的后果和影响做出审查与评价。良心通过道德情感的作用机制，为道德秩序提供保障。主体选择合乎良知的行为，就会产生欣慰的、自豪的、愉快的积极心理感受；相反，行动违背良知，就会产生不安的、自责的、愧疚的消极情感体验。同理，主体遇到合乎道德的事情，就会发自内心地予以赞许、敬佩等；相反，就会产生鄙夷、轻蔑和厌恶的情感。积极的和消极的情感体验是良知调控机制的重要组成部分。

良知在道德行为之前、之中、之后的作用就是政德内化机制。从政者在政治和管理实践中能在良知的调控下听从内心的声音，就是有职业良知的人。良知在政德的养成、发展乃至转变的过程中都起着不可忽视的调控与支配作用。良知可以使一个政德不端的人在某件恶劣行为的严重后果面前意识到自身的卑劣，产生深刻的反省，以至重塑人格。良知的这种作用是社会舆论和风俗习惯所不可比拟的。社会性道德审判对从政者之品行的影响仍是外在的，带有很大的强制性。外在制裁的强迫性，对政德的养成只具有最初的意义。对政德而言，体现个体内部心理机制与外在道德规范高度统一的良知的形成，是政德的最高境界。

第三节　羞耻感与敬畏心

在道德形成的心理机制中有两个非常重要的方面，那就是羞耻感与敬畏心。羞耻感是内在的自我惩罚机制，敬畏心是对外在惩罚机制的内在化。“羞恶之心，人皆有之。”有了羞耻感，才会有荣誉感，这是一切道德发挥作用的基础和前提；敬畏心是人类基于自身对“从何处来”“到何处去”等问题的无知而对外在存在的必然性产生的崇敬与畏惧，是对道德法则之神圣性的崇敬与服从。

一、羞耻感

羞耻感亦称羞耻心，指行为主体因对象道德的卑劣或高尚而引起的羞愧、耻辱的感受，是自我意识、自我谴责的道德情感。羞耻感既可以因对象卑劣而引发，也可以因对象高尚而引发。对象可耻的思想、行为会使主体意识到自己有与之类似的特征，从而在自省中惊醒，产生羞耻感；对象高尚的行为会使主体意识到自己与之形成的反差，从而产生羞耻感。

羞耻感以一定的道德准则为基础，是产生自尊感的前提。当羞耻感成为人的个性中的一种稳定情感时，也就成为人的道德行为的一种内在调节机制。羞耻感是一种价值体验，一方面是主体对普遍性价值的认同，另一方面是主体对在自我体验中所确认的自我价值与这种普遍性价值之间的关系的省察，既可以唤起主体对高尚道德思想、行为的认同、敬慕等情感上的审美体验，又可以使主体在自省、自责中与非道德观念、行为保持必要的距离，并在对其否定中达到自我肯定。具有羞耻感，人们才能发现自身的不足，也才有动力改正自身的错误。

中国古代思想家对羞耻感的道德价值有过很多论述。孔子讲："行己有耻，使于四方，不辱君命，可谓士矣。"（《论语·子路》）"士"既要以道德上的羞耻心来规范自己的行为，又要完成君主所交付的任务。只有具备羞耻心和道德感，才能完成君主所交付的任务。人心有廉耻，天下才有良好的道德风气。风俗之所以日趋低下，就在于人们寡廉鲜耻。有耻就会砥砺德行，顾惜名节，一切非礼非义之事，自然会因感到羞耻而不做。孔子还说："知耻近乎勇"（《中庸》）。意思是说，一个人只有知道羞耻，才能在面对自己的错误时勇于改过、战胜自我。《论语·里仁》中说："见贤思齐焉"。意思是说，看到自己不如别人贤德，从而产生羞愧，然后拿出勇气立身行道。这其实就是有羞耻心的表现。知道自己错了就要勇于改正，这样才能完善、提升自己。在孟子看来，为官从政、立身处世要有恻隐之心、羞恶之心、辞让之心、是非之心。儒家不仅将"耻辱感"作为人格的精神内容，而且儒家理想社会及政治也是"有耻且格"的，所谓"道之以政，齐之以刑，民免而无耻；道之以德，齐之以礼，有耻且格"（《论语·为政》）。"德治"与"法治"的根本区别，在于德治追求"有耻且格"。

《孟子·尽心上》中有云："人不可以无耻"。《中庸》将"知耻"之"勇"作为"三达德"之一。这说明，儒家式的理想人格把个体感受耻辱的能力放在一个特殊的地位，认为羞耻感是人的德行之一，也是人之为人的重要标志之一。明代顾炎武接续前贤，在所著《日知录》中分别以《博学于文》和《廉耻》为目，对孔子所言"博学于文"和"行己有耻"做了具有时代内涵的阐释。顾炎武在《与友人论学书》中认为："自子臣弟友，以至出入、往来、辞受、取予之间，皆有耻之事也。耻之于人，大矣！不耻恶衣、恶食，而耻匹夫匹妇之不被其泽，故曰：'万物皆备于我矣，反身而诚。'呜呼！士而不先言耻，则为无本之人。"（《亭林文集》卷三）顾炎武认为，羞耻心是做人的根本，且贯穿在日常交往中。他本人以言耻为先，将为人与为学合为一体，成为风范千秋的楷模。

那么，君子如何践行"行己有耻"？《论语义疏》中曰："当其宜行，则耻己之不及；及其宜止，则耻己之不免；为人臣，则耻其君不如尧、舜；处浊世，则耻独不为君子；将出言，则耻躬之不逮。是故孔子称丘明，亦贵其同耻义。"其要旨在以礼为准则，无过、无不及。身逢乱世，如果不能得君行道，至少要洁身自好、保持正气。

羞耻心与做人的尊严感和荣誉感相关。"天生百物，人为贵"（《郭店简·语丛一》）。《礼记·礼运》中有云："故人者，其天地之德……天地之心也，五行之端也。"人之贵，还在其有知、有情、有义。与荣誉感相关的是虚荣心。荣誉感有利于唤起人的羞耻感，抑制不道德行为的发生，推动道德行为的践行。但是虚荣心则有悖于道德，因为虚荣心容易让人为了获得别人的夸奖而失去羞耻心。《孟子·离娄下》中有一个故事："齐人有一妻一妾"者，每次外出必酒足饭饱而归，妻子询问同何人共饮食，托言富贵之人。但家中未见有达官贵人造访，其妻便心生怀疑，遂跟随丈夫身后，观察其行踪，发现了事情的真相，原来是在墓地之间乞讨他人供奉所用的祭品。其妻归，和妾共同讥讽她们的丈夫，"相泣于中庭"。那个齐人不知内情，回到家中还骄傲自满、洋洋自得。儒者的尊严和道德，表现为"有所不为"，如《论语·子路》中有云："子曰：'不得中行而与之，必也狂狷乎！狂者进取，狷者有所不为也。'""守死善道"是儒者的底线原则，如《论语·泰伯》中有云："邦有道，贫且贱焉，耻也；邦无道，富且贵焉，耻也。"人之所以有所不为，皆因有羞耻心。裸聊门、艳照门、微博门等事件多次被曝光，成为舆论焦点，一些领导干部栽倒在诸"门"之下，无不是从羞耻心变异开始的。

二、敬畏心

敬畏是人类对待事物的一种态度。"敬"是严肃、认真的意思，"畏"

指谨慎、不懈怠。敬畏是在面对权威、崇高或庄严事物时所产生的情绪，带有恐惧、尊敬及惊奇的感受，它是对一切神圣事物的态度。道德敬畏是一种道德情感，是个体在对道德产生崇敬和畏怯的基础上，面对社会生活中形成的道德规范和伦理标准而建立的“人心秩序”①。道德敬畏是个体在对社会发展规律认识基础上形成的一种情感上的自我调控机制。在道德内化过程中，道德主体如果对道德存有敬畏心，就不敢逾越或偏离道德规范，就会在实践中自觉践行道德规则，久而久之，按道德规则行事就成为一种习惯。

敬畏感作为一种心理机制，它有助于外在的道德规范转化为道德主体行为的内驱力，并在实践中自觉做出积极的行为选择。东汉太守杨震被称为“四知太守”，他曾推荐“贤人”王密做昌邑县令，王密深夜去给他送礼表示感谢，杨震拒收。王密劝他说：“这件事没有别人知道”；杨震回答：“天知、神知、我知、你知”。这一故事广泛流传，表达的就是一种敬畏心。现在，“天”“地”概念已经和古时不能同日而语，人们已经不惧怕得罪天地。但是，领导干部应懂得“天网恢恢疏而不漏”的道理，要对道德怀有敬畏心。

康德有句名言，有两样东西我们愈经常愈持久地加以思索，它们就愈使心灵充满日新月异、有增无减的景仰和敬畏：在我头上的星空和居我心中的道德律。汉代思想家董仲舒把“三纲五常”称为“王道”，并提出“天不变，道亦不变”。宗教神学家更是赋予道德神圣的内涵，将之看作上天的神旨。对有宗教信仰的人来说，道德的召唤就是神的启示；对没有宗教信仰的人来说，按自己选择的道德法则做事就意味着摆脱了外在的强制，获得了自由与荣耀。　个人内化道德规范，道德规范对他就有了来自内心的神圣约束性，一个有原则和良知的人，如果违背了原则和良知，内心就会产生愧疚和焦虑，只有按道德良知和规则行事，才能获得内心的安宁。“从一定意义上讲，道德作为一种社会控制的内在形态，只有和道德主体的内心意识相互融合后，才能产生道德敬畏的伦理基点。”② 孔子说：

---

① 周营军. 道德敬畏：个体道德养成的心理机制. 河南师范大学学报（哲学社会科学版），2010（4）.

② 戴圣鹏. 论康德关于道德敬畏的思想. 前沿，2008（10）.

“君子有三畏：畏天命，畏大人，畏圣人之言。”（《论语·季氏》）这就要求人们确立起一种“知止”的敬畏心，因为它是帮助个体内化外在道德规范的重要心理机制。

第七章　政德内化的社会机制

政德作为社会道德之一种，并非天然而成，而是随着社会的变化而变化。在这一过程中，既有社会变迁必然导致政德演化的自然过程，也有社会通过角色期待和道德榜样的宣传等外在机制使人们接受某些道德要求，从而推动道德更新的过程。“道德体系是由同一个社会建构起来的，这个社会的结构也会由此被真实地反映在这一道德体系之中。……正是社会规定了我们针对我们自身的义务。”① 政德的演化与更新适应于这一规律。

第一节　社会变迁与政德演化

在社会学研究中，社会结构是指社会的各个要素比较稳定的联系方式，社会结构变迁是指社会各要素的生成和演变过程。广义的社会结构变迁包括宏观、中观和微观三个层面：宏观层面的社会结构变迁是指一种社会形态向另一种社会形态演变的整体性变动，中观层面的社会结构变迁是指社会经济、政治等正式制度的重大调整等，微观层面的社会结构变迁包括人们的行为方式、生活方式的变化等。这三个层面的变迁是相互影响的。人的道德并非生而有之，它是人在社会活动中、社会关系中与社会诸因素交互作用的结果。社会结构的变迁必然会对个体的道德价值观、道德

---

① 涂尔干. 道德教育. 陈光金，沈杰，朱谐汉，译. 上海：上海人民出版社，2001：110.

评价标准及道德行为产生直接影响。政德作为一种特定群体的道德，不仅受制于这一群体在社会结构中所处的地位，而且与这一群体生活于其中的社会的制度密切相关，同时还受到特定社会文化环境的直接影响。社会的经济、政治、文化等都是政德形成的土壤和条件。

第一，从政者这一群体在社会结构中的经济地位，对他们的道德起着最重要的作用。人们在不同的经济关系中的特定地位使人们具有不同的道德。恩格斯说："人们自觉地或不自觉地，归根到底总是从他们阶级地位所依据的实际关系中——从他们进行生产和交换的经济关系中，获得自己的伦理观念。"①官员作为社会中居于统治地位的阶级，是社会利益的分配者，理所当然把维护现行统治当作道德的行为。但是，社会结构变迁导致原有的利益格局被打破，特别是改革开放以来，市场在配置资源中发挥了巨大作用，企业家作为社会物质财富的创造者，经济地位不断提升，个人财富快速增长，使官员这一传统社会的优势群体的经济统治地位受到挑战。部分官员由于经济地位的旁落而产生心理不平衡，他们不能接受企业家的社会地位随着财富的增长而上升，因而以手中的权力换取金钱逐渐成为这一群体中的人们共同分享的价值和行为取向。很多落马官员在自己的忏悔中都将贪污腐化归结为这种心理不平衡。

物质利益对个人行为起着决定性作用。市场经济的建立，打破了原有的社会秩序，但是新的秩序并没有随之建立起来。规则的不健全导致竞争的无序，使社会贫富差距加剧。贫富差距不仅体现在不同群体之间，而且体现在同一群体中不同身份的人们之间。比如，同是从政者，有机关干部，有地方行政官员，也有事业单位领导，还有国企老总，他们即便是同一级别的干部，收入差距也很大。有的人在国企当老总，一年的收入几十万、上百万元，有的人在国家部委当司局长，年薪十几万元。行业收入差距是由复杂的社会因素造成的，而且这种差距有一定的历史合理性和正当性。企业没有强力有效的薪酬激励机制，就无法留住高水平的技术人才和管理人才。企业家所承受的压力和所付出的劳动高于其他领域的人员。问题的实质在于，中国的行业收入差距存在着很多不合理因素，某些垄断行

---

① 马克思恩格斯选集：第3卷. 北京：人民出版社，2012：470.

业的企业家并不是靠竞争赢利、承担巨大责任和压力的企业家，他们只是另一种形式的官员而已。他们的收入和付出不成正比，就难免引起其他从政者的心理不平衡。

在社会变迁的过程中，利益格局被打破，官员与企业家之间、官员与官员之间、不同部门之间的经济地位的变化和不平等，致使一些官员产生心理不平衡，加之社会变革之时，经济制度的不完善使官员有空子可钻，有些官员不能正确地看待这种利益格局的变化，不甘清贫，开始追求自身利益的最大化，从而以手中的权力换取利益，导致大量权力滥用和权力腐败现象的发生。

第二，政德与政治制度有着密切的关系。在广泛的意义上，人的品德内含政治品行，政德在很大程度上受政治制度变迁的影响。政治制度中与品德关系最为密切的是官员任用选拔制度。从西周的世官制（即按照宗法血缘关系实行世卿世禄的选官制度）到汉代的察举制（由地方长官在辖区内随时考察、选取人才推荐给上级，经试用考核任命官职），再到魏晋南北朝的九品中正制（朝廷任命中正到各地主持品评，将当地士人分为九等，政府选择任用），可以看出，历朝历代都试图通过改革建立有效的选官用官制度，“德”的因素逐渐在选官用官制度中得到体现。但总的来说，隋唐以前，官员任用的基本依据还是出身、门第，在权力分配中血缘、亲情、家世等起着主要作用。这种选官用官制度与高度中央集权政治结合在一起，直接导致政治的腐败与官员的堕落。隋朝创立了科举制，分科取士，以后历朝历代不断完善，一直到清朝光绪三十一年（1905），沿用了1 300多年。选拔官员的标准经历朝历代演变，逐渐实现了从以世家门第为标准到以才学为标准的转变，选拔方式也由推选逐渐发展到公开考试。

通常在立国之初政治的忠诚与功绩成为任用官员的主要标准，加之出于维护统治的需要，统治者尚能自律慎独，政治相对清明，官员德性也比较纯厚。但是随着政权的稳定，权力异化的倾向就不断显现，如果缺少必要的约束，官员的堕落与政治的腐败就会成为一种必然。官员的道德状况又会对整个社会的道德状况产生示范与影响作用。一个国家的政治越清明，人们的德福便越一致，人们做有德之人的动力便越强大，人们的品德便越高尚；一个国家的政治越腐败，人们的德福便越不一致，人们做有德之人的动力便越微弱，人们的品德便越低劣。这一规律在政德的养成和变化中同样适用。

第三，政德的形成在很大程度上受到文化环境的影响。“文化把人类提高到禽兽之上，并不是由于给人类以其所能有的东西，而是指示给他看其所能奋斗追求的目标。”① “文化”的原始意义是“文治教化”。“文化”这一概念从产生之初就与人的德性密不可分。德性本身是人之为人、人区别于其他自然界动物与植物的重要标志。荀子说：“人有气、有生、有知，亦且有义，故最为天下贵也。”（《荀子·王制篇》）离开社会的文化教化，人就难以成其为人。文化塑造着人的习性和气质，并不断提出道德变革和道德完善的要求，促进人的品德完善。

政治文化、行政文化对政德的形成有直接影响。政德结构中非常重要的正义感、羞耻感、荣誉感、良心等都是社会文化环境熏陶的结果。同时，家庭文化的作用也不可忽视。每个人都在家庭中生活，未成年时期是个体生命的起始阶段，是个体的价值观念、人生态度和道德意识形成与发展的关键时期，父母的品德、言行和教育会自觉不自觉地影响个体品德的形成。成年之后，男女共同组成一个新的家庭，夫妻之间不仅生活习惯会相互影响，而且价值观与人生观会相互协调、适应，成年后的家庭环境对个体的品德起着重塑作用。一些从政者之所以走上贪污腐化之路，与幼年的生活环境、家庭教育以及成年后的家庭文化不无关系。

第二节　角色期待与政德更新

每个社会都有与之相适应的理想人格，在社会结构相对稳定的时期，理想人格的标准是确定的、稳定的。社会结构变迁之时，德与福的巨大反差、不一致，导致人们对原有的理想人格标准产生怀疑，动摇了人们的道德理想，而此时又没有形成新的、统一的、获得普遍认同的社会道德理想，故而社会道德就会出现一定程度的失序。新的道德理想经过质疑、认

① 马林诺夫斯基．文化论．费孝通，译．北京：中国民间文艺出版社，1987：91.

同而最终被社会普遍接受需要一个过程，这个过程是通过角色期待的变化而完成的。

任何人在社会生活中都扮演着一定的角色，这种角色是与人们在社会关系中所处的特定社会地位、所具有的特定身份相联系的，称为社会角色。每一种社会角色都与一整套特定的社会规范和行为模式相联系，这些社会规范和行为模式表达的是人们对具有特定地位和身份的人的行为的期望。道德期待是社会群体根据人们在社会结构中所处的地位、所具有的身份和所扮演的角色，对人们提出的道德规范要求和行为模式要求。每个社会成员都在社会中扮演着特定的角色，任何一种社会角色总与一整套的权利义务规范和一系列的行为模式相联系。人们知道某人处在某种社会地位，便期望他具备一套与其地位一致的道德行为模式，这就形成了对角色的道德期待。

社会结构变迁使固有的角色发生了变化。换言之，社会结构变迁的过程是利益关系调整、人们的社会地位和社会身份重新定位与变化的过程。在这个过程中，原有社会形态中不存在的新身份和新角色开始出现。新角色刚出现时，社会对它的期待与约束并不清晰，对具有新身份的新角色的期待是在社会群体与这一新角色的互动过程中逐渐明晰和确立起来的。一方面，新角色会与旧规范之间发生矛盾、冲突和摩擦，新角色为了获得社会的认同和接受，不得不在一定程度上对现有的社会规范与道德要求做出适当让步，并在社会生活实践中不断探索、寻求新的对自身与社会生活都有利的道德准则、行为模式。另一方面，其他社会群体在认知社会发展趋势的过程中，逐渐接纳并调整自己的行为方式以适应新角色的行为模式。新角色在不同于现有社会期待的、与现有行为规范相冲突的行为模式中，往往孕育着新的道德观念，预示着社会的发展方向与理想的道德目标。

社会结构变迁导致新的社会角色的出现，新的社会角色蕴含着新的社会规范与行为模式。同时，原有的社会角色会随着社会关系的变化，为了适应新的角色期待，更新与建立新的社会规范和品德。就官民关系而言，虽然历朝历代都有官与民的身份的差别，但是随着社会结构的不断变迁，民众对官员的角色期待在不断变化。在漫长的封建社会，中国官员的角色就是为皇帝办事，其主要职责就是维护封建帝王的统治。官员与老百姓的关系是牧羊人与羊的关系，是“治人”与“治于人”的关系。一个好的官员就是让羊吃饱、吃好的牧羊人。孔子说：“学而优则仕”（《论语·子张》）；孟子说：“劳心者治人，劳力者治于人”（《孟子·滕文公上》）。这种封建政治的理想范式，无论对统治者而言还是对被统治者而言，都是天经地义的。统治者自称老百姓的衣食父母，只要让老百姓有饭吃、有衣穿，就可以实现长治久安。对老百姓来讲，对官员的要求也很明确，那就是“为民做主”。“当官不为民做主，不如回家卖红薯”，就是对官员的角色期待。老百姓把官员假设为圣人、贤人，相信他们会为自己做主，遇到不公正待遇时，寄希望于出现内圣外王的青天大老爷。

随着工业文明、商业文明和信息文明的发展，中国社会结构已经发生和正在发生着巨大的变化，传统的农业文明社会形成的官民关系必然发生变化，表现为老百姓不再是“顺民”，他们对官员的角色期待发生了变化。随着社会经济的发展，人们的基本生理需求得到满足，高层次的安全需求、自尊需求开始显现。人们不再满足于吃饱饭，其政治诉求不断强化。这些使从政者的地位必然发生相应的改变，最终使从政者与人们的关系发生变化，人们对从政者的角色期待发生变化。

角色期待的变化推动着道德规范和道德观念的更新。任何行为都是一定的意愿和观念推动的结果，而行为的结果是否有益则决定了指导行为的观念是否得到强化。与得到鼓励和奖赏的行为相联系的观念必然得到强化；反之，与受到处罚的行为相联系的观念则逐渐被禁止。社会变迁过程中角色期待和新的规范就是在这种利害赏罚的过程中逐渐确立的。社会心理学研究表明，控制个人行为的因素更多的不是个人的内心倾向，而是个人与他人交往的社会系统中存在的道德期待。在传统社会，对于官德最典型的期待就是孔子所说的“君子之德风”。官僚士大夫阶层被看作社会进步的引领者。正是对官员的角色期待，使传统社会的官员注重自我修养和自律。但是，改革开放以来，人们对官员的角色期待发生了变化，这种变化体现在两个方面：一方面，人性假设正在由性善论向性恶论转变。“人之初，性本善”是中国传统社会占主导地位的人性假设，与此相应，在角色期待上，官员总是被假设为道德完人，相信每个官员都可以通过自我修养而成贤、成圣，故而不需要外在的监督与约束。但是，随着市场经济体制的确立，人们的自利动机被唤醒，官员同时也被置于一个有着自利心而需要外在约束的普通理性“经济人”的角色中。另一方面，官员无私的镜像被腐败所取代。长期以来，官员作为道德典范的社会角色的认知被不断曝光的贪污腐败现象所打破，官员成了贪污腐败的代名词，其公信力和道德权威受到前所未有的挑战。

随着社会结构的变迁，角色期待的变化必然导致官德与官范的更新、变革，这是历史的趋势与潮流。对今天的从政者而言，社会如果把他们定位为服务人民的“公仆”，就会以“公仆”的期待来规范他们的言行。如果从政者的言行不符合这种道德期待，社会就会采用各种正式的、非正式的途径和方式对之进行谴责。

第三节　公共意识与政德养成

政德的养成不仅要靠从政者的自我约束，而且与民众对从政者的道德期待相关。政德期待机制建立的重点不在于从政者自身，而在于社会和组织环境的培育。因此，应通过多种途径加强对民众之公共意识的培育。

一、传统社会的官民关系

中国传统政德是由传统的官民关系决定的。“溥天之下，莫非王土；率土之滨，莫非王臣”，这是传统社会人们对君臣关系和君民关系的认识。与此相应，官员和民众之伦理关系的定位是：官是以治民为职业的，君主具有至高无上的地位，臣民应无条件地服从君主。与此相应，传统社会民众对官民关系的定位和认识有如下特点：

1. 立君牧民

“牧民”，意即管理人民。“牧民”思想古已有之。《左传·襄公十四年》中有云：“天生民而立之君，使司牧之，勿使失性。”《管子·牧民》中有云：“仓廪实则知礼节，衣食足则知荣辱。”孟子曰：“今有受人之牛羊而为之牧之者，则必为之求牧与刍矣。求牧与刍而不得，则反诸其人乎，抑亦立而视其死与?”（《孟子·公孙丑下》）意思是说：现在有一个人接受别人的牛羊而替人放牧，那一定要替牛羊寻找牧场和草料。如果牧场和草料都找不到，是把牛羊退还原主还是站在那里看着牛羊一个个死去？在孟子看来，民如牛羊，君主是牛羊的所有者，把牛羊交给官员管理。官员负责养民、惠民、裕民。《淮南子·精神训》中说："夫牧民者，犹畜禽兽也"。"民"是一群愚昧无知的人，他们在"主"的统治下，靠"主"去"牧"。① 统治者是所谓的"牧民者"，一方面要为百姓（牛羊）寻找食料，另一方面高居百姓之上，对百姓具有绝对支配权。"牧民"思想反映了古代君主和思想家并不把百姓看作与统治者平等的、拥有权利的主体，而看作等待君主恩赐草料的"牛羊"。在他们看来，人与人是有差异的，人与人天生的差异决定了一部分人对另一部分人进行统治的天然合理性。

与立官牧民思想相应，几千年来，中国传统文化中讨论最多的内容是"应当如何为官"，很少讨论"官"这一职业存在的合理性与必要性。"种地纳粮"天经地义，至于纳粮后应享受什么样的权利却是模糊的，甚至可以说古代百姓几乎没有这种意识。"当官要为民做主"，至于如何做主，则取决于"官"的自觉，并没有严格的程序或者法律规定"官"如何为民做主。曹操在《度关山》一诗中写道："天地间，人为贵。立君牧民，为之轨则。""立君牧民"，设立君主管理百姓，是天经地义的规则。官员基于"牧民"思想行使"做主"的职责，百姓听任官员"赐福于己"，只要是官员为百姓做的事，都被"感恩戴德"。百姓很少将"为人民服务"看作官员应尽的职责。

2. 特权意识

"特权"就是不受法律约束的权力，正所谓"刑不上大夫"。法是用以治民的，官位越高，"法外之权"越大。由特权衍生出的思想就是"特权思想"或"特权意识"。特权意识不只是官员有，老百姓的特权意识一点儿也不比官员少。当然，老百姓的特权意识不是说老百姓应当享有特权，而是表现为对官员享受特权的认同和默许。受几千年封建社会官本位思想

① 牧，御民如牧畜，后为官职，手掌军政实权，为一个地区的最高行政长官。汉武帝时设十三州部，每部设一刺史；汉成帝时，改刺史为州牧。后废置无常。

的影响，老百姓不会对官员应当不应当享受特权表示质疑，而是信奉“万般皆下品，唯有读书高”的古训和“学而优则仕”的价值观。人们与外界社会制度的关系不是抗争以改变不公平的社会制度，而是通过自己的努力顺应社会制度，跻身官僚阶层来改变自己的命运。人们抱怨和反对腐败，并不是因为痛恨腐败违犯了法律、侵害了公众的权益，而是痛恨自己为什么没有机会腐败。因此，那些痛恨腐败者一旦坐上了权力的交椅，就会“前腐后继”，丝毫不会吸取前任的教训，反思自己的行为。对于腐败，官员和百姓都会将之归因于“体制”，而不深刻反思自己的责任。百姓对于腐败，很少认为自己也有一份责任。在他们的意识深处，官员享受一些特权既合乎人性也不违背伦理，只要担任一定的官职，利用官职谋取一些私利就似乎是理所当然的。社会不能没有管理者，管理者不能不由某些个人来担任；做了管理者，就不能不具有一些权力；管理者不会放着方便不用，有权不用，和有权力不愿意享受一样，是不符合人的本性的。人们一旦谋得某个官职，自然就获得了巨大的私利，权力私用因为不可避免而获得了合理性。

3. 不在其位，不谋其政

《论语·泰伯》中有云：“子曰：‘不在其位，不谋其政。’”意思是，不在某个职位上，就不考虑那个职位上的事，指不过问他人的事。曾子曰：“君子思不出其位。”（《论语·宪问》）后孟子又言：“位卑而言高，罪也”（《孟子·万章下》）；《中庸》中也有“君子素其位而行，不愿乎其外”“在上位不陵下，在下位不援上”等言论。

“不在其位，不谋其政”是儒家的处世哲学和处世态度。作为一种哲学观，涉及儒家关于“名分”问题的看法。不在其位而谋其政，有僭越之嫌，破坏了等级制度和社会分工，被认为是“违礼”之举。“礼”的核心是政治等级制度，它与“名分”息息相关。不同的“名位”有不同的“本分”。孔子强调“名”与“实”要相符，各守本分，才能“复礼”。齐景公问政于孔子。孔子对曰：“君君、臣臣、父父、子子。”（《论语·颜渊》）“名不正则言不顺，言不顺则事不成，事不成则礼乐不兴，礼乐不兴则刑罚不中，刑罚不中则民无所措手足。”（《论语·子路》）“正名”就是要求无论君臣、父子，都应该按照各自的职分履行自己的义务。

作为一种处事态度，“不在其位，不谋其政”就是要安分守己。这在春秋末年为维护社会稳定、抑制百姓犯上作乱起到过重要作用。但作为一种社会心态，“不在其位，不谋其政”则不利于现代社会公民责任意识的培育。对于“不在其位，不谋其政”这句话，学界有着不同的理解，但就其对社会大众的心理影响而言，学界却并没有分歧。人们在运用这句话时，基本上都是告诫他人不要关心与自己无关的事，强调的是事不关己、高高挂起，成为人们排斥社会责任感、避事旁观的借口。

对中国古代的臣民来讲，生活在动荡不安的社会，只求少战乱、少纳赋，安安稳稳过日子。至于谁当皇帝，当朝官员是否清廉并不是百姓关注的事。不面临饿死的直接危险，百姓不会冒着杀头的危险去造反。至于国家的制度、法律应如何制定，如何修改，百姓是绝不考虑的。“不在其位，不谋其政”，君子尚且如此，何况小人！至于不同政府的交替、更换，老百姓毫不在意，毫不关心。百姓最多只求通过读书改变自己的命运。在现代社会，政府为人民服务的理念虽已被广泛知晓，但如何为人民服务、官员是不是依法行政等，则少有人监督。人们盼望政府能管理好社会，使自己有安宁的生活环境，但对于其他公民遇到的不公正待遇则很少有人站出来反对。

二、现代社会的公共意识

在现代社会，政德建设需要以公民的公共意识为前提和基础。西方的“公共”（public）一词有两个起源：一是源自希腊词“pubes”或者“maturity”，表示个人身体上、情感上或智力上已经成熟，强调个人能超越自身利益去理解他人利益；二是源于希腊语“koinon”，意为人与人之间在工作、交往中相互照顾和关心的一种状态。因此，从词源上，公共是指个体不仅能与他人合作，而且能替他人着想。公民的公共意识是一种合作意识，是公民能够超越个人利益去理解他人利益的成熟状态。只有具备现代公共意识的公民，才能产生具备现代政德观的官员。直接影响政德的公共意识包括：社会责任感、规则意识和正确的荣辱观。

1. 社会责任感

社会责任感是指公民在社会环境的影响下对自身责任形成的一种强

烈的自觉意识和崇高的情感、意志、认识。社会责任感表现为公民对自己生活于其中的社会和国家积极负责的态度。社会责任感强不强，表现为能否将思考的对象由个人扩展到集体乃至整个社会，能否积极主动地参与社会生活，并贡献自己的力量等。社会并不是无数个独立个体的集合，而是由无数个独立个体组成的相辅相成、不可分割的整体。尽管社会不可能脱离个人而存在，但是纯粹独立的个人却是一种不存在的抽象。社会群体中的每一个人都不可能与他人相分离；事不关已、高高挂起，对社会、对他人漠不关心，对社会、对他人缺乏责任感，就是对自己不负责，就是对自己缺少责任感。

在不同的时代，社会责任感呈现出不同的时代特质和精神要义。“社会责任感是个人与社会关系在人的价值观念系统中的集中反映”，“在群体本位时代，社会责任感体现为人对自身伦理角色的认同和遵守”①。以我国古代社会为例，社会责任感主要体现为对家庭、对君主的责任与忠诚。进入现代社会，社会责任感的伦理角色从家庭私人领域走向社会公共领域。在由传统社会向现代社会的转型中，难免会出现既缺乏对家庭的责任又反叛传统的社会集体责任的极端个人主义，既延续了“事不关已、高高挂起”的传统意识，又出现了对社会集体一味反对的“不负责任”的批判精神，以批判和破坏为目标，而不着眼于积极的建设。那些在公共危机面前不问真假，听信和传播负面消息的人就是缺乏社会责任感的典型。

公众监督是政德建设最主要的社会机制。有效的监督依赖公众成熟的社会责任感和监督意识。每个公民不仅要自己坚守道德，而且要以国家主人翁身份监督和约束从政者的道德行为。公众的社会责任感不成熟，就不会以理性的、换位的方式思考管理者与被管理者之间的关系、公共利益与个人利益之间的关系等，就不能形成制约政德败坏的环境。有社会责任感的公民，愿意并敢于坚持正义原则，愿意并敢于与社会不公平、不正义的现象和行为做斗争，愿意帮助社会上遇到困难的群众，愿意为他人做出奉献和牺牲。

---

① 胡晓红，杜雪娇．社会责任感的时代特质与精神要义．东北师大学报（哲学社会科学版），2018（3）．

2. 规则意识

规则意识是人与人交往的一种行为与关系体系，是维持社会秩序和建构社会关系的基础。在任何时代，规则意识都是必不可少的。就政德建设而言，规则意识体现为现代社会政府和公民之间需要共同遵守的一种契约，规则意识是现代社会政府与公民合作的前提，是衡量社会文明程度的标志。

在当下中国，公众规则意识淡化有很多原因。(1) 特权意识是规则意识的对立面。中国传统社会是特权社会、不平等的社会。官僚体制依靠“选择性执法”来建立它的权威，层层官僚都通过潜规则来进行权力寻租，也可以说，破坏规则的恰好是规则的制定者。因为制度约束不力，或可通过人情关系化解，故而大家都不把规则当回事，缺乏对规则的敬畏心。只要规则制定者不留死角地执行规则，把自己作为遵守规则的一员，那么社会的规则意识就会逐渐建立。(2) 制定规则的程序与过程不公开，导致人们质疑规则。规则意识是一种以公开、透明、民主、平等为价值指向的现代意识。规则意识崇尚透明，人们如果知晓制定规则的程序和过程都是公正的，那么就没有理由质疑规则的公正性，从而也不会不守规则。行政主体要做到行政事项公开、行政过程公开、参与权公开、参与人公开，让人民群众有知情权、发言权和罢免权，让权力在阳光下运转，自觉接受社会公众的监督。(3) 规则意识是一种现代妥协精神。只要规则制定的途径合法，规则执行合乎程序，不管对谁有利或者对谁不利，大家都要有妥协意识，在妥协中遵守规则。人们之所以不守规则，规则意识淡薄，是因为认为现有规则不符合自己的利益、对自己不利。在现代化进程中，一些地方需要拆迁，但是拆迁过程中出现了大量不守规则、漫天要价的事例。这既与政府执法不严，致使一部分人因破坏规则而获利有关，也与公众缺乏合作意识和妥协意识有关。

卢梭说：“最重要的一种法律既不是铭刻在大理石上，也不是铭刻在铜表上，而是铭刻在公民们的内心里；它形成了国家的真正宪法；它每天都在获得新的力量；当其他的法律衰老或消亡的时候，它可以复活那些法律或代替那些法律，它可以保持一个民族的创制精神。”① 公民对法律的信心既是法治精神得以贯彻的前提，也是道德生成的基本前提，同时也是约束从政者道德行为的重要机制。

3. 正确的荣辱观

“荣辱”，就是指道德荣誉和道德耻辱。作为一个伦理范畴，“荣辱”是“客观评价和主观感受的统一。它不仅是社会对个人所做的道德行为进行的肯定或否定的评价，而且也是指个人对于社会对自身做出的道德评价而产生的满足愉悦或耻辱、惭愧的情感体验”②。荣辱观是现代公民意识形成的重要心理基础。如果社会普遍存在官本位意识，以享受特权为荣，那么崇德尚德的社会氛围就不可能形成。

早在先秦时期，荀子就对“荣辱”这一道德范畴做了深入的论述。他把荣辱分为“义荣”“义辱”“势荣”“势辱”。在荀子看来，“义荣”是自己的高尚德行给自己带来的荣誉，“势荣”是外在的权势、地位给自己带来的荣誉，“义辱”是自己的不道德行为为自己招致的耻辱，“势辱”是外在的客观势力和环境强加给自己的耻辱。荀子认为，荣辱有内外之分，故而被分为两端。人的“义荣”和“义辱”都是“由中出”，而人的“势荣”“势辱”都是“从外至”；也就是说，“义荣”和“义辱”都是由自己所做的善恶而获得的，而“势荣”与“势辱”却与主体的善恶行为没有关系。基于此，荀子提出了“先义后利”的荣辱观道德判断标准。明义利、辨荣辱便是社会道德教育的主要目的。在今天，荀子的思想对于培育公民的公共意识、形成健康的社会氛围仍然具有重要意义。培养新时代的“义荣”观，有助于培养公民的独立自由精神。“势荣”是一种以封建社会血缘家族的繁荣和势力强大为荣的封建意识，在今天这种意识依然是腐败的社会基础。“一人得道，鸡犬升天”“笑贫不笑娼”，都是重视“势荣”的荣辱观的产物。确立“义辱”的羞耻观，有助于培养现代公民健康的道德心理。一个人应当以自己的行为符合社会规范和标准为荣，以自己的行为违背社会规范和标准为耻。以自我价值和担当为荣辱标准的荣辱观才是健康

① 卢梭. 社会契约论. 何兆武，译. 北京：商务印书馆，1963：67.

② 张炜炜，张平. 辨乎荣辱之间——荀子荣辱观新探. 中共南京市委党校学报，2017 (5).

的道德观。

三、公共意识对政德的影响

培育公民的公共意识，对于培育现代政德具有重要价值。公民期待是现代政德建设的重要方面。作为公民期待的公共意识可以直接对政治文化产生影响，形成制约，从而对政德的形成发挥作用。

第一，公共意识中的社会责任感，可以使公民对抵制发生在身边的不道德现象产生强烈的义务感。缺乏社会责任感的人对发生在身边的官僚主义、形式主义和腐败不是采取积极抵制的态度，而是事不关己、高高挂起，甚至以投机心态成为腐败的助力者。有些人目睹个别官员将国家公器作为谋取个人利益的工具，通过权钱交易破坏市场的公平性，但认为个人力量微不足道，不愿意以鸡蛋碰石头，结果是腐败越来越严重。

第二，公共意识中的规则意识，可以使公民确立尊重规则的普遍意识，不因对象不同而采用不同的对待方式，故而对政德中的平等观和公正观的确立有直接推进作用。一些人不具备、不尊重规则意识，厌恶腐败不是因为腐败破坏了社会规则，而是因为自己没有机会腐败。一些人用官位的高低来衡量个人价值，并为建立一个权势朋友圈而沾沾自喜，这种心态自然起不到对败德行为的监督和制约作用。

第三，正确的荣辱观是政德建设的社会基础。民众如果认为从政发财、享受特权是理所当然的，从政者没有能力做到普通百姓做不到的事就是没本事；如果只是羡慕而不是抵制从政者能够享受特权，那么就必然助长从政者的特权意识和官本位意识。民众正确的荣辱观是健全人格形成的基础，也是政德形成的社会机制。要让民众认识到："义荣是真正的荣誉，是主体内在德性的体现；义辱是真正的耻辱，它意味着主体道德的堕落。""一个有道德的君子，有可能会因为某种外在的力量而招致耻辱，但这却并非自身道德的原因，虽是耻辱，但这种耻辱不能降低君子的道德人格；相反，无德的小人虽然可以位高权重、荣华富贵，但却永远不会因为人格高尚而得到荣誉。"① 民众只有普遍确立起这种道德心理，才有助于形成

① 《中国伦理思想史》编写组. 中国伦理思想史. 北京：高等教育出版社，2015：94.

健康的社会机制，为从政者守政养德提供土壤。

第四节　新技术时代的政德建设①

大数据、云计算、互联网、人工智能，当这些词语变得耳熟能详时，我们已经成了新技术时代的见证者。悄然不觉间，当人们还在讨论新技术革命会给人类带来的伦理挑战时，它已经对人类的生活产生了深远影响，已经改变了人类的生存和生活方式。政德，作为一种社会现象，不可能脱离这场革命。这场正在发生的变革对政德的影响，也许远非我们现在所能预测，但新技术革命的发展对生活产生了并继续产生着深远影响，以至于这个问题变得不可回避。

以信息技术为标志的新技术革命不仅引起经济领域深刻的革命性变革，而且引起思想领域的革命性变革，引起道德评价、道德教育、道德传播等方面前所未有的变化。就政德建设而言，新技术革命不仅会通过工作方式的变革而影响和塑造新的行政人格，而且将对政德的标准、监督和实现机制产生影响。

一、信息技术对从政者的影响

对于新技术革命将如何影响产业、就业和人们的生活的问题争论很多，在企业家们对新技术革命既满怀期待又心存恐惧之时，政府也需要关注新技术革命给政府管理和从政者带来了哪些变化。从政者由于身处现代信息社会，不可避免地要受到信息技术发展的影响。具体表现为：

第一，体能得到延伸。借助信息技术，如电信、机器办文办事、远程会议，打破了时空限制，从政者可以看到、听到、触到以前无法感知的事物，可以完成以前体能无法完成的工作。借助信息技术，市场监管、产权保护等监督管理活动变得简单有序，特别是借助新信息技术，政府的决策

① 本节内容在笔者《互联网时代公共管理伦理面临的挑战及发展趋势》（发表于《新视野》2016年第4期）一文的基础上修改而成。

将实现由经验决策到战略决策的实质转型，以大数据、云计算等海量数据为基础，再对这些数据进行深度发掘，政府决策就可以克服盲目性，提高精准度与效率，从而更符合民众的需求，更接地气，更容易使民众满意。

第二，视野更加开阔。一方面，互联网提供了获取信息的极大便利，使从政者“秀才不出门，而知天下事”“运筹帷幄之中，决胜千里之外”成为可能。网络化使信息快捷、便利和无限制地在全世界范围内传播、交流，道德文化的信息也是如此。另一方面，道德文化传播与人们的行为方式已被纳入全球化的范围，不可能处于封闭状态。如何抵制和消除西方发达国家道德文化的消极影响，引导、吸取人类道德文化的精华和积极成果，将成为一个重大课题。

第三，闲暇越来越多。以电子计算机技术为核心的信息技术的发展，带来了自动化技术的发展，使人类生产劳动过程实现了自动化控制和自动化生产。对从政者来讲，办公越来越智能化、机器化。原来靠人工进行文件处理、信息储存，需要消耗从政者的大量时间和精力。信息技术的广泛应用，电脑代替了人脑，处理和保存信息的方式越来越方便、越来越快捷。信息化使人的体能和智能得以延伸，跨越时空，降低了信息传输的时间成本、人力成本。机器越来越多地替代人的工作，人就可以从工作中解放出来，有越来越多的闲暇。或许，高科技将改变从政者传统的朝九晚五上班模式，行政机关将实行开放型远程工作模式。

第四，思维方式发生变革。用户至上、免费模式、体验为王、共治共享、群策群力、大数据等互联网特征都会对从政者的思维方式产生影响，他们自觉地或被迫地按照互联网的思维与逻辑思考和行动。人类自信不会被机器所控制，事实上，人类的思维绝不可能离开自己所生存的环境，也不可能不受自己所处时代生产力和生产方式的影响，会被深深地打上时代烙印。人类创造的物质世界越丰富，人类受到的制约就越大。为了让机器听懂人类的话，人类就必须学习普通话。在这一意义上，机器已经在征服和控制人类的说话方式。恩格斯在《反杜林论》中指出：“事实上，世界体系的每一个思想映象，总是在客观上受到历史状况的限制，在主观上受到得出该思想映象的人的肉体状况和精神状况的限制。”① 美国著名未来学家阿尔温·托夫勒（Alvin Toffler）曾经在《第三次浪潮》（*The Third Wave*）中做出论述，“在深刻变革信息领域的同时，我们注定要改变自己的思想——改变我们思考问题、综合情况、预测行动后果的方法”②。

第五，发展空间增大。一方面，信息技术的应用对从政者的知识和技能提出了更高的要求，促使从政者不断学习，成为从政者自我发展与成长的动力；另一方面，信息技术的应用大幅度节约了从政者的精力与时间，为其发展自我提供了可能。信息技术的发展为从政者学习、掌握与运用现代化的行政管理技术和工具提供了极大的便利。从政者的工作重心将不再是完成那些简单的重复性工作，这些都被人工智能所取代，在行政管理实践中大量的工作是行使自由裁量权，用感情和智慧去解决一些非普遍性难题。

二、信息技术对行政人格的影响

互联网时代是一个生活方式、交往方式和生产方式都发生变革的全新时代，政治生活和政府管理也必然随之发生重大变化，表现为社会的组织结构、权力结构、公共管理对象以及公务事务的性质都发生了和正在发生变化。互联网的广泛运用改变了社会组织和权力结构，改变了社会政治关系，特别是电子政务的广泛应用，改变了从政者的工作方式，从而通过对政府与公民关系的改变以及政府工作工具的改变，使从政者的个性与人格发生变化。任何技术对人类的影响都是双刃剑，互联网对行政人格的影响也是一样，既可以成为行政人格发展的驱动力，也可能成为行政人格提升的“陷阱”。

一方面，互联网有利于行政人格的生成与提升。首先，互联网技术可以促进从政者最大限度地实现角色意识与角色行为的统一。在电子政务所创造的基于互联网的人机对话的行政环境中，从政者进行“角色换位”更加容易。他们可以把自己“假定成”不同角色，依照不同角色的定位，在

① 马克思恩格斯选集：第3卷. 北京：人民出版社，2012：412.

② 阿尔温·托夫勒. 第三次浪潮. 朱志焱，潘琪，张焱，译. 北京：三联书店，1983：358.

与上级领导、下级成员以及服务对象的沟通中更加职业化，扮演好职业角色。其次，互联网技术在行政领域的广泛运用拓宽了从政者发展的时空界限，为从政者的全面发展奠定了基础。互联网在行政工作中的广泛运用，使从政者在缩短工作时间和降低劳动强度的情况下能掌握更多的信息。从政者的劳动时间缩短了，从而可以利用工作之余的时间进行网上学习、人际沟通，这样就使从政者的工作、生活以及闲暇得到了有机的结合，从而为从政者的全面发展创造了条件。最后，互联网技术改变了工具人格所依存的组织结构，为行政人格向独立型发展创造了条件。以互联网为基础的电子政务的发展，必然推动行政组织结构由“金字塔”向“扁平型”转变，从而使官僚化组织中的等级身份逐渐淡化。同时，互联网时代公共服务的即时性使从政者的自由裁量权增强，对从政者的行政自主性要求明显提高，这就在客观上促使行政人格不断由依附型向独立型发展。

另一方面，在互联网技术推动行政人格向独立型发展的同时，它的广泛使用可能会导致从政者“符号化”与“机器化”。特别是在智能手机出现后，人与人弱关系、人与机强关系的现象已经非常明显。电子政务极大地提升了办事效率，创新了公共服务方式。但是在电子政务状态下，行政相对方的许多自然的、社会的特性都被剥离，剩下的只是符号。这样的工作环境会使从政者的形象和面对的问题成为一些无关情感与个性的符号，会使从政者成为只会处理信息和数据的，信念、感情、意志力淡漠的“机器人”。同时，互联网技术的使用还会在一定程度上诱致新型的“依附人格”。离开了互联网，我们便无法写作，无法购物，无法与人沟通、交流。人类的生存方式与生活方式已经被互联网所控制，行政实践中也是如此。从政者需要依赖网络提供的信息进行决策，需要依赖网络提供的工具进行执行。如此，从政者原来对上级决策、对官僚体制的依赖转而成为对信息技术与网络的依赖。新技术在行政实践中的广泛应用，必然会带来一些前所未有的困境。避免从政者的工具化和符号化，要通过相应的方式强化从政者的主体性与创造性，形成虚拟世界与现实世界有张力的互动形态。

三、信息时代政德要求的变化

在新技术革命时代，道德的功能与标准都会发生变化。一方面，凡是无害他人者皆可为，道德标准多元化的趋势进一步发展；另一方面，凡是伤害他人者必受罚，大数据、区块链技术的发展将把一切有害他人的不道德行为记入信用档案，成为不道德行为实施者一生无法忘却的记忆。与整个社会道德标准变迁与发展的趋势相一致，大数据等技术的应用可以轻而易举地解决道德监督与约束问题。因此，对从政者而言，道德要求主要不是遵守固定规范、不违背固定道德原则，而是在具体情境中进行道德决策；换言之，新技术时代的政德要求将从约束性道德向创新性道德转化，从政者的道德创造力将成为关键的素质要求。

公共管理中自由裁量权的增强，使从政者的道德选择和判断能力显得更加重要。在以互联网为标志的后现代社会，公共管理呈现出满足民众个性化需求的特点。较工业社会而言，从政者在处理行政事务时越来越需要面对普遍规则与个性需求之间的矛盾和冲突，在行政实践中需要在既定的普遍规则与现实的个性需求之间达成平衡，这就对从政者的伦理自主性提出了更高的要求。一方面，较工业社会而言，网络社会从政者的工作环境与工作对象更为复杂，他们需要在一个充满矛盾和冲突的价值与利益之间做出判断、做出选择。另一方面，网络时代从政者需要解决的问题往往具有突发性。突发事件的处理，需要赋予一线工作人员更大的自主权。从政者在应对各种个性化的情境时，既要有效保持自己行政责任的伦理限度，又要合理满足各个利益群体和个体公民的现实需求，这就要求从政者必须大力强化自身的伦理自主性，提升自身的道德判断力与道德选择力。在传统的行政伦理中，由上级组织做出决策，“服从自上而下的行政命令”是从政者需要遵守的最重要的伦理规范，但在以网络为基础的后现代社会，基层组织在了解民众个性化需求和提供公共服务方面有着天然的优势，正如盖·彼德斯（B. Guy Peters）所说，“低层员工和服务对象（顾客）最接近行政机关实际提供的服务，他们掌握大量信息，对于行政机关服务最有发言权”，因而应“赋予政府中被排除在决策层以外的员工以更大的参与权，让他们更多地介入到机构的活动中来”①。如此一来，公共管理伦

① 盖·彼德斯. 政府管理与公共服务的新思维//国家行政学院国际合作交流部. 西方国家行政改革述评. 北京：国家行政学院出版社，1998：20.

理必然要求在服从上级命令与加大从政者的伦理自主性之间达成平衡。

等级意识和服从命令的规则受到挑战，多元的平等合作和协商共赢将成为新型的政治伦理关系的特征。与此相应，平等、妥协、合作将成为新技术时代的重要政德标准。一方面，互联网时代权力不断向各类社会组织和群体分化，为各类社会组织的成长与发育提供了重要条件。社会组织不断成长，在社会管理领域承担越来越多的责任，提供越来越多的服务，公共管理主体由一元向多元转化，政府与各类社会组织之间的伦理关系也由管理与被管理、主导与被主导变为合作共赢。现代公共管理造就了多元公共管理主体之间崭新的伦理关系。另一方面，行政组织由重分工向重整合转变。行政行为将突破地域、层级、职能的限制，从政者的地域、层级差异将逐渐缩小，平等意识、协作意识将得到增强。在互联网时代，电子政务的广泛应用将为行政行为突破地域、层级、职能的限制，消除从政者之间由于职责和权力范围的差异而带来的隔阂创造条件。从政者可以通过网络和其他信息系统自由发表意见与建议，获得平等感和尊严感。

公共管理伦理将更多地着眼于“平衡”，公共管理中会大量涉及不同人群之间、不同地域之间乃至国际的平衡。在互联网时代，不同人群之间、不同地域之间、不同民族之间、不同国家之间的互动更加频繁，规范各个群体、地域、民族、国家的原有道德原则与规范需要在针对性和广泛性之间寻求共识，找到共同遵守的原则。作为一种对世界经济、政治均有重要影响的社会道德规范，公共管理伦理应当有新的标准，以便在经济全球化进程中达成共识和形成合作机制，共同应对和打击公共管理领域的不道德现象或犯罪行为，比如腐败与行贿受贿、泄密等。在这里，诚实、信用、爱国、保护公民权等原则由于互联网技术的广泛应用而具有了新的时代内涵，国与国之间、地域与地域之间的界限被打破，提出了在更大的范围内的平等、公正等道德诉求。比如，爱国这一古老道德原则与公民权之间出现了冲突。在这些问题上，更多的是需要各个群体、地域、民族、国家的人们相互尊重，达成共识，寻求最佳平衡点。民族化与全球化之间的平衡显得至关重要，因为公共管理伦理与民族政治、经济、文化诸要素密切相关。民族化与全球化经常会出现冲突、矛盾、对抗，遵循公共管理伦理的一般准则通常是难以给出确定方向的。为此，保持民族化与全球化相互关系之间的对称和平衡，就成为公共管理伦理的重要智慧，同时成为从政者处理复杂的利益平衡问题的重要德性。

创造良好的道德环境成为公共管理伦理的重要使命，道德决策能力与道德管理能力成为从政者的重要素质。不同的时代有不同的道德标准。互联网时代的公共管理伦理不仅在于创设和构建适合时代要求的道德准则，而且在于建构良好的道德环境，使社会成员相互尊重、信任，公正、平等、同情、关怀能得到最大的发扬。这一方面有赖于从政者的道德表率作用，另一方面取决于从政者的道德决策能力与道德管理能力。技术的应用会带来哪些伦理挑战，在什么程度和哪些方面限制技术的发展等，这些新技术发展带来的伦理判断与决策自不待说，信息社会各行各业的职业道德也需要政府进行有效的监督和管理，没有相应的道德意识与管理能力，就难以为社会创造良好的道德环境。新技术时代政德的要求不仅仅是独善其身的修养，更主要的是“德治天下”的能力。今天我们对于如何在新技术时代进行道德管理还有很大的盲区。比如，生命科学发展中的实验限制问题、大数据和摄像监控在城市管理中的广泛应用与个人的隐私权保护问题、网络舆论治理与伦理风险问题等，都在对政德构成挑战，但这些问题目前还没有引起重视，各种机构中还有没有建立起“道德监管机构”。

四、信息时代的政德监督

和其他道德一样，监督机制是最重要的社会机制。在政德监督机制方面，科技的发展无疑提供了最强大的监督技术。就党和政府的内部监督方面，技术发展已经提供了无孔不入的监督手段和途径，这些手段的应用足以从机制上保障从政者自律谨慎。从监督机制上说，一是可以实行多网融合，建立综合的监督约束机制在技术上已经没有障碍。“发挥人事、纪检、政法、审计、信访等部门的作用，建立以组织人事部门为枢纽、上下左右联动的工作体系，通过纪检监察部门出具党风廉政鉴定、政法机构和信访部门提供涉法举报情况、金融系统和审计单位反映财经纪律和个人诚信表现等方式，实现政德建设信息互通共享，全面收集和掌握干部的德行表现。”① 二是借用信息技术，将政德建设延伸到从政者的“工作圈”“社交圈”“家庭圈”，对其政德养成施加潜移默化的影响和及时有效的监督。三是通过建立政德监管档案，如实、详细记载从政者不同阶段的政德修养情况和考评结果，对于曾经出现的失德失范行为，都要留下“污点记录”，强化从政者的自律意识。

在以舆论监督为主体的群众监督和社会监督方面，情况较党和政府的内部监督要复杂一些。在传统社会，正式的社会舆论为政府所掌握，媒体被定位为党的喉舌，而且并非每个层级的政府都有舆论支配权。传统媒体具有单向性、一元化和非突发性。较传统社会舆论而言，自由性、交互性、多元性、偏差性、突发性等特点成为互联网时代网络舆论的重要特点。人人都有麦克风，人人都是记者，每个人都可以在瞬间成为信息的发布者和接收者，网络环境下社会舆论发布方式便利、速度快捷、参与度超高。在互联网时代，全民化的社会舆论监督体系逐渐形成，而公共管理道德显然成了这场社会舆论监督中的焦点，迎来了前所未有的挑战。由于从政者的公共性特征以及传统的神秘文化导致的封闭管理和信息屏障，在全民化的社会舆论监督体系中，从政者成为“放大镜”下的焦点群体，一举一动都受到前所未有的关注。2008 年，在网络上引发无数议论的“南京九五之尊”事件，就是通过网络的不断发酵，最终导致事件当事人南京市江宁区房产局局长银铛入狱。2012 年 8 月发生的陕西延安卧铺车车祸事件，安监局局长现场的一个格格不入的微笑，引发了舆论批评，最终发现了他隐藏已久的严重违纪问题。

在互联网时代，网络监督已经成为公共管理伦理监督机制的重要组成部分。然而，在看到网络对于公共管理伦理监督的积极作用的同时，也应当对其可能产生的难以控制的后果有所警惕。网络舆论较之传统媒体，具有偏激与非理性的特点。一方面，这是因为网络世界是虚拟世界，除了一些知名人士或基于各种原因主动公开身份的人士之外，网民通常以虚拟身份匿名参与议题讨论，因而更少受到道德伦理的约束；另一方面，也因为在网络上，人们聚集在一起发表言论时，仿佛现实中处于集会中的人们一

① 葛付兴. 新形势下党员领导干部政德建设. 学习时报，2012-07-09.

样，判断力和心智力会下降。勒庞（Gustave Le Bon）在《乌合之众》（*The Crowd*）中认为，独立存在的个体是理性的、文明而有教养的，但随着群体密度逐渐变大，群体的认知和行为方式渐渐趋同，越来越非理性和野蛮。“在集体心理中，个人的才智被削弱了，从而他们的个性也被削弱了。异质性被同质性所吞没，无意识的品质占了上风。”①这一社会心理学原则在网络群体事件中屡屡得到印证。

① 古斯塔夫·勒庞. 乌合之众：大众心理研究. 冯克利，译. 桂林：广西师范大学出版社，2007：49.

第三部分
政德的外展：道德领导力

第八章　公共政策与政德

政德有两个方面的内涵：其一指从政者的道德修养，是从政者对政治道德规范的内化；其二指从政者的道德修养必然会在政治活动中有所体现，也即行德政，就是政德的外展。从政者既是公共政策的执行者，又是公共政策的制定者。优质高效的公共政策积累可以夯实国家的制度基础，频繁失败的公共政策将会造成国家公共资源的巨大浪费、损害干群关系、破坏政府的公信力甚至侵蚀国家的制度基础。

公共政策诚信彰显着政策主体的道德选择和履约能力。政策的诚信度取决于公众对政策主体的情感性认同和安全性依赖。麦耶（Roger C. Mayer）等人提出，“信任者首先通过诚实、公正、价值观相似性、实绩等因素推断信任对象的可信程度，然后通过善意和能力等因素直接推断信任对象的可信程度”①。对公共政策之诚信的探讨可以从公共政策制定、公共政策执行和公共政策评估三个方面进行。换言之，政德贯穿于公共政策的制定、执行和评估的全过程。

第一节　公共政策的德性

公共政策是政府或者公共权威为解决公共问题、处理公共事务、提供公共服务、实现公共管理而制定与实施的公共行为规范、行为准则和活动

① 向长江，陈平. 信任问题研究文献综述. 广州大学学报（社会科学版），2003（5）.

策略的总和。公共政策的制定、执行和评估中都贯穿着政府及从政者的价值观，公共政策本身蕴含着价值与德性。

一、公共政策的特性：公共性

公共政策要解决的是公域问题而不是私域问题，要维护的是公共利益而不是私人利益，要体现的是公共意志而不是特权意志。所以，公共政策的本质属性就是“公共性”。公共政策的公共性是指公共政策的运行“不是某个狭隘或专门行业的利益，它基于这样一种思想，即公共政策应该最终通过提高大家的福利而不只是几个人的福利”① 而行动。

公共政策的公共性表现为公共政策应当集中体现社会公共意志。公共政策是公共行政行使公共权力的主要产品，公共政策必须有助于增进并公平地分配公共利益。公共权力的公共性质决定了它的公共性能，提供公共产品、实现公共利益是政府的主要职能。公共政策是最主要的公共产品，它通过政府的权威文件、法规等形式维护公共利益，对公共资源进行分配，如果公共政策不能体现公共利益，其权威性就会随着合法性的丧失而丧失。公共政策的公共性包括三个方面的含义：公有性、公治性、共享性。

1. 公有性

首先，公共政策的公有性体现在公共政策管理的对象是与每个公民都有直接或间接关系的公共事务，人们称它为“公事”“公务”，而不是与某几个公民或某几个集团相关的私人事务，不是“私事”“私务”。其次，公共政策的公有性说明政府制定、实施公共政策的权力源于公民的公共权力，而不是源于握有权力的个人或机关的私有权力，也不是管理某些个人和私有集团的私事的私有权力。从本质上讲，人民是公共权力的实际拥有者，即主权在民。政府只是受人民委托，代表人民行使公共权力、制定和实施公共政策。再次，为实现公共政策目标，政府必须调动和支配一定的社会公共资源，而这些公共资源是民众共同所有的，是民众的公共财产，

---

① E. R. 克鲁斯克，B. M. 杰克逊. 公共政策词典. 唐理斌，王满传，郑斌详，等译. 上海：上海远东出版社，1992：30.

而不是某些管理者的私有财产。最后，公共政策及其指导下创造的产品、服务是公共产品、公共服务，归民众共同所有。这是公共政策的公正性或正义性之所在。

2. 公治性

公共政策是对公共问题的治理之策，是有关公共事业的政策，公共事业理应公共治理、人人负责。在传统社会，是统治阶级管理社会事务，是以少数人维护其统治为目的的，因而政策的公治性特点并不突出。在现代社会，“统治”概念被“治理”概念所替代，其实质就在于社会成员通过不同的渠道和方式共同参与社会治理，换言之，公共权力机关、政党、非政府组织以及民众一起治理公共事务。现代各国的公共事务都是极其多样和复杂的，政府不可能单独承担这一重任，必须要政府之外的政党、社会组织和民众参与管理公共事务。应当指出，在这一公共治理公共事务的过程中，公共权力机关是主导力量，社会组织是重要力量，民众是基础力量，执政党是领导力量，四者合一，形成合力，共同治理，才会事半功倍。公治性是现代公共行政的一个特点，也是公共政策的一个特点。

3. 共享性

公共政策的目标是维护和实现公共利益，公共政策具有社会性、普遍性和非指向性的特点。诸多公共政策，如医疗政策、住房政策、交通政策等，所产生的结果都是民众共享的，关系到所有社会成员。公共政策对公共利益的分配，必须遵守公平公道原则，以实现民众对公共利益的合理分享。公共政策的制定应以共享性为重要的价值追求，应以共享价值的实现为目标，应以共享性为导向。如果偏离共享性，公共政策就会丧失其本质。

二、公共政策的伦理原则：公共利益原则

在公共政策制定过程中，必须遵循一定的伦理原则，才能保证公共政策有利于经济、社会的可持续发展，其中最主要的原则是：公共利益原则。

公共政策制定中首先遇到的、不能回避的问题就是利益冲突问题。公共政策制定中的利益冲突表现在时间和空间两个方面。从时间上看，公共

政策中存在着近期利益和长远利益之间的价值冲突。政策本身具有的稳定性和持续性特征，使其关注的重点并不局限于解决当下的社会问题，而要着眼于未来可能发生的社会问题。然而，政策参与者常常很难对政策影响下的近期利益和长远利益做出正确的选择与判断，这就不可避免地产生利益的短期性和长远性之间的价值冲突。从空间上看，公共政策中存在着利益的局部性和整体性之间的价值冲突。政策对公共资源的分配并不完全采取平均主义做法，在分配中存在空间上的客观差别。政策对公共资源的分配在空间上如果不能体现公平原则，那么地区间就必然存在由于利益得失而产生的价值冲突，表现为：全局性政策和局部性政策之间的冲突，如中央政府政策和中央各部门政策及地方政府政策之间的冲突；全局性政策内部之间的冲突，如中央政府不同部门所制定政策之间的冲突；局部性政策内部之间的冲突，如中央政府单个部门的政策与地方政府政策之间的冲突；等等。

人与其他生物的不同之处就是，生活在当前但却不局限于当前，能展望未来，能在对未来的憧憬中得到愉悦，与之相应，未来的不幸也会减弱人们当前的幸福感。所以，人类无法不面向未来，也无法不关注未来。但是，作为个体的人总是把个人利益作为关注的焦点，如果没有相应的政策和制度对个人的自利行为进行引导与纠正，即使人们的利己欲望可以在一定程度上导致斯密所说的增进公共利益的结果，但总的来讲并不能直接考虑到长远利益。如何平衡当代人的眼前利益与后代人的长远利益就成为制定公共政策必须面对的伦理问题。

公共政策的伦理原则必须能够解决人类利益和自然利益的关系问题。随着科学技术的发展以及人类利用自然的能力的提高，人类对自然的干预已超过了自然的承载力，自然环境的恶化使人类已不能无视自然的状态而无节制地开发自然，人类已不能不考虑自然环境而单纯地追求经济发展。换言之，要保证人类社会的持续发展就必须维护自然的权利，保护自然、保护环境就是保护人类的长远利益。基于以上两点，公共政策制定过程中首要的伦理原则就应当是公共利益原则。所谓公共利益原则，其内涵包括以下几个方面：

第一，公共利益是公共政策制定的原则。政府作为“一个国家或社会的代理机构”，在借助政策手段行使公共权力、承担公共责任、解决公共问题的过程中，必须谋取公共利益，而不能为少数人甚至政府谋取私利。公共利益原则要求，要以公共利益的实现为纲领，使政府决策更有效地约束、引导各社会主体，包括政府自身在公共领域内以其秩序化的活动增进公共利益，并“中立”地使之为现实和未来的各社会主体所平等分享。公共政策应该坚持以公共利益为核心的价值取向，原因在于公共利益能最鲜明地反映公共政策的本质属性，并且是公共政策的基本出发点和最终落脚点。公共政策本质上是国家运用公共权力对社会各利益主体与利益集团的利益的协调。政府不可单凭自己的意志创造公共利益，公共利益源于公共意志，只有在公共意志中才可以找到公共利益的实质之所在。

第二，在公共政策制定过程中坚持近期利益与长远利益相结合的原则。对个人来说，人无远虑，必有近忧；对政府来讲，也是一样的。大至一个国家，小至一个集体，在制定政策时都要把近期利益与长远利益结合起来，不能只顾近期利益。特别是公共政策，它是关涉民众的共同利益的政策，必须反映绝大多数人的利益需求，反映民众的共同需求。公共政策不能只关注一小部分人的利益，同样也不能只关注近期利益，要把人类的利益作为一个整体，把近期利益与长远利益结合起来。从一个历史过程来看，公共利益原则要求，通过制定公共政策，把政府的行为目标规范与约束在既立足当代人的利益要求又确保后代人可发展的基本条件的取向上。唯有如此，才能体现政府行为在代与代之间的公共性、公平性，而不是偏执于当代的自私性、狭隘性。

第三，在公共政策制定过程中坚持维护人类和自然的整体利益的原则。全球范围内出现了威胁人类持续生存和发展的资源短缺、环境污染、人口剧增、生态破坏等严峻问题。这些问题的出现，除了观念和道德的原因之外，与各国政府违背公共利益原则，默许甚至鼓励人们对公共资源“各取所需”式的无节制开采与利用有直接关系。1987年，国际环境与发展委员会首次在文件中使用“可持续发展”概念，要求人类既要满足当代人的需求又不能对后代人满足其需求的能力构成损害。这里包含着当代人与后代人的关系问题，其实质是当代人如何对待人类的母亲——大自然的问题。人们已经意识到了人与自然之关系的重要性，也提出了“可持续发展”战略，这就要求各国政府在公共政策制定过程中坚持可持续发展的整体利益原则，既尊重人类的利益又尊重自然的利益，既尊重当代人的利益又看重作为利益主体目前尚还缺位的后代人的利益。

第二节　公共政策与诚信

公共政策执行是执行者（包括公共组织和公民个人）运用各种手段贯彻和实施政策、指令，以达到预期目标的全部活动和整个过程。要有效地执行政策，必须满足五项要求：（1）正确地诠释政策；（2）保证充足的资源；（3）协调各方的努力；（4）有政治和法律方面的支持；（5）有良好的社会经济大环境。① 前四项要求都受制于伦理因素。

比如“正确地诠释政策”这项要求。任何政策都有解释的余地，因而某项政策的出台，最后都注明：由某某部门负责解释。对同一项政策，可以有不同的理解和解释。可以公平、合理地，以大多数人的利益为标准进行解释，也可以从某些人的特殊利益出发，歪曲政策的内涵，以有利于自身。任何政策都有解释的余地，如何解释就导致政策的执行是否符合原意。政策执行者是以大多数人的利益为导向还是以少数与自己相关的人的利益为导向，会导致不同的结果。

再如“保证充足的资源”这项要求。资源包括物质资源和人力资源。政策执行和实施中都要求有相关的设备、人才、信息、技术。这些看起来是与主观的伦理因素无关的方面，但它们的落实却离不开人的因素。如果具体负责的从政者假公济私，或从亲友那里搞来次等设备，或用不太懂技术的熟人搞技术工作，执行政策所需要的资源就会因此而大打折扣，结果只能是令人失望。

总之，政策的执行离不开道德的支持，除了从政者品德方面的支持之外，需要在政策的执行过程中遵循道德要求，这样才能保证政策执行的有效性并维护政府的尊严。政策的执行中应遵守的道德原则主要有：忠实原

① 马国泉. 美国公务员制和道德规范. 北京：清华大学出版社，1999：65.

则、诚信原则、以人为本原则。

一、忠实原则

政策执行是一项目标性很强的活动，如果偏离了目标，政策的制定与执行就都失去了意义。因此，政策执行中必须坚持忠实原则，准确地执行政策。政策执行中的忠实原则是指，在执行政策时，行政机关和行政人员应当忠实于政策的本义，按照政策的目标选择手段，使合乎道义和科学性的政策得到不折不扣的实施，最终实现政府的管理目标。

政策执行是否顺利，在很大程度上依赖政策执行机关和执行人员是否愿意忠实地执行政策，是否能够准确地理解和把握政策目标，是否有完成政策目标的热情和信心。在政策执行中，一些执行机关和执行人员往往会受到利益关系的影响而不忠实地执行政策，最典型的表现是“上有政策，下有对策”。政策执行者在执行上级政策时，用地方政策抵消上级政策，或者编造借口，久拖不办，或者“雷声大，雨点小”，口头上说要不折不扣地执行上级政策，但在行动上却消极被动，只在形式上象征性地执行上级政策，而不是实实在在地认真执行，甚至用非程序化、非规范化的办法执行上级政策，使政策“走样”。

不忠实执行政策还表现为一些政策执行者对公共政策的内容有选择性地执行。他们对相关公共政策或者“各取所需”，或者“截留其中某些部分”，或者“曲解适用范围”，或者“打擦边球”，使公共政策在执行过程中偏离公共利益原则。他们不惜调动一切社会资源，千方百计地对正在实施的公共政策进行变通，或者干脆绕过现有的制度安排，进行巧妙的规避。不忠实执行政策的另一种表现形式是，以某种借口拒不执行相关公共政策。政策执行者或者借口本地区不具备相关公共政策实施的条件，而拒不执行；或者只是被动地把上级政策当作文件发放下去，而不是积极制定适合本地区、本部门的行动方案，上级下达什么政策，本地区照转（发）不误，但却既无实施方案又无具体措施，更不准备监督、检查，文件发放下去就万事大吉；等等。政策得不到忠实执行，不仅使行政行为、公共政策的公共性得不到体现，而且使政府的道义性、合法性下降。在很多情况下，民众对政府的信任度下降的原因就是好的政策到基层得不到忠实执行。

公共政策的执行，需要行政机关和行政人员充分发挥自己的积极性与主动性，准确、忠实地把握政策的精神，并适时地制定适应各种不同情况的具体策略。没有忠实执行政策的热情和积极性，不愿或不能准确地把握政策的精神，不具备执行、落实政策的能力，都会使政策得不到忠实执行，最后使政策的目标不能实现。长此以往，会使公共政策的权威性受到挑战，还会使基层政府的公信度下降，导致种种社会问题。例如，群众上访的一个很重要的原因就是，他们相信上级政府的政策是好的，但下级政府不能很好地执行，曲解了上级政策，通过上访他们的问题能够得到解决。

要提高公共政策执行的准确性和忠实性，行政机关和行政人员要提高伦理素养，树立服从大局的伦理道德观和忠于政府、忠于公共利益、忠于公共政策的意识；要有准确理解和把握政策精神的知识水平，上级政策可能只是原则性的、普遍性的政策，具体到各地区、各部门实施时要领会其精神，做出适合本地区、本部门的具体方案；要有依法行政、忠实执行政策的能力，能够把普遍性的政策规范与本地区、本部门的特殊情况结合起来，而又不违背政策精神，能够化解政策执行过程中可能遇到的利益冲突和矛盾，使政策得到有效执行。

二、诚信原则

《论语·颜渊》中有云："子曰：'片言可以折狱者，其由也与?'子路无宿诺。"答应了的事情，就要说话算数，绝对办到。从政策角度说，诚信原则的体现就是政府执行的政策要有稳定性和连续性。政策的稳定性意味着：特定政策在其有效期内保持有效性和权威性；非特殊原因不对政策进行重大调整甚至完全废弃；在必要的调整中对利益受到损害的社会群体实施补偿；在政策变迁过程中，新政策与旧政策之间保持一定的继承性。政策实际上可以被视为政府与相关目标群体之间的一种契约，这种契约一旦通过某种方式确定下来，政府就可以运用政治权力的特殊权威性，强制、说服或刺激相关的政策执行主体支持它并在它的约束和指导下从事社会生活，与此同时也就意味着政府就解决某个政策问题或处理某项政策事务对相关的政策执行主体做出了承诺。相关的政策执行主体，尤其是目标群体在接受政策的约束并承担了一定的义务时，就享受了相应的权利。①

政策是政府对社会资源和利益进行权威性分配的一种方案。在任何一种政治体制中，作为政策执行主体的目标群体同作为政策制定主体的政府之间要形成长期的信任与合作关系，政府的政策就必须有诺必践、注重信誉，否则就会破坏正常的政策秩序，给政策的有效执行造成种种障碍。在实际的操作过程中政策多变的情况屡见不鲜。在很多情况下，公共政策的宗旨偏离了公共服务的重心，成了地方官员增加业绩的手段。但是一旦该官员离任，其任职期间制定的各项政策就面临被抛弃的风险，导致公共政策缺乏稳定性。长此以往，只会造成公共资源的浪费，并且增加民众对公共政策的抵制情绪。

对政策制定主体即政府来说，政策缺乏稳定性或频繁变化会导致以下后果：增加政策制定和执行成本，浪费资源；导致普遍的、结构性短期行为；影响政策效力；影响民众对公共政策的信任，危及公共政策的权威性；导致政策体系的结构性紊乱，影响政策之间的综合配套和平衡；产生政策盲区和政策界限模糊的灰色区域，导致投机、腐败和非正式秩序的存在。② 政策缺乏稳定性可能给目标群体带来的损害包括：造成同一条件适用不同的标准和规则，政策对价值的权威性分配失去公正性；增加个人活动特别是个人经济活动的风险和不确定性，进而影响个人的积极性；导致非理性行为。实践中这类问题已十分突出。某省政协曾对非公有制经济代表人士进行过调查，大部分被调查者把宏观政策变化视为经营面临的首要风险，把改革开放政策不变列为对政府的第一建议。③

政策的连续性是指，政策的影响在时间上具有延续性。这既是制定政策时应遵循的原则，也是执行政策时应遵循的原则。政策的连续性包含两种情况：一种情况是指政策的后续补充。一项公共政策在执行一段时间

① 丁煌. 政策制定的科学性与政策执行的有效性. 南京社会科学，2002（1）.

② 赵成根. 论公共政策的稳定性//北京大学政治学与行政管理系. 现代化进程中的政治与行政：下册. 北京：北京大学出版社，1998：784.

③ 董思源，涂红. 传统与现代的整合：当代非公有制经济代表人士意识状况. 地方工作交流，1999-12-27.

后，发现有某些缺陷，或者不够公正，或者导致某种不良结果。这时就需要制定后续政策作为补充以维持社会公正。例如，支边政策，在特定的时间起过重要作用，支边的建设者为建设边疆奉献了自己的青春和热血。现在，不能要求已考进大学的后辈再回边疆。政策的连续性是在公平的奖惩规则下的连续，而不是指一成不变的执行原政策。唯有如此，才体现社会正义。另一种情况是公共政策的生命周期。每一项政策都有生命周期，它的生命不能缩短，更不容延长。判断一项政策是否应当终结，要看其能否推动社会发展。社会在不断发展，政策也应随着社会的发展而做出相应的调整。如果某项政策在社会发展中已经不能发挥积极作用，就应当考虑变更。政策的生命周期应以能否推动社会发展为标准，而不能由个别领导的好恶、意识来决定。

政策的实质是给公众的一种承诺。如果政策可以随心所欲地变更，那么政府就会丧失公信力。政府的公信力一旦被出卖，就必然要为此付出十倍、百倍甚至更为高昂的代价。政府的这种不诚信，对公民个人和组织来讲，带来的往往是直接的损失，而从政策层面来看，随意的变更会使公众对政府产生信任危机，动摇的是政策的确定性。如果政府改变政策对公众的利益造成伤害，那么政府应当对公众进行补偿或赔偿。

三、以人为本原则

公共政策的制定，其根本目标在于实现人的全面发展，应把人的需求的满足、人的能力的发展放在发展的中心位置。实现人的全面发展，始终是人类努力的方向。人的自由不受侵犯，每个人都有权有尊严地生活，免于饥饿和卑贱生活，免于暴力的侵害或外在的压迫。以人民意志为基础的现代法治政府是实现这些权利的最佳保障。保障人的生存权、受教育权、医疗保健权以及人人都有充分发挥自身潜能的机会，是政府的职责，也是政府制定公共政策的基本原则和精神。在政策执行中坚持以人为本原则，应当做到：

第一，信息公开，扩大民众参与。公开行政是现代公共行政的一个重要理念和原则。公开行政要求公开办事程序、办事方法、办事时限，使行政行为成为一种透明的社会服务行为。在政策领域，主要是公开信息，只有信息公开，才能保证民众参与，决策才能体现以人为本。公开信息是基础，民众参与是结果。民众参与制定和执行政策，有利于加强民众与政府之间的理解和沟通，有利于化解社会冲突和矛盾。

民众对公共行政的直接参与，既是公共行政的民主取向的突出表现，也是其重要保障。对以普遍性和后及性为特点的公共政策来说，没有民众的直接参与，公共政策往往缺乏对民众需求的了解以及对民众利益的整合，难以与民众达成事前共识，在实施中必将遇到种种阻力。这样，一方面有可能直接损害民众的合法权益，背离公共行政的民主取向，另一方面还会造成行政成本高而行政效率低的后果。因此，政府应当为民众直接参与公共行政活动提供充分而有效的渠道，并且不仅在实体法上而且在程序法上保障民众参与公共行政的权利，使民众在政府制定和实施与自身利益密切相关的公共政策时，能够充分地表达自己的意愿。

在市场经济条件下，政府公共部门成为公共服务的供给者，而不再是高高在上的官僚机构。公共政策制定的“前台”慢慢扩大，“后台”慢慢缩小。政府的政策要合乎民众的普遍性价值偏好，政府不能把自认为好的政策强行推向社会。要合乎民众的偏好，必然要求民众参与讨论公共政策。信息公开是让百姓获得信心与信息，有利于提高政策的科学性和民主性。

第二，合理合情，倡导仁爱精神。公共政策执行是将纸面的、观念形态的政策内容转化为现实效果，实现既定政策目标的过程。政策执行是依据法定授权实施方案的执法行为，首先要依法行事。政策执行是具体的行政行为，无疑要公道、讲理。同时，政策执行面对的是活生生的人，还要讲情、讲人道，要做深入细致的说服、教育和宣传工作。政策对象一般是民众，他们是否理解和接受政策，决定政策能否顺利实施，也决定政策目标能否充分实现。换言之，政策执行是否及时、准确地回应政策对象的要求，是否公平、公正地协调和分配公共利益，是政策顺利执行的关键，也是保障公共政策有效性的关键。

在公共政策执行过程中，依法办事是第一位的，尽可能不折不扣地执行政策是从政者的第一操守。但是要知道，法律依据充足，但如果不懂得根据具体情况改进态度和方法，也会因态度僵硬、方法不当而影响工作成效，甚至导致重大事件。所以，在公共政策执行过程中，在施行自由裁量权时，发扬“仁爱精神”非常必要。仁爱是人之为人的一种道德情怀，自古以来就被认为是最重要的伦理原则。它是指人们在处理人际关系时，人和人之间相互关心、相互爱护的情怀。孔子说：“仁者爱人。”孟子说：“老吾老以及人之老，幼吾幼以及人之幼。”（《孟子·梁惠王上》）仁爱不仅可以使人与人的关系更亲密、更富人情味，而且可以使集体、国家更有凝聚力。对政府来讲，仁爱不仅体现为在公共政策的制定中要具有充分关怀弱者的同情心、仁爱心，而且体现为从政者在执行政策中要具有爱护并尊重民众的道德情怀。特别是在新的历史时期，民众对美好生活的期望就包含自尊自爱的需要。因此，尊重和关爱民众，给民众更多的自主权，是仁爱精神的应有之义。

第三节　公共政策失信及其矫正

政府的主要职责在于提供公共物品和公共服务，其目标是实现公共利益的最大化和最优化。然而，在公共政策的制定和执行中，都存在在维护公共利益的名义下，为某些政府部门、某些利益集团或者官员谋取利益的现象，这对政府的公信力构成严峻的挑战。换言之，政府的自利性和有限理性特征决定了政府在维护公共利益中存在一定程度的“失灵”。由于各种错综复杂的原因，公共政策常常偏离公共利益这一根本目标，违背公共政策的价值取向，严重侵蚀公共政策的公共性与合法性，导致社会公平性与正义性丧失，给公共领域带来一系列困境。

一、公共政策失信的原因分析

在公共政策的制定和执行中，不同程度地存在着偏离公共利益的现象。这些现象存在的原因很多，其中公共政策的制定者和执行者的道德是不容忽视的因素。

第一，政策制定者的自利性对政策公共性的德性构成侵害。政策之所以被称为公共政策，就在于“公共”二字，公共政策要解决的是公域问题而不是私域问题，所使用的资源和权力是公共资源和公共权力，而不是私人的资源和权力，要维护的是公共利益而不是私人利益，要体现的是公共意志而不是特权意志。公共政策的本质属性就是“公共性”。“公共性”是公共政策的基本伦理，即政策德性。失去“公共性”，实质就是背离了政策的诚信之德。

作为一个特殊的社会集团，政府作为一个整体也存在着生存、发展等一系列问题，政府中的从业人员也是有着个人私利的理性存在者。这就决定了政府提供的公共产品——公共政策也有非公共性的一面。对于公共政策的非公共性问题，很多思想家有过论述，其中最具代表性的就是英国政治思想家霍布斯。霍布斯认为，政府的公职人员，在政治身份方面虽然留意谋求公共福利，但同样会谋求自己以及亲属的私人利益。在大多数情况下，当公私利益发生冲突的时候，政府的公职人员会先顾私人利益，因为人们的感情力量一般来说比理智力量更强大。公共选择理论认为，不仅政府机构自身，而且其内部的官僚集团都会有自己的利益。作为制定公共政策的主体，政府及其行政人员承担着双重社会角色：一方面是有着自身生存和发展需求的理性经济人，另一方面是具有公共理性的公共权力的行使者。换言之，政府及其行政人员既作为“自利人”的角色而存在，又扮演着“公共人”的角色。政府及其行政人员常常会陷入角色冲突中，在缺乏监督和自我约束的情况下，往往会运用民众赋予的公共权力满足个人需求，从而使公共政策的公共性受到侵害。在公共政策实践中，存在着大量的寻租活动，政策执行者的私利干扰公共政策实现其“公共性”的属性。

第二，科层制的行政体系造成对公共政策宗旨的偏离。公共政策执行中或多或少都会存在偏离公共政策宗旨的情况，具体表现为：（1）政策执行者在政策的执行过程中将政策“为我所用”，有意曲解政策的部分内容和精神实质，或者选择性地执行政策，或者只停留在对政策的简单宣传上，缺乏具体可行的操作方法。（2）公共政策被扩大化执行。政策执行者为了自身利益而找借口扩大公共政策的外延，将一些相近或者相似却不可行的政策与原政策捆绑执行，使政策的调控对象、范围、目标等都有所扩大。（3）公共政策执行教条化。公共政策执行者在实际的操作过程中将政策生搬硬套，缺乏变通，使政策走形走样，造成了政策执行效果被大大削弱、公共资源浪费等不良后果。公共政策在执行中走样，既有主观原因，也有客观原因。具体地说，就是科层制的行政体系与人性的自利性相结合必然导致公共政策在执行中走样。

政策的执行以制度为保障，科学合理的制度安排能促进政策的有效实施和目标达成。科层制的行政体系这一被认为与工业社会相适应的组织形式获得了广泛应用，但在现代社会的运行过程中面临越来越多的问题，尤其是在当下的中国。一方面，中国有着深厚的官僚文化传统；另一方面，随着改革开放的实施和市场经济体制的建立，法治越来越成为社会各界的共识。但法制还不健全，特别是还没有形成一套行之有效的行政约束体制，因而政策在自上而下的执行过程中总是会遇到种种阻碍或者执行不到位的问题。换言之，科层制的行政体系在运作中存在各种制度上的漏洞，这些漏洞催生了公共政策失信的空间，尤其体现在公共政策的执行层面。

在科层制的行政体系中，公共政策要在横向与纵向的行政部门间、层级间进行政策意旨传达和任务分配，并在制度的保障下贯彻和实施公共政策的目标。现有的公共政策执行体制存在的问题表现为：一方面，在庞大的行政体系中，政府机构众多、部门林立，容易产生各自为战、自谋利益的情况；另一方面，层层向下传递信息的纵向体系，导致政策意旨在传递过程中层层衰减，越接近基层，政策执行变异的可能性越大。出现“上有政策，下有对策”的现象，既有政策本身不切实际的原因，也有政策传达不到位的原因，当然也有基层政府有意曲解政策旨意、依自我利益与执行便利行事的原因。此外，每一级行政机构为了完成上级交办的任务，都不得不对下级采用高压强制的措施，动用干部绩效这一指挥棒，如此，极易产生自上而下一级压一级的官僚主义与自下而上一级骗一级的形式主义。网络上流传的对联“上级压下级、一级压一级，级级加码马到成功；下层蒙上层、一层蒙一层，层层掺水水到渠成”，在一定程度上就是这种行政体系的写照。长此以往，从政者“为公众服务，为人民谋利”意识淡化，官僚主义的架子和形式主义的样子越摆越严重，将政府与民众的政策沟通渠道堵塞，导致公职人员与民众直接对立。在互联网时代，科层制的行政体系面临越来越大的挑战，现实的行政实践中，个别公职人员对政策的解释不当或言语傲慢往往会被利益已经遭到损害的民众理解为政府意见，从而酿成舆论风波，玷污了政府的形象，损害了民众对公共政策的信任。此外，政策执行主体单一，缺乏民众（非政府组织和社会大众）参与，这就使政府管理者有了化公共资源为个人资本的可能性。各执行主体之间往往没有沟通，职能交叉、重叠、错位，从而导致出现利则争之、责则推之的现象。

第三，公共政策监督机制缺失影响公共政策失信的修正。政策执行需要跟踪评估与监督，以诊断和把握政策执行过程中的偏差，并及时进行纠正或补救。政策监督是外在于公共政策的一种力量，这种力量要发挥实事求是监控、修正政策出轨，维护正确方向的引领作用。我国现有的政策监督主要来自三个方面：一是各级人民代表大会的监督，二是内部行政监督，三是媒体和公众监督。这三个方面的监督在现实运行中还存在问题，影响了对公共政策的有效监督与及时纠正。(1) 监督公共政策执行的责任机关如各级人民代表大会以及政府内设的监督部门的职责还需要进一步明确，媒体和公众监督作用发挥的法律保障制度还需要进一步完善。这些制度的不完善以及监督者的意识、能力和水平的有限，都导致对公共政策执行的监督无力。(2) 政策执行监督的程序有待进一步规范，政策执行效果的评估需要进一步科学化，运用好奖惩机制，有效发挥监督作用是政策有效执行的重要环节。

二、构建公共政策的诚信之道

公共政策偏离公共利益的趋向，对政府的公信力构成严峻挑战。在当今社会，贫富差距的扩大和群体性事件的日益增多，使公共政策的公共利益的回归、重构政府的公信力成为当前急需解决的重大问题。只有公共利益的合理回归，才能彰显公共政策的公共性与合法性，从而更好地回应公共生活的需要，体现民众的意志要求，才能合理协调和化解利益冲突。

1. 坚守“公共性”的政策价值基准

坚守“公共性”的政策价值基准是政府诚信的基石。政府之所以能作为公共政策的制定者平衡利益和分配资源，就在于其掌握了公共权力。公共权力的获得和使用则以社会公众的信任为前提与基础。因此，政府部门在制定公共政策的过程中必须体现诚意、维护民意，最终实现公共利益。

唯有如此，才能不辜负民众的信任和期待。

第一，在公共政策的制定过程中要克制自己的“自利”倾向，彰显公共政策之公共性的德性，以回应社会的角色期待。为此，政府应提高政策制定的公开性，扩大公共政策制定的社会参与度。从“为民做主”到“让民做主”，是现代公共政策理念的一个重要变化，也是符合现代国家治理能力现代化要求的核心理念。应确立利益相关者的概念，从政策议题的选择到政策的具体方案都应当广泛征求民众特别是利益相关者的意见。政府应扩大政策制定的公共参与渠道，创造政府与民众的对话平台，给媒体更开放的舆论空间和更大的监督权力；在专业性问题上应征询专家意见，提高公共政策的民主化和科学化水平。

第二，在公共政策的制定过程中要注重协调各利益群体的利益，提升新时代条件下的利益协调能力，以回应社会对公平、公正德性的期待。近些年来，在征地拆迁、环境保护、交通事故、医疗纠纷等领域，所谓“大闹大解决、小闹小解决、不闹不解决”似乎成了一条规律，甚至还滋生出职业闹事者，基层政府深受闹缠现象困扰。闹缠的实质是利益。改革开放40年来，随着市场经济的发展，利益分化已经成为现实，今天已经很难用政治动员和道德教育来弥合利益分化（某些时候表现为冲突）的各个群体。解决此类问题，政府及从政者应提高新时代条件下的利益协调能力，有效引导和平衡各利益方的合理诉求，构建有效的利益协调机制和利益补偿机制，减少公共政策执行阻力，最终避免冲突、化解矛盾。另外，要充分利用公共政策的权威性，合理分配社会资源和公共权力，保护和支持社会最少数不利群体的利益，维护社会发展的良好秩序，确保公共政策执行有序、有效地推进。只有恪守“公共性”的价值基准，运用好“调适各方，扶持弱势”的政策艺术，公共政策及政府才能获得民众的情感认同和广泛支持。

2. 建立和完善“负责制”的政策执行制度

公共政策并非只是一份份印刷的红头文件，也不是一条条领导的批示，其实质在于分配社会资源、维护公共利益、解决社会矛盾。为此，建立和完善“负责制”的政策执行制度便是保证政策得到忠实执行的关键。

第一，设计刚性的约束和激励机制，严格公共政策执行的责任机制，对影响公共政策诚信的部门及人员给予严厉惩罚。同时，应将追责结果进行社会公示，并将查处结果记入从政者的个人诚信档案，且与其考核奖惩、职务晋升等挂钩，通过外部强力制约从政者在政策执行中的不诚信态度和行为，使其逐渐将诚信变成内心信念和行为习惯。

第二，加强政策执行者的道德建设。在信息不对称的情况下，作为代理人的政策执行者基于自身利益最大化的诉求，通过对政策不作为、虚假执行和歪曲执行等方式，致使政策执行偏离预先设计的轨道。由自由裁量权应用引起的公共政策偏离公共利益的问题很难用他律的约束来解决。建立在个人自主性基础上的道德约束具有重要的优势。美国著名行政学者库珀认为，在自由裁量权的行使中，政策执行者的良知和道德显得非常重要。因此，加强政策执行者的道德建设是矫正公共政策失信的重要途径。

第三，健全行政伦理的监督机制。有效的监督是公共政策不偏离公共利益的保障，然而现实中大量的“虚监”“弱监”现象，使公共政策在执行中偏离轨道的现象无法得到及时遏制。要通过健全政策监督的法规突破现有的政策监督模式，通过创新政策监督渠道提升政策监督的广泛性和实效性，健全行政伦理的监督机制，从而维护和保障政策在诚信的轨道上运行。从主动方面说，要树立信息公开的观念，建立多渠道的舆论体系，公开与公共政策相关的信息，使全体社会成员可以便捷地获取关于公共政策的各种信息，并及时表达自己的政策需求与政策见解。政府应当充分利用各种信息了解公共舆论，及时回应民众的政策需求，如政府在做出影响公共利益的决策时所依据的政策、法规、内部文件和事实依据等应及时向社会公开。从被动方面说，应接受来自方方面面的舆论监督，也就是让民众与社会团体对政府的决策活动进行跟踪、质问、监控，以使执行行为得到及时调整和修正，防止特殊利益集团对政府的操纵与个别从政者凭主观任意决定，促使政府的公共决策始终沿着公共利益的方向前进。

3. 加强对社会情绪的管理与引导

公共政策执行过程中的社会情绪最能反映政策的效果与公信力。重视社会情绪，积极引导社会情绪，既关系到政策的效果，也关系到政府与政策的公信力。

第一，重视社会情绪，将引导和调适社会情绪贯穿于政策制定与执行的全过程。公共政策出台前，健全利益表达机制，对社会情绪进行预测与预警。任何一项政策，无论赞同还是质疑，基点都是出于公共利益。负面社会情绪的诱因不在于是不是应当做某件事，而在于实现这一目标的方式和方法。为此，公共政策出台前，应从预防和化解社会矛盾入手，健全维护群众利益的机制。公共政策出台前，应健全社会利益表达和协调机制，有效调节各方利益，着力化解影响社会情绪的各类社会矛盾。建立及时、顺畅的民意表达沟通机制，拓宽社情民意表达渠道，不断增进社会共识；引导社会成员有序参与社会治理，依法理性表达诉求和情绪。应加强调查研究，对利益相关民众的社会情绪、社会心态等情况进行整体研判、动态预测，有效预测、预警、预防社会风险。在公共政策执行中，把握社会舆论态势，培养健康社会情绪；把握社情民意，加强舆情分析研判。当出现与公共政策相冲突的舆情时，应及时做好解疑、释惑工作，回应民众的关切。一些公共政策在执行之前，没有相关的政策引导和解读，受到质疑后也没有正面引导，而是迫于舆论而突然叫停，结果既影响政府的公信力，也导致社会负面情绪积聚。公共政策执行后，做好善后工作，化解消极情绪。对政策执行的利益受损群体，应做好心理咨询服务。任何政策的实施，必然会有群体成为政策的受损方，不良社会情绪通常都由利益受损群体的不满情绪积聚而成。在互联网技术高度发达的社会环境中，负面情绪会通过网络传播，会被一些别有用心的人利用、放大，从而引发社会矛盾。因此，对公共政策的有效性评估本身就包含考察是否引发不良社会情绪，政策的善后工作自然也包括化解不良社会情绪。

第二，管理社会情绪，提升从政者的社会心理服务能力和社会情绪管理能力。作为政策贯彻、落实的基层工作人员，从政者要加强对本地区居民社会情绪的调查和研究，理解居民意见背后的真实诉求。在执行上级政策时要关照到居民的认同度和接受度，做耐心细致的心理疏导工作，而不能不注意方式、方法，只关注上级政府满意不满意而不关注民众的情绪。在公共政策的执行中，一方面要加强对公共政策的宣传和解读，让民众理解公共政策的必要性；另一方面，各项政策要做到公开、公正，并确保征求意见和政策法规执行过程中的程序公平。

第三，调适社会情绪，做好政策执行利益受损群体的心理调适和疏导工作。一方面，要健康社会心态，着力提高民众的自我疏导机制，提高民众对公共政策、公共事件的理解力、分析力和思考力。另一方面，要做好利益受损群体的情绪疏导工作。对政策执行的利益受损群体，要关注其心态失衡、行为失常的表现，加强对他们的人文关怀和心理辅导、援助，引导他们以理性、合法、有序的方式表达利益诉求，避免其做出伤害自己或他人的事情，从而化解各种潜在的社会危机。

第九章　干部体制与政德实现

干部体制是干部管理体系、管理制度及其工作机制的总称，包括干部的选拔任用、考察评价、教育培训、监督等具体制度。干部体制承载着多种社会价值。“政治路线确定之后，干部就是决定的因素。”① 除了推行政治路线功能外，干部体制还具有体现社会平等、维护社会公平、弘扬社会正义等的伦理价值。有学者根据研究对象将行政伦理学分为：美德伦理学（研究行政人个体心性的内在人格）、决策伦理学（研究行政决策过程和公共政策本身的价值取舍与伦理抉择）、组织伦理学（主要研究组织制度、结构和文化氛围之伦理内涵）。② 这三部分内容在现实中是相互交织在一起的，行政人的人格和美德与干部体制、组织文化有着密切关系。干部体制与政德的关系属于组织伦理学的范畴，二者的互动构成政德形成的重要机理。换言之，区别于韦伯提出的官僚制之下的行政伦理，中国的干部体制以特有的方式影响、塑造着干部的政德，为政德的实现提供保障。

第一节　干部体制：中国官僚体制的独特性

德国著名社会学家马克斯·韦伯被称为“组织理论之父”，他于 20 世

---

① 毛泽东选集：第 2 卷. 北京：人民出版社，1991：526.

② 李春成. 行政人的德性与实践. 上海：复旦大学出版社，2003：3.

纪初提出的官僚制理论被认为是现代社会实施合法统治的行政组织制度。韦伯提出的官僚制以可预见性、非政治性、去人格化以及法治导向等为基本特征，成为各类组织建构的基础。以此为标准，中国的干部体制并不符合韦伯对理性化科层制的描述。瑞典哥德堡大学政治学系教授博·罗斯坦（Bo Rothstein）在《治理》（*Governance*）上撰文讨论了中国公共治理体制中独特的“干部体制”（cadre organization）。[①] 他认为，中国的干部体制是与韦伯提出的官僚制完全不同的组织制度。在社会治理效果方面，中国的干部体制因其独特的运行逻辑，比韦伯提出的官僚制更有效率，也在总体上为执政党增强了政治合法性。中国特色的干部体制有两个相互关联的构成性要素需要予以特别重视：一是意识形态立场，二是“人民公仆”的预设。前者要求官员在党政一体的背景下贯彻组织原则与意志，后者强调为人民服务、获取民众支持的行政绩效。二者互为条件，保障了政府质量，提升了国家能力。[②]

中国公共部门人力资源管理制度，不能以韦伯提出的官僚制组织理论来解释。罗斯坦对“干部体制”的解读在一定意义上揭示了中国干部体制的特色。南京大学教授魏姝进一步通过对三组文本进行话语分析，比较了“党员干部”和“国家公务员”的身份原型，呈现了与公务员制度交织在一起的干部身份的现实复杂性。（参见表 9-1）

表 9-1　“党员干部”和“国家公务员”的身份原型[③]

身份原型	党员干部	国家公务员
形象定位	先锋战士、事业骨干、人民公仆	依法履行公职、财政负担工资福利的工作人员

① Bo Rothstein. The Chinese Paradox of High Growth and Low Quality of Government: The Cadre Organization Meets Max Weber. Governance, 2015, 28 (4): 533-548.

② 木怀琴. 中国干部体制与韦伯官僚制. 文化纵横，2015 (3).

③ 魏姝. 干部制组织还是科层制组织——一个基于身份理论的“原教旨”分析. 南京社会科学，2018 (1). 第一组分别代表了对党员干部和国家公务员进行基本规范的《中国共产党章程》与《国家公务员法》，第二组分别代表了对党员干部和国家公务员进行教育培训的《干部教育培训工作条例》与《公务员培训规定（试行）》，第三组代表了优秀党员干部和国家公务员形象的“优秀党员干部”与“人民满意公务员”的典型事迹介绍。

续前表

身份原型	党员干部	国家公务员
核心特征	有着坚定的理想信念 坚决认同、支持、执行党的路线、方针和政策 对党忠诚 密切联系群众 无私奉献、敢于担当、清正廉洁	忠于国家 按照法定的权限和程序认真履行职责，忠于职守 服从和执行上级依法做出的决定和命令 全心全意为人民服务，接受人民监督
与委托人的关系	忠诚于党 坚决贯彻、执行党的路线、方针和政策	忠于国家 服从和执行上级依法做出的决定和命令
与群众的关系	服务者、引领者	服务者
与其他组织成员的关系	同志关系	同事关系
责任指向	首要责任——政治责任	首要责任——法律责任和行政责任
行为逻辑	信念、方针、政策引领行为 政党伦理	依法依规 职业伦理

可以看出，党员干部的身份原型与罗斯坦干部体制组织中的干部很相似，但“国家公务员”的身份原型却更接近经典意义上的“官僚”。在现实中，这两种身份的人之间最明显的区别在于：是党员领导干部，还是普通公务员；或者说，党员干部和公务员的区别只在于行政级别的高低，而不在于是否接受党的领导；又或者说，二者之间的差别只与职级相联系，不体现觉悟和党性水平。准确地说，无论党员干部还是公务员，在身份上都属于公务员；无论党员干部还是公务员，都要接受党的领导和管理。无论哪一级的公务员，都不奉行价值中立，他们都是党组织领导和管理下的队伍。2016 年 7 月，中共中央组织部、人力资源社会保障部、国家公务员局联合印发《关于推进公务员职业道德建设工程的意见》，其中明确指出：“公务员职业道德建设要突出政治性、示范性、约束性、可操作性，以‘坚定信念、忠于国家、服务人民、恪尽职守、依法办事、公正廉洁’为主要内容。”突出“政治性”，“坚定信念”，就属于干部体制的典型要求。

与韦伯提出的官僚制相比，中国干部体制的独特性主要体现为选拔任用领导干部的原则。2014 年 1 月，中共中央办公厅印发《党政领导干部选拔任用工作条例》，其中规定："选拔任用党政领导干部，必须坚持下列原则：（一）党管干部原则；（二）五湖四海、任人唯贤原则；（三）德才兼备、以德为先原则；（四）注重实绩、群众公认原则；（五）民主、公开、竞争、择优原则；（六）民主集中制原则；（七）依法办事原则。"其中，"党管干部原则"和"注重实绩、群众公认原则"最能体现中国干部体制的特色。

一、党管干部原则

党管干部原则是指在干部管理中坚持中国共产党的领导的原则，是指中国共产党对干部工作实行统一决策、对各级各类干部实行分级分类管理的原则。党管干部原则是中国共产党在革命战争年代开始实施，在新中国成立后经过不断调整、补充和发展而逐渐形成的，党委领导下的高度统一的干部人事管理制度。1953 年 4 月，中共中央组织部发出《关于政府干部任免手续的通知》，将干部的管理权限集中到党的组织部门，正式明确了党管干部原则。1953 年 11 月，中共中央做出了《中共中央关于加强干部管理工作的决定》，其中提出"逐步建立在中央和各级党委的组织部统一管理下中央及各级党委的各部分管干部的制度"①，进一步明确了党管干部原则。

进入改革开放新时期以后，党的干部体制在改革中不断完善。党管干部实现了由改革开放前的高度集中的干部管理体制到改革开放后"下管一级"干部管理体制的转变。党管干部"主要有以下五个方面的内容：一是执政党把握干部工作的方向，领导制定干部工作路线、方针、政策，统筹每一个时期干部工作的中心任务；二是执政党确定干部工作的管理体制和管理权限，实行分级分类管理；三是中央、地方党组织和部分基层党组织，要按照干部管理权限分工管理干部；四是注重党内法规与国家法律的

---

① 中共中央关于加强干部管理工作的决定（1953 年 11 月 24 日）//中共中央组织部，中共中央党史研究室，中央档案馆．中国共产党组织史资料：第 9 卷 文献选编（下）（1949.10—1966.5）．北京：中共党史出版社，2000：187.

衔接和协调，实现对干部的依法管理；五是坚持在干部工作中依靠人民群众加强对干部的管理和监督”①。

党管干部原则的核心是忠诚于党。忠诚于党是党政干部最大的政治，是党政干部最根本的价值观，是政德中的大德。韦伯提出的官僚制以专家治国、价值中立为原则，关注“如何以现有的资源提供更多更好的服务（效率）”和“如何以花费最少来维持服务的水准（经济）”②，而不关注这些服务能否促进公平，故而受到了新公共行政学派的批判。此外，组织管理中过分强调专业化与职责分明，导致行政人员的“公共责任感”下降，行政人员在行使自由裁量权时出现腐败与权力滥用的现象。比较而言，中国干部体制中始终坚持党管干部原则，党的宗旨和价值始终是行政管理活动的价值指引。而且，不同于强调专家治国、要求官员具备丰富的专业知识的韦伯体制，在中国干部体制中，官员的执行力以及能创造性地执行政策（行使自由裁量权）的能力显得更加重要，唯此，才能更好地完成组织交给的各项任务。在公共管理活动中，官员在解决具体问题时，并不简单强调“依法”，而是在保证忠诚于党和人民的前提下，采取较为灵活的手段，进而实现“依法行政”。这种体制的优势在于：干部体制通过意识形态立场和政策原则的把握解决了自由裁量权的“度”的问题。政策执行的过程千头万绪，政策执行的对象千差万别，需要在执行政策时赋予各级官员自主性。但是，在什么程度上发挥自主性？韦伯提出的专业化官僚体制无法解决这一问题。中国干部体制将意识形态立场引入，通过对党和人民的忠诚度来判断自由裁量权行使的“度”的合理性，比较好地解决了这个问题，其党和人民的指向性成为自由裁量权不被滥用的保障。

二、群众公认原则

注重实绩、群众公认作为一项原则，与党管干部原则一起，构成了中国干部体制的重要特色。这一思想由邓小平在 1989 年 5 月《组成一个实行改革开放的有希望的领导集体》一文中首次提出。他说：“我们现在就

---

① 萧曙. 发展中的中国特色干部选拔任用制度. 光明日报，2017-03-27.

② 乔治·弗雷德里克森. 公共行政的精神. 张成福，刘霞，张璋，等译. 北京：中国人民大学出版社，2003：译者前言.

是要选人民公认是坚持改革开放路线并有政绩的人，大胆地将他们放进新的领导机构里”①。1992年，邓小平在南方谈话中重申了这段话。1995年2月，中共中央印发《党政领导干部选拔任用工作暂行条例》，其中将“群众公认、注重实绩原则”明确地规定下来。

注重实绩、群众公认原则与党管干部原则一同构成中国干部体制区别于韦伯提出的官僚制的特色。群众公认原则与党管干部原则在本质上具有一致性。首先，群众公认原则与党管干部原则具有内在的一致性，这种一致性源于二者在根本利益上的一致性。《中国共产党章程》规定：中国共产党“代表中国最广大人民的根本利益”，中国共产党没有自身的特殊利益。内在利益的一致性，决定了党和人民群众价值目标的共同性，党组织、领导选人用人，是为了把为人民谋利益的干部选出来，把具有为人民服务本领、能够更好地实现人民群众利益的干部选出来。让人民群众发扬民主，参与到选干部的机制中，就可以让党组织通过人民群众的选票，更清楚、更准确地把握干部，把人民群众满意的干部选出来。因此，党组织放心和群众满意在本质上是一致的。其次，加强党对干部工作的领导，有助于选出群众公认的干部。所谓群众公认，就是一个干部能得到大多数人的拥护和支持；所谓党管干部，就是通过党的领导，依据一定的程序和方式，通过有序的、科学的、合理的途径将群众公认的干部选出来。从这一意义上讲，党管干部原则是实现群众公认原则的保障。最后，群众公认原则与党管干部原则的一致性，通过良好互动的党群关系体现出来。让群众参与选拔、任用干部的工作，能起到凝聚民心、民力的作用，拉近党与人民群众的距离。把党的领导与群众公认结合起来，既可以减少干部考核评价中的失误，也可以让群众在参与中感受到党和政府的信赖，培育起参与国家治理的主人翁精神，支持“公认”的干部的工作，有利于形成干群一心、社会共治的局面。

领导干部的考核和评价的科学性，取决于考核评价主体的多元性。兼听则明、则灵，多元的评价主体才能避免偏见。在多元主体中，最主要的就是“群众”。人民群众是一面镜子、一把尺子、一杆秤，领导干部的形

① 邓小平文选：第3卷. 北京：人民出版社，1993：300.

象只有通过群众这面镜子才能反映准，领导干部的长短只有依靠群众这把尺子才能量得准，领导干部的轻重只有通过群众这杆秤才能称得准。从德的方面讲，领导干部的德既有确定性又有模糊性。说其具有确定性，是指德具有明确的内容规定性。2015 年 7 月，中共中央办公厅印发《推进领导干部能上能下若干规定（试行）》，其中第八条明确指出：干部“品行不端，违背社会公德、职业道德、家庭伦理道德，造成不良影响的”“必须及时予以调整”。说其具有模糊性，是说德是很难评定、很难衡量的。只有充分依靠人民群众，才能使领导干部的形象更真实、更完整地反映出来。

第二节　政德标准：德才关系辩证

我国传统社会就特别注重德才兼备这一品质的培养，强调“德”对于人才的重要性。西周的统治者在推翻商朝的暴虐统治之后，深知天命无常，天不会始终庇佑王朝，因而提出了“皇天无亲，惟德是辅”观点。此后，“德才兼备”成为历朝历代、各类组织选人用人的标准。问题在于，人事管理中的德与才常常存在着冲突，给选人用人带来困难。如何认识和在多大程度上实现德才兼备，决定着选人用人机制的效率，进而决定着一个组织事业的成功与失败。换言之，在德与才的关系问题上，关键不在于是不是、要不要坚持德才兼备标准，而在于如何在现实中运用这个标准进行评判和操作。

一、德才关系的时代辩证

“德才兼备”是一种理想状态。在现实中，应该根据不同的环境、不同的岗位，对德与才有所侧重。

第一，“德”与“才”在不同的时代要求各不相同，其内涵随着统治者面临之任务的不同而不断演变。例如，忠德就经历了忠君到忠国、忠事、忠民等不同的内涵的演变。中国共产党在不同的历史时期，对干部德才的标准和要求各不相同。在抗日战争时期，毛泽东在为中国人民抗日军事政治大学制定教育方针时，就把“坚持正确的政治方向”作为方针的第一条。1957年，在党的八届三中全会上，毛泽东再一次强调了这一观点。他说：“政治和业务是对立统一的，政治是主要的，是第一位的，一定要反对不问政治的倾向；但是，专搞政治，不懂技术，不懂业务，也不行。”① 他提出，我们的同志要“使自己成为内行，又红又专”②。1980年1月，邓小平在中共中央召集的干部会议上的讲话中论述了红与专的关系。他说：“专并不等于红，但是红一定要专。不管你搞哪一行，你不专，你不懂，你去瞎指挥，损害了人民的利益，耽误了生产建设的发展，就谈不上是红。”③ 1980年12月，邓小平在中央工作会议上发表讲话指出：“要在坚持社会主义道路的前提下，使我们的干部队伍年轻化、知识化、专业化，并且要逐步制定完善的干部制度来加以保证。提出年轻化、知识化、专业化这三个条件，当然首先是要革命化，所以说要以坚持社会主义道路为前提。”④ 这标志着党政人才革命化、年轻化、知识化、专业化之“四化”标准的正式提出。改革开放以来，对干部的选拔、考核逐渐制度化、科学化和民主化。2006年7月，中共中央组织部印发《体现科学发展观要求的地方党政领导班子和领导干部综合考核评价试行办法》，对领导班子和领导干部履行职责情况及领导干部德才表现的考核设置了政治方向、思想作风、理论学习、执行民主集中制、贯彻落实科学发展观、驾驭全局、维护社会稳定、务实创新、选人用人、经济建设、政治建设、文化建设、社会建设、党的建设、廉洁从政、廉政制度建设等十多个观测点，体现了德、能、勤、绩、廉的统一。进入新时代，德才兼备、以德为先的选人用人标准更加明确。习近平总书记在十九大报告中指出：“要坚持德才兼备、以德为先，坚持五湖四海、任人唯贤，坚持事业为上、公道正派，把好干部标准落到实处。”

第二，乱世重才，治世兼具。德才关系随着时代的不同而不同。唐代魏徵在与唐太宗谈到用人问题时说：“今欲求人，必须审访其行。若知其

① 毛泽东文集：第7卷.北京：人民出版社，1999：309.

② 同①.

③ 邓小平文选：第2卷.北京：人民出版社，1994：262.

④ 同③361.

善，然后用之。设令此人不能济事，只是才力不及，不为大害。误用恶人，假令强干，为害极多。但乱世惟求其才，不顾其行。太平之时，必须才行俱兼，始可任用。”（吴兢《贞观政要·择官》）意思是说：乱世之时，只求有才能，而不管品行。太平之时，必须才能、品行都好，方可任用。魏徵的这段话有两层含义：(1) 在“才行关系”中，“行”是第一位的。如果为了一时的政绩，或者被小人的言语和物质贿赂所收买、被“假忠诚”所蒙蔽，重用了品行不良的“才”人，迟早会遭受用人失误之苦，给组织和事业带来损失。(2)“才行关系”随世情而演变。社会处于激烈变革之时，“才”对于获得一场战争的胜利、一项特殊任务的完成、一件紧急事务的成功处置等有至关重要的作用，但是在治世之时即在和平年代，“才”的作用就显得并不是那么突出，或“才”不成为胜负的决定因素，相比而言，“行”对于社会稳定、组织文化的优良都具有重要的示范作用，任用“才行兼具”之人更重要。

在革命年代，党在用人上坚持“唯才是举”原则，团结一切可以团结的力量。革命胜利后，党将“德才兼备、以德为先”确定为一贯坚持的用人理念。改革开放以来，在发展经济的过程中，“以 GDP 论英雄”的人才观对推动经济的发展起了重要作用。但与此相伴的腐败败坏了社会风气，损害了党和政府的公信力。这些腐败能人出问题都不是出在才上，而是出在德上。新时代选人用人，更加重视德行，正是对“重才轻行”用人观的校正。

第三，“大德不逾闲，小德出入可也。”无论在何种情况下，“大德”都是第一位的，“小德”则在一定条件下可以忽略。大敌当前，危机在即，能杀敌而化危为安者当成首选。谈到重才轻德，人们常以刘邦重用陈平为例。在楚汉相争的紧要关头，刘邦急需具备能夺取天下之人。陈平为有才之人，但他盗嫂。然而，刘邦不顾其道德污点，重用陈平，后来，陈平确实为刘邦打天下立下了汗马功劳。当然，需要说明的是，这里的道指的是私德。如果说在紧要关头可以不必苛求私德，那么大德则是在任何情况下都必须严守的。失去了忠诚之大德，再大的才能也没有价值，甚至可能成为负面价值。在现代社会，官员的大德和公德丝毫不能让度，违背了不仅职位不保，而且要受到法律制裁。

二、德才关系的岗位辩证

不同的岗位要求不同的素质。人无完人，无论“德”还是“才”，人们都是各有所长，各有所用。“德才兼备”是一个理想标准，在“德”与“才”的所有方面都完美无缺的人是不存在的，如果以此为标准，则无可用之人。事实上，“德”与“才”都包含了素质要求的多个方面，“德才兼备”是指“德”与“才”中的核心素质最大限度地符合岗位要求。

从岗位性质看，领导岗位与非领导岗位、关键岗位与非关键岗位、重要岗位与非重要岗位，在选人用人方面对“德”与“才”的侧重点有所不同。一些人在德方面有瑕疵，并不是说就不可以用，只是不能将之放到重要岗位上，不能将之放到领导岗位上。(1) 领导者的价值观必须与组织的价值观一致，居领导岗位的人一定要合乎组织之大德的要求，否则，就会把队伍带上邪路，对组织产生破坏作用，甚至颠覆组织。(2) 领导者拥有权力，涉及财务、用人、决策等重要事项，不忠诚、不公正、不廉洁的人就可能将权力私用，以权谋私，损害公共利益，给组织和组织成员带来危害。因此，对于品德上有污点的人，只能根据其能力的特点，在严格管理和监督的条件下，让其发挥专长，但领导岗位、关键岗位、重要岗位必须选择德才兼备的人。

从岗位需求看，从事党务工作的领导，因掌握着制定与宣传党的路线、方针、政策的权力，又在一切政治生活中居于领导地位，所以党务领导应更重“德”，应把忠于党的事业作为最重要的标准来要求，而从事行政领导的人因最主要的职能是进行业务管理，相对而言“才”的要求应当居于重要地位。而且，对于不同岗位的人员，“德”要求的侧重点也有所不同，例如：对于组织人事部门的人员，公平公正的德性更重要；对于财政税务等岗位的人员，清正廉洁、诚实守信等德性更重要；对于业务部门的人员，敬业奉献等德性更重要。

从岗位层级看，对不同级别的领导干部，“德”与“才”的要求有所区别。对于基层公务员，“德”的主要要求是敬业奉献、有责任心等；对于中层领导，“德”的主要要求是组织认同、敢于担当等；对于高层领导，“德”的要求则比较全面，除了突出政治品质外，同样注重清正廉洁、公道正派等道德。越是高层级的干部，对其德的要求越高；对于地方党政干部、基层干部，则重在政策执行能力及协调上下左右各种关系的能力。当然，在任何情况下，重德与重才都只具有相对意义，需要根据实际情况做出判断与选择。

三、德才互相支撑辩证

“德”与“才”之间是既相互区别又相互联系的关系。“智”无论在东方还是在西方，都是重要的德性之一。当然，智与才不能完全等同。智在层次上高于才。智是建立在才之基础上的智慧，有时也指知识；才更接近于知识层面的智。荀子说：“知而不仁，不可；仁而不知，不可；既知且仁，是人主之宝也，而王霸之佐也。”（《荀子·君道篇》）在选人用人标准上，荀子提出“既知且仁”。仁，即仁爱，指品质德行；知，即智，聪明才智。荀子认为，“仁”与“知”（智）是为人需要具备的两种重要品质。一个人有才能、有智慧固然可贵，但若没有仁德相配，就不可重用。中国古代的很多思想家和政治家都以不同的方式表达过这一观点，其核心是“德才兼备、以德为先”。荀子这段话的意义不仅在于以“既知且仁”表达了“德才兼备”的人才标准，而且在于提出了“知而不仁，不可；仁而不知，不可”的思想。“知而不仁，不可”，这是公认的。但是“仁而不知”是否就可以呢？小人固然不可用，但愚人也不能用。只有仁爱之心，“爱而不别”，对所有的事物都抱有仁爱之心，分不清是非好坏，不能机智地辨别善恶，不能清醒地分清敌我，盲目施行仁德，轻者是愚，重者为害。仁使人有爱心，智使人不迷惑。仁者怀抱仁爱感化他人，智者利用自己的智慧辨析是非、善恶、利害。进一步说，仁是从正面积极地爱护他人，维护他人的利益，特别是对弱者施行帮扶；智则教人辨别善恶，爱憎分明，从反面消除一切祸害人的事物。只有仁，没有智，就难以使仁德真正实施。这意味着“知”（智）和“仁”都是不可缺少的。只有“既知（智）且仁”，仁智统一，才是完美的人格。关于仁智统一的思想，董仲舒还以“操利兵”“乘良马”的生动比喻做了鞭辟入里的分析。没有仁，只有智，就犹如“狂而操利兵”，干出坏事来；同样，没有智，只有仁，就如“迷而乘良马”，达不到目的。

“德”对“才”起着统率和保证的作用，它既决定着“才”的方向，也是“才”的原动力。“德”不备，就没有正确的方向以施其“才”。另外，“德”不能离开“才”而单独存在。一个人如果不具备所需要的知识和才能，辨不清善恶，办不好事情，也就无所谓“德”。“才”不具，就无以显其“德”。为此，成就事业，不仅要选“既知（智）且仁”的人，而且要育人。

四、品德考核评价辩证

对“才”的考核，目前已经有了一套较为科学的、得到较为普遍认可的方法，尽管一些量化标准也受到质疑，但总的来说在一定程度上能比较客观地测验被考核对象的水准。但对“德”的考核，至今还没有形成科学的、得到普遍认可的方法。

政德难评价，但并非不可评价。避免评价的主观性与偏颇性，应把组织评价与社会评价、历史评价与现实评价、主观评价与客观评价、定性与定量等相结合，进行多维度的评价。政德有大德、公德和私德，要把政德的各个层面与个人特征、岗位需要结合起来，才能选好人用好人、选准人用准人，既不贻误组织，也不贻误个人。

第一，组织评价与社会评价。组织评价着眼于对组织的忠诚度，对决策、政策、任务、目标的执行力等进行评价；从政德角度讲，侧重于大德和公德，兼及私德。近年来不断完善的领导干部个人事项报告制度加大了对个人私德的监督管理力度，正发挥着越来越重要的作用。社会评价则着眼于从社会期待的角度，对领导干部的政德进行评价，侧重于个体职业道德中的公德和个人生活中的私德。随着公众参与机制的不断完善，社会评价逐渐从对个人日常生活私德向公德和大德拓展。公开、公示、公议等考评制度的建立，就是对政德的一种社会评价。新媒体的发展为社会监督领导干部的政德发挥着越来越重要的作用，对组织评价起到很好的校正和补充作用。

第二，历史评价与现实评价。政德是历史性与现实性的统一。一方面，政德考核既要考核干部的“现在时”，又要考核干部的“过去时”；既要考核干部的当下表现，又要考察干部的成长轨迹。另一方面，政德考核既要看现实中干部的政德，还要看政德能否经得起历史的考验。经得起历史考验的政德一定是代表最广大人民群众的根本利益，让人民群众得到更多实惠的品格。对领导干部来讲，政德不能停留在品格层面，必然要付诸行动，表现为让人民群众满意的政策；在一定意义上，政绩就是政德的外显。

第三，主观评价与客观评价。政德是主观与客观的统一，是动机与效果的统一。政德评价应当坚持主观评价与客观评价相结合。主观评价既包括个人自我的主观评价，也包括组织或社会的主观评价，是自我或他人对从政者德性评价的主观方面，依据是主观感受、动机推测等。客观评价是对政德的社会实践和客观表现的评价。只讲动机不问效果，就会成为流于形式的空洞说教；只问效果不问动机，又会出现一些为政绩而劳民伤财的面子工程。为避免这些情况的发生，就要坚持主观评价与客观评价相结合。考核干部，主要看干部能否言行一致地忠诚担当，能否全心全意为人民服务，是否具有全心全意为人民服务的能力和效果。

第四，政德评价测评问题。知识水平可测，品德高低难评。考试的方式不能解决品德测评问题。通过写与讲，只能考核道德知识，没法测量道德水准。知、行、德之间，既有联系又有区别。中国古代就提出了知行合一的问题。西方则有知识与美德之关系的讨论，有动机论与效果论之辩。这是由“德”的特性和复杂性所决定的。再没有比了解、考察、检验人的品德更难的事了。现在通用的品德测评多借用心理学的量表进行测试，对了解人的品德状况有一定的价值。作为批判公共选择理论而出现的公开选拔有一定的参考意义，但广泛将之用于选人用人中则需要谨慎。因为心理测评很难把认知与行为区别开来，也不好对品德的倾向“度”进行准确测量。

第三节　组织保障：政德实现机制

政德作为道德规范，通常通过自我修养和教育培养的途径获得、维持。政德修养是一个从政者接受教育、主动学习和锻炼改造的过程。不同的组织制度中会有不同的人。假设这一基础不仅是因为不同的组织特质会吸引具有不同人格和态度的人，而且是因为组织的招募机制会将符合组织特质的人纳入组织，组织的制度规则、培训与教化等对组织成员的人格、态度、动机、行为和身份认同等有很强的形塑作用。① 在中国干部体制中，政德始终是一个重要支点。区别于韦伯提出的官僚制，中国干部体制以特有的方式形成了包括宏观、中观和微观层面的内外结合的实现机制。

一、党性教育：政德的内化机制

在马克思主义政党学说中，列宁对党性做过深刻的论述。他说："严格的党性是阶级斗争高度发展的伴随现象和产物。反过来说，为了进行公开而广泛的阶级斗争，必须发展严格的党性。"② 因此，觉悟的无产阶级的政党应该"坚持不懈地为建立一个原则坚定的、紧密团结的社会主义工人政党而努力"③。列宁还说："唯物主义本身包含有所谓党性，要求在对事变作任何评价时都必须直率而公开地站到一定社会集团的立场上"④。"党性是高度发展的阶级对立的结果和政治表现。"⑤ 显然，列宁所说的党性主要指政党的阶级性，具有鲜明的阶级立场。

《中国共产党章程》对中国共产党的性质做了权威表述："中国共产党是中国工人阶级的先锋队，同时是中国人民和中华民族的先锋队，是中国特色社会主义事业的领导核心，代表中国先进生产力的发展要求，代表中国先进文化的前进方向，代表中国最广大人民的根本利益。党的最高理想和最终目标是实现共产主义。"⑥ 中国共产党是中国工人阶级的先锋队，是中国各族人民利益的忠实代表，它所固有的明显区别于其他政党的特性构成了中国共产党的党性。刘少奇曾指出："共产党员的党性，就是无产者阶级性最高而集中的表现，就是无产者本质的最高表现，就是无产阶级

① 魏姝. 干部制组织还是科层制组织——一个基于身份理论的"原教旨"分析. 南京社会科学，2018 (1).

② 列宁选集：第1卷. 北京：人民出版社，2012：672.

③ 同②.

④ 列宁全集：第1卷. 北京：人民出版社，1984：363.

⑤ 列宁全集：第13卷. 北京：人民出版社，1987：273.

⑥ 中国共产党章程. 北京：人民出版社，2017：1.

利益最高而集中的表现。”[①] 政党的内在本质规定性是组织的党性，组织的党性在党员个体思想和行为上的体现就是党员个体的党性。党性对每个入党的同志有基本要求，集中体现在入党誓词中：“我志愿加入中国共产党，拥护党的纲领，遵守党的章程，履行党员义务，执行党的决定，严守党的纪律，保守党的秘密，对党忠诚，积极工作，为共产主义奋斗终身，随时准备为党和人民牺牲一切，永不叛党。”[②] 党性不是与生俱来的，必须经过教育、学习、锻炼和改造的党性修养过程。党性修养和党性教育的目的就是，把政党的价值追求和奋斗目标转化为党员个体的价值追求和奋斗目标。把政党的价值追求当作自己的价值追求，把政党的奋斗目标当作自己的努力方向，这就是党员的理想信念。在这一意义上，党员个人的党性修养与政德修养有着内在的一致性。党性是党员干部政德的内在规定，党员干部政德是党性的集中体现。增强党性的过程就是内化政德的过程。

第一，通过党性教育，解决党员干部的“忠诚”问题，让领导干部“明大德”。对党忠诚是党性最集中的体现，同时也是政德的核心要求。中国共产党党性教育始发于对党员干部的“忠诚”教育。在中国共产党党史上，“党性”一词的广泛使用始于1941年皖南事变。中共中央认为，发生皖南事变的一个重要原因就是，新四军主要负责人项英“其所领导的党政军内部情况，很少向中央作报告，完全自成风气。对于中央的不尊重，三年中已发展至极不经（正）常的程度”[③]。因此，要“加重了全党特别是军队中干部与党员的党性教育与党性学习，决不可轻视这个绝大的问题”[④]。这是中共中央第一次向全党提出加强党性教育的问题。

对党忠诚建立在对党的历史、性质、宗旨、纲领和路线的坚定信念基础之上，既体现了党员对党的信念、追求的理性认识，又反映了党员在理性认识基础上形成的对党组织的归属感。有了这种归属感，就建立起了坚定的信念体系，就为政德的形成奠定了坚实的基础。中国共产党历届主要

① 刘少奇论党的建设. 北京：中央文献出版社，1991：225.

② 中国共产党章程. 北京：人民出版社，2017：28－29.

③ 中央档案馆. 中共中央文件选集：第13册（一九四一——一九四二）. 北京：中共中央党校出版社，1991：31.

④ 同③33－34.

领导人都从不同角度论述过党性问题，每次党的代表大会之后，都会针对现实问题开展不同主题的党性教育。从延安整风，到“三反五反”，到“三讲”、到“三严三实”专题教育，再到推进“两学一做”，这些党性教育都是政德内化于心的重要机制。

第二，通过党性教育，让领导干部转变作风，永葆共产党的纯洁性、人民性和群众性，通过培养党员干部对人民群众的感情，让领导干部“守公德”。所谓的作风，就是在一定的价值取向支配下产生的行为习惯。作风既是党性的体现，也是政德的体现。党性是党的价值追求在党员个体和行为上的体现，政德正是以行为习惯和作风的形式存在的。政德存于心，就是党性；政德形于外，就是作风。中国共产党在政德实现方面，通过党性教育，狠抓作风建设，使政德不止于认识，更内化为感情，外化为行为。对执政党而言，长期执政难免会滋生形式主义和官僚主义，中国共产党通过党性教育转变作风，要求领导干部在行使公共权力时不忘初心，牢记为人民服务的宗旨，密切联系群众。

在革命战争年代，中国共产党通过“三大纪律八项注意”的纪律建设，狠抓作风建设。以后在不同的历史时期，中国共产党都特别注重与群众的联系，把密切联系群众、走群众路线，拉近与群众的距离，反对形式主义、官僚主义作为重要的任务，通过多种形式的党性教育，把政德建设落在实处。

第三，通过党性教育，要求党员干部纯化感情，保持高尚的道德情操和健康的生活情趣，培养党员干部高尚的道德品格，做到“严私德”。中国共产党的党性教育不同于西方的官僚制体系只关注职业伦理，对个人私德则很少过问。中国共产党的党性教育不把私德看作个人的私事。党组织不仅关注党员干部的工作情况，而且重视通过党性教育发现党员干部身上的苗头性问题，对反映党员干部思想、生活作风等方面的“小节”，会通过批评与自我批评、思想政治教育等方式进行批评教育，重者给予纪律处分。

在抗日战争时期，毛泽东指出，虽然“一个人能力有大小，但只要有这点精神，就是一个高尚的人，一个纯粹的人，一个有道德的人，一个脱离了低级趣味的人，一个有益于人民的人”①。与中国传统的“修身、齐家、治国、平天下”的思路一脉相承，中国共产党一向重视个人的私德，不将之看作个人的私事。一个人和什么人交朋友，能不能管好自己的家人，都可以折射出这个人的生活情趣和情操。一个人的堕落往往是从个人的生活情趣和作风的堕落开始的。习近平总书记曾经指出：“一名领导干部的蜕化变质往往就是从生活作风不检点、生活情趣不健康开始的，往往都是从吃喝玩乐这些看似小事的地方起步的。如果领导干部生活作风上不检点、不正派，在道德情操上打开了缺口，出现了滑坡，那就很难做到清正廉洁，很难对社会风气起到正面引导和促进作用。”②

需要特别指出的是，不能把共产党员讲党性等同于扼杀个性。对此，毛泽东做过精辟论述，他说：“讲到个性与党性，党性就是普遍性，个性就是特殊性。”③“不能设想我们党有党性，而每个党员没有个性，都是木头，一百二十万党员就是一百二十万块木头。……不要使我们的党员成了纸糊泥塑的人，什么都是一样的，那就不好了。其实人有各种各样的，只要他服从党纲、党章、党的决议，在这个大原则下，大家发挥能力就行了。讲清楚这一点，对于党的进步，对于全体党员积极性的发挥是会有好处的。”④ 由此可见，党员的党性与党员的个性并不矛盾。同样，领导干部讲政德，也不是抹杀领导干部的创造力；相反，每个人都应当在明大德的前提下，创造性地守公德，让自我的德性得到充分展现。

二、政绩考核：政德的引导机制

政绩，古代指官吏在执政时办事的成绩。《后汉书·虞延传》中有云：“八年，代范迁为司徒。历位二府，十余年无异政绩。”⑤ 政绩，今指政府官员的工作成绩，是衡量干部工作状况、提拔使用干部的重要依据。与政绩相关的概念是政府绩效管理。在中国干部体制中，干部的考核被称为鉴

---

① 毛泽东选集：第2卷. 人民出版社，1991：660.
② 习近平. 生活情趣非小事//之江新语. 杭州：浙江人民出版社，2007：261.
③ 毛泽东文集：第3卷. 北京：人民出版社，1996：340.
④ 同③416.
⑤ 范晔. 后汉书. 北京：中华书局，1999：774.

定，通常是组织中的上级根据下级的工作表现给出一个评语，鉴定的内容大多是政治品德方面的，谈到工作，也是倾向于对“工作态度积极与否”的鉴定。改革开放以来，逐渐引入了“责任制”这种结果考核概念，经历了从早期的“岗位责任制”“目标管理责任制”“考核”“签责任状”到后来的“绩效评估”“绩效管理”“绩效奖励”。在这个过程中，与中国政府的目标管理一致，干部的考核呈现出两个明显的趋势：一是越来越依赖基于结果的“激励契约机制”，将考核结果与利益激励挂钩；二是量化程度不断提高、激励强度不断加大的整体趋势。学术界提出的“压力型体制”“晋升锦标赛”“政治淘汰赛”等概念都包含了这种以绩效结果为基础进行奖惩的组织运作机制。

激励契约代表的是科学管理原理，注重的是明晰的岗位职责和奖惩规则，强调按照完成岗位职责、绩效合同的情况对公务员进行奖惩，突出的是明确的规则以及功绩制原则，具有典型的科层制组织特征。鉴于此，一些学者认为，改革开放以来，“中国干部体制的改革经历了一个从革命性集团到现代官僚制的转型”①，当代中国政府已经“建立在现代官僚制组织架构的基础之上”②。另一些学者认为，改革开放以来中国一方面表现出明显的官僚化、科层化趋势，另一方面又表现出与典型的韦伯式科层制截然不同的中国式特征，如以卡里斯玛权威为基础、规则的尴尬③，“是融价值理性和工具理性为一体的复合官僚制”④。要理解中国干部体制的特殊性，理解政德考核在政绩考核中的地位和作用是一个重要维度。

第一，政德考核贯穿于中国干部政绩考核过程的始终。透过中国政府的政绩考核体系，就可以看到，政绩考核在不同历史时期的侧重点各不相同。但政德始终是一个重要指标。从改革开放到党的十八大召开之前，与国家以经济建设为中心的目标一致，在干部考核中，GDP 考核一直是最重要的指标。似乎政德相对于经济指标而言弱化了，或者说，这一时期领

---

① 竺乾威. 现代官僚制的重构：中国干部制度改革的回顾与展望. 江苏行政学院学报，2011 (6).

② 陈剩勇. 官僚制、政府自利性与权力制衡. 学术界，2014 (4).

③ 周雪光. 国家治理逻辑与中国官僚体制——一个韦伯理论视角. 开放时代，2013 (3).

④ 张璋. 复合官僚制：中国政府治理的微观基础. 公共管理与政策评论，2015 (4).

导干部的“才”更受重视，“能人政治”成为这一时期的导向。纵然如此，干部考核指标中也有对经济社会持续发展、安全稳定等重要事项的考核，其中“一票否决”项就是考核特定时期党员干部“政治素质”（政德）的重要指标。例如，计划生育问题、信访问题、环境保护问题等，这些问题都关乎党的长期执政、关乎社会的可持续发展，对这些方面的考核对校正干部在实施治理时仅仅关注效率、不关注政德的现象起着重要作用。这些考核指标要求干部在行政活动中，必须把对组织政策的认同、对党和人民的忠诚放在首位，对于一些难以实现的政策目标必须根据具体情境找到最恰当的方法并实践之。十八大之后，为校正改革开放30多年的“能人政治”，总结“干部出问题不是出在才上，而是出在德上”的教训，中国共产党加大了对党员干部的政德以及党的建设的考核权重，把干部是否忠诚于党作为最重要的选人用人标准。

第二，出台专门的政德考核和政德建设的规定。为了校正重政绩、轻政德的干部考核政策，2011年10月，中共中央组织部印发《关于加强对干部德的考核意见》，指出对干部德的考核要体现国家公职人员的职业特点和所肩负的责任，坚持政治性、先进性、示范性要求，以对党忠诚、服务人民、廉洁自律为重点，加强对政治品质和道德品行的考核。2011年10月，国家公务员局下发了《公务员职业道德培训大纲》，对公务员职业道德培训工作进行了全面部署。2016年7月，中共中央组织部、人力资源社会保障部、国家公务员局联合印发《关于推进公务员职业道德建设工程的意见》，其中提出公务员职业道德的主要内容是“坚定信念、忠于国家、服务人民、恪尽职守、依法办事、公正廉洁”。相较2011年《公务员职业道德培训大纲》而言，增加了“坚定信念”和“依法办事”，突出强调了坚定对马克思主义的信仰、坚定对社会主义和共产主义的信念、严守政治纪律和政治规矩、做到对党和人民绝对忠诚、牢固树立社会主义法治理念、模范遵守宪法和法律等要求。党的十九大报告再次强调了好干部标准是“德才兼备、以德为先”，突出了“德”在干部考核中的重要地位。

第三，通过改进绩效考核指标，引导政绩观的改变，从而促进政德的实现。

党的十八届三中全会通过的《中共中央关于全面深化改革若干重大问

题的决定》明确提出，完善发展成果考核评价体系，纠正单纯以经济增长速度评定政绩的偏向，加大资源消耗、环境损害、生态效益、产能过剩、科技创新、安全生产、新增债务等指标的权重，更加重视劳动就业、居民收入、社会保障、人民健康状况。绩效考核指标如同指挥棒，会对干部的观念和行为产生直接的指引作用。习近平总书记强调："各级各部门党委（党组）必须树立正确政绩观，坚持从巩固党的执政地位的大局看问题，把抓好党建作为最大的政绩。对各级各部门党组织负责人特别是党委（党组）书记的考核，首先要看抓党建的实效，考核其他党员领导干部工作也要加大这方面的权重。"①

三、人事档案制度：政德的信用机制

干部人事档案是在人事管理活动中形成的记述与反映干部个人经历和德才表现的历史材料，是干部个人经历、学历、社会关系、思想品德、业务能力、工作状况等方面的原始记录，为选人用人和使用干部提供信息资料。作为公共治理工具中的一种，人事档案制度在中国共产党的干部管理活动中一直发挥着举足轻重的作用。延安时期的审干活动便催生了人事档案，并使之初步制度化。② 此后，人事档案制度作为干部制度的一项重要内容，在干部选拔、任用中发挥着重要作用，从政德建设的角度而言，人事档案制度就是中国共产党政德建设的信用机制。

对干部进行经常性审查是中国共产党的一项重要政策。与各个时期的形势和任务相联系，审查干部的目的各不相同。延安时期，审干的主要目的是锄奸；中华人民共和国成立后，审查干部的目的主要是提升干部素质，并且干部审查从突击式运动转为常态化工作，成为一项干部管理和监督的重要制度。如北京市 1953 年 9 月颁布《录用机关工作人员暂行办法》，将申请工作者填写履历表和撰写个人自传作为必备程序。③ 1954 年 8 月，中共中央组织部发布《关于干部任免审批工作中若干具体问题的通

---

① 习近平. 在党的群众路线教育实践活动总结大会上的讲话. 人民日报，2014-10-09.

② 顾亚欣. 延安审干与人事档案制度的形成. 档案学通讯，2017（1）.

③ 北京市人民政府录用机关工作人员暂行办法（1953 年 9 月 22 日）//张焕光，苏尚智，苏文昭，等. 中华人民共和国行政法资料选编. 北京：群众出版社，1984：606.

知》，要求对于报请中央任免的干部，必须呈交任免呈报表、干部简历、最近一次鉴定等材料。在审干伊始，即规定“今后每隔一年左右的时间内，各地均须对其所属干部进行一次鉴定”①。

“一个人一旦在档案编制体系中拥有某种身份，他基本上就终身保持这种身份”，即使离退休了也不会改变。这种强化成为人事档案制度之内在特性的体现。甚至在几十年后，对“人事档案”这一概念的经典性解释也往往不但指出其“专门记录一个人的经历、品德、才能等情况”，而且强调其还是“具有使用、参考可存价值的信息载体”。这一点是人事档案作用延伸的最主要体现，同时也强化了社会成员的各自属性，并反映出行政体系所具有的强大组织力。

第一，干部人事档案是干部成长经历的“记录仪”，长期以来发挥着党员干部的信用机制的作用。干部人事档案记载着干部的基本信息、成长经历、德才表现等各个方面的内容，是历史地、全面地考察与了解干部的重要依据。因为干部的人事档案跟随干部一生，实际上发挥着收集领导干部的行为信息的作用。

第二，干部人事档案是干部政德的“监督哨”。将干部个人成长经历记录材料归入个人档案，作为考核、任免、奖惩干部以及评判干部个人德行的重要依据。档案实际上发挥着对干部行为的监督作用。2018 年 11 月，中共中央办公厅印发《干部人事档案工作条例》，新增档案审核内容，要求干部人事档案“凡提必审”“凡进必审”“凡转必审”，新设专章明确档案工作纪律和监督要求，进一步规范档案工作，用严格制度和严明纪律规范档案“建、管、用”的各个环节，促进了干部人事档案审核管理工作的制度化、规范化。

第三，信息化时代，干部人事档案管理的数字化、信息化使档案工作在政德建设中的作用越来越重要。信息化时代，档案就是干部的诚信信息库。与全国公务员信息管理系统相融合，可以动态掌握领导干部的信用情况，并形成领导干部个人的信用资料。适时将领导干部的信用信息向社会

① 中共中央组织部关于干部鉴定工作的规定（1949 年 11 月 4 日）//中共中央组织部，中共中央党史研究室，中央档案馆. 中国共产党组织史资料：第 9 卷 文献选编（下）（1949.10—1966.5）. 北京：中共党史出版社，2000：3.

大众公开，使领导干部自觉接受群众监督。以档案公信力增强干部公信力，以干部诚信推动社会诚信体系建设，档案体系将成为政德建设的重要信用体系。

四、政治规矩：政德的惩罚机制

在现代社会，越来越多的国家把公务员道德规范纳入社会的法律规则体系。通过法律的强制力来维护从政道德的纯洁性，已经成为现代国家共同的发展趋势。如美国于 1978 年出台《美国政府道德法案》，日本、韩国、加拿大等国家对公务员兼职、受礼、捐赠、股票、保密等行为均有法律方面的强制规定。

与国际社会相比，中国至今还没有一部专门的行政伦理法，但中国有一套完整的党内法规体系，发挥着政德的惩罚机制作用。改革开放 40 年来，针对党员领导干部廉洁自律、纠正部门和行业不正之风以及反腐败工作中出现的新情况、新问题，有关部门出台了一批反腐倡廉实践急需的法规和规范性文件，关涉政德建设的党内法规主要有：

1.《中国共产党廉洁自律准则》：政德建设法规化的重要成果

中共中央纪律检查委员会于 1997 年制定了《中国共产党党员领导干部廉洁从政若干准则（试行）》。2010 年 1 月 18 日，《中国共产党党员领导干部廉洁从政若干准则》正式发布实施，《中国共产党党员领导干部廉洁从政若干准则（试行）》在试行 12 年后“转正”。在此基础上，2015 年 10 月，中共中央印发《中国共产党廉洁自律准则》，要求“中国共产党全体党员和各级党员领导干部必须坚定共产主义理想和中国特色社会主义信念，必须坚持全心全意为人民服务根本宗旨，必须继承发扬党的优良传统和作风，必须自觉培养高尚道德情操，努力弘扬中华民族传统美德，廉洁自律，接受监督，永葆党的先进性和纯洁性”。对政德做出了比较完整的规范，明确提出了 4 条“党员廉洁自律规范”：“坚持公私分明，先公后私，克己奉公”“坚持崇廉拒腐，清白做人，干净做事”“坚持尚俭戒奢，艰苦朴素，勤俭节约”“坚持吃苦在前，享受在后，甘于奉献”，4 条“党员领导干部廉洁自律规范”：“廉洁从政，自觉保持人民公仆本色”“廉洁用权，自觉维护人民根本利益”“廉洁修身，自觉提升思想道德境界”

“廉洁齐家，自觉带头树立良好家风”。

2.《关于领导干部报告个人事项的有关规定》：政德法制建设的重要举措

为保持党政机关领导干部廉洁从政，中共中央办公厅、国务院办公厅1995年4月30日印发并即日施行《关于党政机关县（处）级以上领导干部收入申报的规定》。2010年7月，中共中央办公厅、国务院办公厅印发《关于领导干部报告个人事项的有关规定》。党的十八大以来，全面从严治党向纵深推进，领导干部个人有关事项报告工作也不断加强和改进。为更好地适应新形势、新要求，2017年中共中央决定对该文件予以修订，同时印发了《领导干部个人有关事项报告查核结果处理办法》，加大了对个人申报事项报告的审查力度，明确了处理办法。

《关于领导干部报告个人事项的有关规定》是中国政德法制建设的重要举措。这一规定对领导干部的违法违纪行为可起到早期警示作用，通过对领导干部的财产、收入、家庭、子女就业等方面情况的及时掌握、了解，发现其薪金收入、资产、家庭等方面情况发生变化或存在疑问，及时要求其做出解释，可以避免严重违纪行为发生。

3.建立惩治和预防腐败体系：政德法规建设的新起点

党的十六大提出了“要着重加强制度建设，实现社会主义民主政治的制度化、规范化和程序化”的要求。党的十八大以来，党反腐败法制化进程明显加快，这体现在制定并颁发了《中国共产党党内监督条例》，修改并颁发了《中国共产党纪律处分条例》。建立惩治和预防腐败体系，是中国共产党新形势下开展反腐败斗争提出的新要求，也是政德法制建设的新起点。

早在1990年3月，党的十三届六中全会就提出要制定一部党内监督条例。2004年2月，《中国共产党党内监督条例（试行）》正式颁布。2016年10月，党的十八届六中全会审议通过新修订的《中国共产党党内监督条例》并向全社会公布。《中国共产党党内监督条例》对党内监督的指导思想、基本原则、监督主体、监督内容、监督对象、监督方式以及强化自我监督、构建党内监督体系等重要问题做出了明确的说明。从政德建设角度看，修订后的《中国共产党党内监督条例》主要有以下几个特点：(1) 在注重干部自律的同时，更加注重他律；(2) 由注重上级对下级监督转变为更加注重上级对下级、同级之间以及下级对上级的监督的结合；(3) 注重“一把手”的表率作用。《中国共产党党内监督条例》明确把“党的领导机关和领导干部特别是主要领导干部”作为党内监督的重点对象，要求必须“加强对党组织主要负责人和关键岗位领导干部的监督”。

1997 年 2 月，中共中央发布《中国共产党纪律处分条例（试行）》，此后分别于 2003 年、2015 年进行了修订。2018 年 8 月 26 日，最新修订的《中国共产党纪律处分条例》公布，从 2018 年 10 月 1 日起实施。《中国共产党纪律处分条例》进一步总结实践经验，将之凝练为纪律规定。从政德建设的角度看，一是在组织纪律中，对决策和用人中违反政德原则的行为做出明确规定；二是在廉洁纪律中，强化对党员干部涉及利益冲突的行为做出明确规定；三是在工作纪律中，重点针对形式主义和官僚主义问题做出明确规定；四是强化自律意识，严格家风家教，突出领导干部践行社会主义核心价值观的表率作用，在生活纪律中增加不重视家风建设，对配偶、子女及其配偶失管失教等行为的处分规定。

2017 年 6 月，中共中央印发《关于加强党内法规制度建设的意见》，其中提出：“到建党 100 周年时，形成比较完善的党内法规制度体系、高效的党内法规制度实施体系、有力的党内法规制度建设保障体系，党依据党内法规管党治党的能力和水平显著提高。”① 坚持以德治党和依规治党有机融合，以系统、完善的党内法规提高党员领导干部政德建设水平，这是中国共产党干部政德建设的重要特色。

此外，在政德的实现机制方面还有一个重要概念：政治规矩。2015 年 1 月 13 日，习近平总书记在十八届中央纪委五次全会上发表重要讲话，正式提出“政治规矩”一词。“党章是全党必须遵循的总章程，也是总规矩。党的纪律是刚性约束，政治纪律更是全党在政治方向、政治立场、政治言论、政治行动方面必须遵守的刚性约束。国家法律是党员、干部必须遵守的规矩。党在长期实践中形成的优良传统和工作惯例也是重要的党内

---

① 中共中央印发《关于加强党内法规制度建设的意见》. 人民日报，2017-06-26.

规矩。”① 他要求领导干部要遵守政治纪律和政治规矩，他说：“纪律是成文的规矩，一些未明文列入纪律的规矩是不成文的纪律；纪律是刚性的规矩，一些未明文列入纪律的规矩是自我约束的纪律。”② 党的干部特别是高层干部，做人、做事都应当符合长期以来组织一直奉行的规矩和文化，这体现对组织文化的认同和道德觉悟水平。没有明文规定的事项，做还是不做，如何做，关键就看党性强不强、对党是否忠诚。“讲规矩是对党员、干部党性的重要考验，是对党员、干部对党忠诚度的重要检验”③。讲规矩是党性的体现，也是政德的体现。讲规矩也是中国干部体制中保障政德实现的重要机制和特色所在。

① 习近平在十八届中央纪委五次全会上发表重要讲话 强调深化改革巩固成果积极拓展不断把反腐败斗争引向深入. 人民日报，2015-01-14.

② 同①.

③ 同①.

第十章　政德的实践困境

面对社会转型，公务员成为压力最大的社会人群之一，近年来不断有公务员非正常死亡的消息见诸媒体。官方公布的鉴定结果显示，除少数属于畏罪自杀外，大多数源于劳累过度、工作压力大、抑郁症困扰等。作为一群社会精英，他们兢兢业业地工作，还要经常面对来自上下、内外的各种压力，他们面对着怎样的道德困境？如果不深入了解他们的处境，那么就很难深入他们的精神世界了解他们的德性。

处于从传统社会向现代社会转型中的官员，较传统社会以及相对稳定的社会结构中的官员而言，道德责任和义务更加多元，所处环境更加复杂，因而面临的道德冲突就更加突出。在全球化、信息化、利益多元化、价值多元化的背景下，从政者要面对大量复杂的、多变的、突发的和非常规的公共事务，这对他们的素质和能力是极大的考验。从政者不仅要关注事件处理的结果，还要关注事件处理的过程，还要考虑每一个利益相关者的利益。在行政决策中，既要期盼有好的效益，又不能导致道德风险。如此，从政者的道德选择与按道德规范行事的行为能力就非常重要。

在社会转型时期，从政者面临多重道德困境，集中体现在三个层面：政治忠诚的实践困境、公共管理的道德困境、职业道德的两难选择。

第一节　政治忠诚的实践困境

政治忠诚观与一个国家的哲学理念、价值观念、政治文化密不可分。东西方国家在其历史发展进程中，伴随着忠诚对象的不断演变，逐步在价值层面发展了各具特色的政治理念和政治伦理，对现代国家政治制度的建立发挥着基础性作用。新时代，应借鉴、吸收中西方政治忠诚理论的有益成分，建构中国特色的政治忠诚伦理。

一、政治忠诚的历史演变

忠诚在政治伦理中的地位是不断变化的，即由中心到边缘再到中心地不断变化着。无论在中西方政治伦理发展的大视野中，还是在新中国成立以来中国共产党的政治伦理发展进程中，都可以看到这一规律。

从中西方政治伦理发展的大视野来看，“忠诚”理论及德性实践奠定了中西方政治文明的伦理基础。无论在中国传统社会的各个历史时期，还是在西方政治史上，政治忠诚都受到高度重视。在古代西方，古希腊苏格拉底、柏拉图和亚里士多德等思想家都主张“城邦至上”“忠诚于城邦”“效忠于现行政体”，他们要求公民把忠诚全都献给国家。苏格拉底不仅倡导忠诚，而且以死践行了他对城邦的热爱和对法律的忠诚。

中世纪的欧洲天主教及其教会占据统治地位，政治信仰与宗教信仰直接同一，政治信仰即宗教信仰，政治忠诚被忠诚于上帝所取代。中世纪的骑士精神可以被看作对忠诚美德的倡导和训练。骑士，或称武士，是欧洲中世纪受过正规军事训练的骑兵，后来演变为一种荣誉称号，用于表示一个社会阶层。骑士身份往往并不是继承而来的，中世纪时，骑士在领主军队中服役并获得封地。训练一个男孩成为骑士需要十多年。在这期间，受训的男孩最初要担任领主夫人的侍童，要学习礼仪；之后要学习“骑士七艺”（游泳、投枪、击剑、骑术、狩猎、弈棋、诗歌），要为领主或负责训练他的骑士工作。成为骑士后，他要遵行“侠义精神”。在骑士文学中，骑士往往是勇敢、忠诚的象征。骑士遇到自己无法战胜的敌人，往往会带领自己的队友高喊“忠诚—信仰—荣耀—勇气”，最后，这些骑士会用自己的生命来保卫自己的家园，骑士永远不会背弃自己的家园，即使代价是死亡。

进入现代民主社会后，随着政治、行政二分原则的提出和官僚制的普遍实行，政治制度与行政管理科学化，使作为个体政治伦理美德的忠诚不再受到重视，忠诚在政治伦理中的中心地位渐渐旁落，制度伦理成为政治伦理的关注重心。然而，20 世纪 70 年代以来，政治实践中的信仰危机、腐败、任人唯亲、政治团伙等问题日益凸显，基于此，“忠诚”美德再次成为政治伦理的核心而受到关注。

“忠”首先是作为一般社会性道德观念而出现的，具有真诚、正直、恭敬等含义，尤其强调尽心竭力。从忠的基本内涵及所指向的实质意义而言，忠与诚的意义最为接近，二者相通相连，都表示尽心尽力。在中国，自春秋战国始，在历朝历代所概括的德目中，“忠”一直被认为是做人之重要品德。“忠”在中国伦理思想史上具有“令德”的地位，可以与任何德目联系，有忠诚、忠信、忠义、忠孝等。忠的本质是诚实和不欺。在中国几千年的文化演进中，“忠诚已经演变成一种代表、象征意志、信念、行为规范和精神面貌的文化符号”①。

在中国传统道德文化中，“忠”被认为既是修身进德、学礼行礼的方法，又是处理君臣关系、为政治民的基础。孔子以文、行、忠、信“四教”育人（《论语·述而》），孟子将仁、义、忠、信看作人应当追求的“天爵”（《孟子·告子上》），《周礼》以知、仁、圣、义、忠、和“六德”荐举贤能（《周礼·地官·司徒》），宋代则明确将孝、悌、忠、信、礼、义、廉、耻“八德”看作做人的基本道德。孙中山先生推陈出新，提出忠、孝、仁、爱、信、义、和、平“新八德”，将“忠”置于首位。

忠作为一个德目，伴随着中华文明的不断发展，历经各个历史时期的批判与传承，呈现出复杂曲折的命运，其内涵随时代的变迁而不断丰富与创新。忠诚对中华民族的精神文化影响深远。忠诚作为一种政治伦理规范，对中国政治文化的形成和演变发挥了基础性作用。

---

① 张艳国. 忠诚文化及其现代价值. 江汉论坛，2005 (9).

中国共产党历来重视政治忠诚。忠诚是中国共产党人最基本的要求、最重要的价值、最核心的操守。对党忠诚是党章对党员的基本要求，也是党员党性的起码体现。1922 年 7 月中国共产党第二次全国代表大会通过的党章第一章第一条明确规定："凡承认本党宣言及章程并愿忠实为本党服务者，均得为本党党员"①。之后历次党章的修改中都始终明确"对党忠诚老实"是党员的基本义务。入党誓词中也明确要求党员"对党忠诚"，党员要忠诚于信仰、忠诚于人民。

忠诚于信仰，是中国共产党人的政治底色和红色基因。坚定对马克思主义的信仰笃守，坚定对共产主义的理想信念，源于共产党人对党发自内心的忠实虔诚，统一于党的指导思想和行动指南中。1944 年 9 月 8 日，毛泽东在张思德的追悼会上说："我们都是来自五湖四海，为了一个共同的革命目标，走到一起来了。"② 中国共产党靠着马克思主义和共产主义的信仰信念，靠着为最广大人民谋利益、谋幸福的不懈追求，塑造了广大党员对党和人民事业的忠诚品格，引领了中国历史进步的方向。忠诚于人民，是中国共产党人安身立命的根本宗旨。人民立场是马克思主义政党的根本政治立场，人民群众是历史的创造者，是社会前进的力量之源。中国共产党始终践行全心全意为人民服务这一根本宗旨，将自己的前途命运与人民对美好生活的向往紧密联系在一起。

然而，改革开放 40 年来，在中国共产党领导下的社会主义实践进程中，伴随着市场化改革和中国公务员队伍的职业化、专业化，政治忠诚作为一种品德逐渐被领导能力所取代。自 20 世纪 80 年代初中国行政管理学恢复重建以来，行政效率和效能一直是学科研究的重要主题，提升行政效率和效能的相关技术如目标管理、绩效考评等受到普遍关注。与此同时，在干部选拔任用标准中，德才兼备中的"德"渐渐被虚化、弱化，"才"成为摸得着、看得见的"实绩"。各级干部的学历、能力随着国家经济的快速发展而不断提高与增强，政治忠诚意识却日益淡化，于是出来了十八大以后巡视组对从中央到地方各级各类组织的鉴定意见中所提出的"党的

---

① 共产党员网，2014－12－24.

② 毛泽东选集：第 3 卷. 北京：人民出版社，1991：1005.

领导弱化”问题，换一种表述就是只追求效率、不问价值的问题，就是“许多领导干部出问题不是出在能上，而是出在德上”。

新时代，中国共产党高度重视领导干部的政治能力和政治忠诚建设。强调政治忠诚是解决价值多元化时代政治生活中的价值坚守问题的必然要求；是新时代强化中央权威，解决“上有政策，下有对策”的部门本位主义、地方保护主义问题的必然要求；是强化民主集中制原则，解决一些领导干部对上级组织强调个人主义、本位主义，对下级只讲集中、不讲民主的选择性民主集中制问题的必然要求。

二、政治忠诚的当代实践

“忠”的含义是“尽己”“全心全意”，“诚”的内涵是“内外一致”。“忠诚”是指对待某一对象尽心竭力，毫无二心。忠诚是一种发于内而形于外的品格，是建立在内心的自觉自愿之上的认识、情感和行为的统一。当代社会，伴随着价值多元化时代的到来，传统的价值观和文化体系不再占据垄断地位，人们对忠诚的定义呈现出多元化。一些人认为对个人来讲，能力是第一位的，忠诚等同于“死心眼”“傻子”；一些人将忠诚理解为盲目而无原则的服从，等同于小团体、小圈子里无原则的相互支持；一些人将忠诚看作“对自己价值观和良知的坚守”。无论怎样，忠诚有了多种解读都是不争的事实。与此相应，政治忠诚的实践困境就在所难免。

当然，政治忠诚的实践困境并非今天才出现。在中国，忠孝自古不能两全，“忠于国还是忠于君”的论争一直都存在，在社会处于变革之时就更为凸显。梁启超就认为，忠诚的对象不应局限于“君”，而应扩展为国。“言忠国则其义完，言忠君则其义偏。”① 他还进一步将忠看作人格的重要支撑：“忠、孝二德，人格最要之件也。二者缺一，时曰非人。”他认为忠是报国，孝是报恩，二者都是基本道德。忠这个概念并没有问题，忠君概念则有偏差。他更指出，中国传统只讲民的忠，不讲君的忠，这更是偏差，“民之忠也，仅在报国之一义务耳，君之忠也，又兼有不负付托之义务。”“人非父母无自生，非国家无自存，孝于亲，忠于国，皆报恩之大

① 梁启超. 新民说. 沈阳：辽宁人民出版社，1994：26.

义，而非为一姓之家奴走狗者所能冒也。”① 西方中世纪是神治与人治混合、教权与王权竞争的时代，也有过既要服从上帝的权威又要效忠于政府的论争。第二次世界大战期间，德国人高度忠诚于纳粹党，之后也有了以阿伦特（Hannah Arendt）为代表的思想家们对纳粹时期忠诚的反思，提出了个人“不服从”的责任伦理问题。

在中国，当代社会的忠诚冲突之所以凸显，与中国社会处于由传统国家向现代国家的转型中密切相关。经历了40年的“以经济建设为中心”的发展过程，价值领域功利至上，忠诚淡化带来的政治生活中的问题日益显现。党的十八大以来，我们对过去几十年来的党政关系做出了一些调整，这一系列的调整带来的不适应性直接以忠诚困境的方式表现出来。

在实践层面，政治忠诚主要体现为主体服从“命令”之政治承诺与践行。政治忠诚是一个政治概念，更是一个伦理概念。作为一个公民，对国家的忠诚应当是自己的基本义务。除此之外，从伦理关系的角度，作为政治忠诚主体的从政者有五个不同向度的忠诚客体（对象），即忠诚于组织、忠诚于人民、忠诚于法律、忠诚于上级、忠诚于自我良知。它们虽然都以政治伦理意义上的道德命令作为实践起点，但却因为存在性质和表现形式上的差异，在实践中往往会面临道德冲突，成为从政者的两难甚至多难选择。

忠诚于政党，其直接表现就是对党组织的忠诚。忠诚于组织既是一个党性原则，也是一条纪律要求。这一政治道德要求每一个共产党员及党员干部首先牢记自己的第一身份是共产党员，第一责任是为党工作，时刻不忘自己应尽的义务和责任；其次是牢固树立纪律意识和规矩意识，始终坚持在思想上、政治上、行动上同党中央保持高度一致，在思想上同心同聚、在政治上同心同向、在行动上同心同力；最后是严格遵守组织纪律、服从组织决定，对组织决定要不折不扣、老老实实地执行。

人民是政治忠诚的主要对象。政治忠诚作为一种政治伦理规范，经历了不同时代的历史演变。在中外历史上，政治忠诚的对象在早期是指神或者君主。“人民”曾长期被看作被神和权势所疏远、怜悯、驾驭的芸芸众

① 梁启超．新民说//梁启超全集：第2册．北京：北京出版社，1999：664.

生。这种情况在欧洲17世纪的启蒙运动中才发生了根本改变，“人民”逐渐成为一个神圣的字眼，甚至取代神而成为被信仰和尊崇的对象。在中国古代，“人”与“民”一般是分开的。所谓“天有十日，人有十等。下所以事上，上所以共神也”（《左传·昭公七年》），意味着人从一开始就被划分成高低贵贱的等级，有的是“人”，有的是“民”。大人、君子、王侯将相等上层是“人”，与上层相对的下层则是“民”。所以，“民”的称呼多从统治与被统治的角度指称下层百姓，即“治于人者”。

中华人民共和国成立以后，民的地位发生了历史性变化。在马克思主义唯物史观中，人民成为历史的创造者，官和民的关系发生了根本性改变。同时，官民关系有了新的表述——干群关系。在政治实践中，党群关系、干群关系成为新型的政治伦理关系。在社会主义制度体系中，人民是主人，干部是公仆。因此，人民可以说是政治忠诚的根本对象。中国共产党的执政基础源于其对人民利益的代言与维护人民利益的使命，忠诚于党和忠诚于人民是同一层次的忠诚，对党和人民的政治忠诚高于一切，具有绝对性。

但是在现实生活中，人民这一概念很容易被虚化或误用，或者将个别人等同于人民，或者将大多数的人民视为一种非现实的存在。在这个方面，应当厘清一些概念和原则。人民利益有眼前利益和长远利益之分，有局部利益和全局利益之别。作为执政党的共产党，要注意处理好这两个方面的关系，既要满足人民眼前的、局部的利益，又要考虑人民长远的、全局的利益，使它们很好地结合起来。中国共产党是人民利益的代表者，但不是个别人利益的代表者；中国共产党是人民利益的维护者，但并不意味着是眼前利益的维护者。因此，就会出现党的利益和人民利益在表面上不统一的现象，这种不统一，难免会给从政者的道德实践带来选择困难。正是因为有这样的冲突和矛盾，实现党的领导、人民当家做主和依法行政的统一才成为一种理想目标。

以马克思主义为旗帜的中国共产党人，正式将“为人民服务”确立为自己的宗旨，就是自觉地定位并承诺，要把坚持人民主体地位作为自己的根本立场和最高价值原则。《中华人民共和国宪法》第二条规定：“中华人民共和国的一切权力属于人民。”人民是从政者表达政治忠诚的起点和终点。这里涉及一个不可回避的问题，即“党的领导”与“人民当家做主”之间的关系问题。在现实中，一些人把“党的领导”与“人民当家做主”对立起来，实际是把党当作在人民之外的一个特殊主体。实际上，中国共产党的性质和宗旨已经表明，党是由人民中最忠诚、最有觉悟的人所组成的先锋队，是中国人民这支宏大队伍的先头部队。中国共产党领导建立的社会主义制度，其根本标志就是实现“人民当家做主”。只有在理论上认清了党和人民之间的关系，在实践中才能消除困境。

然而，在组织制度中，最基本的组织制度就是“下级服从上级”，因此，在日常的政治实践中，各级从政者的忠诚往往直接表现为对上级命令的服从，这是保证组织运行秩序的基本要求。但是作为上级的个体由于有自身的利益和欲求，其决策与命令并非总是合乎道德与法律，所以对上级的政治忠诚与对组织要求和法律要求的忠诚有时候会出现矛盾。近年来，因为贯彻执行上级违法“命令”而被判滥用职权罪的事件屡有发生，就是上级命令与法律要求相冲突引发的忠诚困境。

因此，作为下级的从政者个体对于上级的命令和决定并不能简单地服从，而应当在服从上级的命令和决定之前对之进行理性判断与谨慎鉴别。做到这一点有赖于从政者的政治自主性、政治判断能力和政治伦理品德等诸多政治伦理素质。

三、政治忠诚伦理的建构原则与现实选择

建构新时代政治忠诚伦理应以马克思主义政治理论为指引，立足新时代中国特色社会主义政治实践，立足当代中国从政者的知识水平、理论水平和道德觉悟，对中国传统的政治忠诚观（包括中国共产党的忠诚传统）和西方政治忠诚伦理的历史发展进行梳理与批判，从中西方政治忠诚伦理文化中吸取智慧。建构新时代政治忠诚伦理，在理论上应当确立两个基本原则：

1.“所有人在政治上一律平等”原则

中国先秦时期政治伦理关系的对等性思想和西方强调人与人之间的平等性的思想成为今天建构政治忠诚伦理的原则之一。先秦不少思想家对君臣关系有过论述，其中孟子有一段颇有影响的论述：“君之视臣如手足，

则臣视君如腹心；君之视臣如犬马，则臣之视君如国人；君之视臣如土芥，则臣之视君如寇雠。"（《孟子·离娄下》）这一论述虽然包含君臣尊卑观念，但认为君臣关系有某种互动意义上的对等性；它要求君善待臣、尊重臣，以换取臣的忠诚和拥戴；而君在得不到臣的自觉拥戴时，就应在自己的待臣方式上寻找原因。忠诚不应当是人格不平等基础上的单向忠诚，而应当是建立在政治上、人格上一律平等基础上的双向忠诚。中国共产党自成立之日起，就将建立人人平等的新社会作为己任。党的第一次全国代表大会通过的《中国共产党纲领》就提出消灭"社会的阶级区分"。《中国共产党对于时局的主张》中明确地提出保障人民的各种民主权利，承认妇女平等权利等。抗日战争时期，各抗日根据地政府制定的一系列条例法规，都规定人民在政治上、法律上一律平等。新中国成立后制定的《中华人民共和国宪法》规定，"中华人民共和国各民族一律平等"，"中华人民共和国公民在法律面前一律平等"。新时代，"平等"要求被明确纳入社会主义核心价值观。社会主义核心价值观所倡导的"平等"，既保障公民个人享有平等的权利，也保障每个人基于社会贡献所要求得到的权利、利益和尊重。作为政治伦理关系的"平等"，既包括人与人之间的平等，也包括政治忠诚中上级与下级之间的平等。

2. "维护人的人格、尊严和权利"原则

政治权力是公共权力，公共权力不能为个体所私有；公民权利是每一个公民的权利，必须落实到每个人。权力和权利的关系问题是政治伦理学中的基本问题。新时代政治忠诚伦理应以维护人的人格、尊严和权利为基础，培养政治主体的忠诚美德、良知与能力。

在实践上，为解决政治忠诚的实践困境，需要根据忠诚涉及的多重伦理关系所规定的"服从"要求的差异做出一个排序，供从政者在政治实践中做道德选择时参考，同时需要培养从政者的政治人格和道德创新力，以应对实践中的忠诚冲突。

第一，忠诚不等于服从。长久以来，人们的头脑中似乎形成了一个根深蒂固的观念：忠诚就是服从，就是听话。那些不服从者通常被冠以叛逆、不忠之名。这种看似忠诚的"服从"事实上难免会增加领导决策的难度，实际上是一种不负责任的表现。这种对个体行为的服从，恰恰反映了其内在的、深层次的不“忠诚”。孟子说：“分人以财谓之惠，教人以善谓之忠，为天下得人者谓之仁。”（《孟子·滕文公上》）在这里，惠、忠、仁是三个不同的道德层次与境界。第一层次是“分人以财”，第二层次是“教人以善”，通常分人以财人皆高兴，但教人以善则未必，所谓忠言逆耳，并不是所有人都能听进劝善之言。教人以善者必须放下利害的计较，因为，劝人为善很可能使对方产生怨恨，给自己招致一些不必要的麻烦。但是，一心出于为他人考虑而劝他人为善，这样方显利他的忠诚品格和精神。对此，荀子曾说：“从命而利君，谓之顺；从命而不利君，谓之谄；逆命而利君，谓之忠；逆命而不利君，谓之篡。”（《荀子·臣道篇》）

第二，当代政治忠诚观的确立，其实质是对政治实践中的政治关系的定位，包括作为政治主体的组织和个体与政党、民众、上级、自我等具体忠诚对象之间的关系定位。哈佛大学哲学系教授乔西亚·罗伊斯（Josiah Royce）在《忠的哲学》（*The Philosophy of Loyalty*）中把为超越我们自身的理由献身的行为称为忠诚。他认为忠诚是个人主义的对立面。忠诚不一定带来幸福，甚至可能带来痛苦，但为了使生活能够忍受，我们都需要献身于超越自身的东西，否则，我们就只能受欲望的引导，而欲望是转瞬即逝、变幻莫测、无法满足的。最终，它们带来的只是折磨。他认为，忠诚自有一个等级体系：处于底层的是对个体的忠诚，而后是对团体的忠诚，处于顶端的是对一系列价值和原则的全身心奉献与忠诚。按照罗伊斯的观点，忠诚本身不能以好坏论，应该加以判断的是人们所忠诚于的原则。正是依据对这些原则的忠诚程度，人们才能断定是否以及何时应该终止对一个人或团体的忠诚。

中国共产党的政治忠诚就是中国共产党人的政治目标、政治追求、政治立场、政治义务在价值观上的表现。它包含对党和人民事业的崇高信仰以及为其奋斗的精神，它对于共产党人的思想、行为起着统摄、支配和主导作用。当代政治忠诚的层级结构应当是：第一级应当是对党忠诚、对人民忠诚。换言之，作为共产主义理想信念与价值之代表的中国共产党和人民应是忠诚对象的第一级。第二级应当是对上级忠诚，这是组织制度和组织秩序的必然要求。第三级应当是对个体良知忠诚。当忠诚对象相互冲突时，忠诚于政党和人民应是无条件的绝对命令，忠诚于上级则是有条件的理性服从，忠诚于个体良知则是忠诚能否实现的美德基础。良知是社会道德在个体内心的体现，是个体化的社会道德，是个人价值观最直接的体现，是一个个体内心信念和人格的体现。在政治忠诚的三个层级中，它虽然是个体的、不是普遍的，是内在的自觉、不是外在的强制，但却是其他两个层级之忠诚的保障。没有基于个人信仰和价值的人格做保障，忠诚于党、忠诚于人民、忠诚于上级都可能是一种无原则的投机。

从公共权力来源上看，作为公共权力行使者的个体与作为权利主体的人民在根本上只能是“服务与被服务”的政治关系。人民利益高于一切。忠诚于人民是绝对的、无条件的。相较之下，忠诚于上级是相对的、有条件的，即当且仅当上级的命令或意志符合国家法律并实际有利于人民的根本利益时，下级才必须忠诚于上级。在国家的政治权力运行系统中，下级对上级的服从是基于职务安排的服从而非基于人格身份的服从。当上级的命令与法律法规相冲突时，下级需要调动自己的道德判断力，采取智慧的方法圆满解决问题。下级有责任通过合法途径和程序，采取必要的措施和手段，积极影响上级修正或改变错误的或违法的决定和命令。

政治忠诚在实践中的实现，有赖于政治制度伦理的健全，有赖于激励机制和容错机制的支撑，也有赖于政治生活环境的健康和有序，这些都是从制度和文化上支持而不是消解忠诚之心的外在保障。从终极的或根本的意义上讲，从事政治活动的个体的政治伦理品质起着关键作用，只有基于独立平等的人格的忠诚品格，才是政治忠诚实现的坚实支撑。

第二节　公共管理的道德困境

在公共管理实践中，从政者面临的核心问题是依法行政。法律是由从政者执行的，在法律执行中从政者具有一定的自由裁量权。如何正确行使自由裁量权，以遵循法律的精神办事？这就要求从政者做到既不机械地理解法律以逃避责任，也不以行使自由裁量权为由而“乱作为”，这就要求从政者提高依法行政的能力和道德水平。公共管理实践中的道德困境主要表现在以下几个方面。

1. 利益冲突

在公共管理层面，从政者首先要面对的就是利益冲突，利益冲突表现为公共利益、部门利益与个人利益的冲突。在社会转型过程中，利益冲突最集中、最直接地表现为企业利益与公共利益的冲突。现代政府的职能是宏观调控、市场监管、公共服务，政府应当为企业做好服务，为企业设定标准，进行质量监督和管理。但是在计划经济向市场经济转轨的过程中，政府还掌握着大量的审批权，办企业、拿项目，都不能绕过政府，由于政府的行业标准、监督管理机制不健全，从政者握有大量的自由裁量权，在内外约束机制缺失的状态下，处理好政府与企业的关系，协调公共利益、企业利益与个人利益的矛盾就成为摆在从政者面前的一道道德难题。作为政府官员，从政者需要为企业提供服务，以保障本地区的税收，但是很多企业并不能完全达到政府制定的各项标准，在这种情况下，企业要获得项目，官员要创造政绩，就为寻租提供了可能。很多落马官员就是因为在这样的环境中不能正确地解决利益冲突问题，从而走上了犯罪道路。

刘志军、丁书苗案是转型期官员不能正确处理利益冲突的一个典型案例。刘志军在中国高铁建设过程中发挥了重要的领导作用，但最终却以一个堕落官员的形象被载入史册。熟悉刘志军的人称他“胆子大、能力强、有魄力”，但也“非常圆滑，很懂得照顾人，谁都给面子”。刘志军一方面要干出政绩，巩固部门利益；另一方面则信奉“谁都不得罪”原则，为自己编织保护伞。他担任铁道部部长的 8 年（2003—2011）间，正值中国城市高速发展阶段，同时也是中国铁路建设的大跃进时期，中国铁路第五次、第六次大提速都是在他任期内完成的。2011 年 2 月，刘志军因严重违纪被立案调查。2013 年 7 月 8 日，北京市第二中级人民法院对刘志军案做出一审宣判，以受贿罪和滥用职权罪判处刘志军死刑，缓期两年执行，剥夺政治权利终身，并处没收个人全部财产。2013 年 9 月 24 日，原铁道部窝案的重要人物山西女商人丁书苗涉嫌非法经营和行贿，被控行贿 8 900 余万元，非法经营 30 余亿元。

对丁书苗的行贿指控包括两次为刘志军花钱办事：除了花 4 400 万元帮刘志军“捞人”，丁书苗还曾出资 500 万元，为刘志军“跑官”。刘志军在接受调查时交代，之所以全力帮助丁书苗做大做强，就是要把丁书苗的企业打造成自己仕途的经济基础。

在刘志军、丁书苗案中，官商勾结，形成利益同盟。在社会转型时期，这种官商勾结、形成利益同盟的案例具有一定的典型性。北京市西城区人民检察院向媒体透露，该院反贪局在近两年办理的贪污贿赂案件中，出现了“行受贿代理人”的犯罪新模式，说明“行受贿代理”现象不在少数。

利益冲突的意思是“公职人员对公众的义务与其本身利益相冲突”。公职人员以维护和增进公共利益为职责。但是，在改革发展的过程中，公民利益或者说公共利益成为一个被虚化和不清晰的概念。在计划经济时代，国家利益是一个明确的概念，一切个人、家庭之外的利益都是国家利益和集体利益，国家利益和集体利益高度统一。但是，随着改革的深入，私有企业不断发展，在国民经济中所占比例越来越大，政企一体、管办不分的问题越来越突出，其直接后果就是使公共利益变得模糊。政府需要大企业，大企业也需要政府，一不小心就会形成政企“共谋”。公职人员在行政活动中陷入严重的利益冲突，在缺少道德定力的情况下，就会钻制度和法律的空子，最后落入贪腐的泥潭。

2. 权力冲突

政府与公民的关系是服务与被服务的关系。但是在市场经济改革过程中，政府在相当长的时期内，主要职责是发展经济，发展经济的主体是企业，服务型政府建设的最初推动力也是为企业发展创造良好的环境。在这个过程中，政府与公民的关系难免会受到考验。

一些基层组织在城市改造、房屋拆迁、解决劳资纠纷等工作中，一遇到问题就让警察打前阵。某些基层组织要“摆平”问题，也喜欢找警察“帮忙”。中国青年网 2013 年 5 月 14 日讯，山西省孝义市梧桐镇旧尉屯村一村民家中发生火情，据传火情是村主任带人强拆村民姚某某牛棚，姚某某夫妻在屋内抱着村主任浇上汽油点燃引起的。2018 年 7 月，江西上演惊人一幕“抢棺大战”。执法队浩浩荡荡进村入户，强行收走村民准备的棺材，然后统一捣毁，而那些没火化已经入土的去世者则被扒出强行火化。

现代化首先是人的现代化。在这个过程中，既要关注传统文化、风俗和人的现代化，也要关注利益调整中社会关系的调整。在现代化进程中，一些群众难免会由于社会与个人的原因而陷入贫困，成为弱势群众。但是弱势群体的问题本质上是人民内部矛盾，可以通过社会分配政策的调整、社会福利制度的完善逐渐解决，但一些从政者缺乏解决问题的智慧，或者不愿意做精细化的管理，或者对人民群众失去了感情和耐心，往往把简单的问题复杂化，用简单的方式解决复杂的问题，将人民内部矛盾上升为敌我矛盾，动用武力镇压。

干群关系高度紧张，其背后根源是权力关系的冲突。一些从政者把自己手中的权力和掌握的法律看作“治民”的工具，而忘记了权力的本质。权力冲突是导致公共管理实践中各种矛盾的本质根源。

2004年“非典”疫情发生后，政府应急能力低下、瞒报、迟报等问题被暴露于公众的视野中，提高从政者的应急管理能力成为一个迫切任务。我们干部培训中的一个很大板块是培训应急管理能力、媒体应对能力，但这些都是处理问题的方式、方法与技能。如果不探寻问题产生的根源，不关注从源头上解决问题，那么以突发事件为标志的社会冲突就很难被根本化解。

传统社会强调的是“官本位”，官大一级压死人，领导是圣者的化身，整个社会弥漫着权力崇拜、精英崇拜，一个人的智商似乎与掌握权力的大小成正比。现代社会强调的是“民本位”，在人格上所有人都应该平等，所有人都应该有尊严，不能用掌权的大小、地位的高低来评判一个人的智商。权力冲突在基层表现得特别突出。在政府权力体系中，基层官员经常受到来自上级的压力，在处理社会事务时则往往受到社会的责难。随着公民权利意识的觉醒，民间百姓和社会舆论对政府官员的要求越来越高、监督力度越来越大，但由于传统权力观念的惯性使然，民间百姓和社会舆论的情绪、愤懑、指责，往往冲着小官而不是大官，冲着基层而不是中、高层。基层官员往往成为百姓的“出气筒”。

3. 角色冲突

从政者的角色随着政府角色的变化而变化。在传统的全能政府状态下，从政者就是父母官，“为官一任，造福一方”，“当官不为民做主，不如回家卖红薯”就是官员的角色定位。随着市场经济的发展，政府经济管理职能的强化，各地都把发展经济当作政府的重要职能，招商引资、发展经济成为政府官员的重要考核标准。在相当长的一段时间内，政府聚焦经济发展，这种以经济为中心的发展定位使中国的经济实现了高速增长，但也导致了由重经济发展职能、轻公共服务职能所带来的众多社会问题。

党的十八大以来，政府改革力度加大，政府职能进一步转变，从发展经济向市场监督管理与提供公共服务转变。政府职能的转变，要求政府及其行政人员的角色也要随之转化。但是，角色认知和角色定位滞后于经济发展，或者说多种角色并存将从政者置于角色冲突中。

转型时期从政者的角色冲突表现为“特权享有者”与“服务提供者”的角色冲突。传统社会我们经常把政府官员称为父母官，也就是家长。家长应该什么事都管，反过来讲，家长什么事都大包大揽，因此就拥有了法外的“特权”。与此相应，群众理所当然地认为官员享有某些特权。

随着改革的深入，市场经济的发展必然会对人们的角色意识与观念产生影响。一方面，传统“为民做主”的父母官意识深深根植于人们的思想和行为中；另一方面，与市场经济体制相伴随而生的西方“理性经济人”“委托—代理制”“纳税人”等意识也不断被作为先进的文化理念而广泛传播。具体到官员的角色意识而言，就出现了传统的“父母官”角色与现代的“公共服务提供者”角色共存的现象，二者难免会产生冲突。无论政府官员还是普通百姓，双方都存在角色定位不统一、权利与责任不对等的情况，双方在角色定位时都为自己做出了趋利避害的选择：对政府官员来讲，只想享有家长的特权，摆出父母官的姿态，不想在服务百姓方面承担无限责任，而只想承担管家的“有限责任”；对普通百姓来说，随着公民权利意识的不断觉醒，对政府官员的约束、监督意识不断提高，不再像传统社会的百姓一样，心甘情愿做顺民，对政府官员的服务感恩戴德，而是接受了西方人性恶的理念，对政府官员持怀疑心态，凡事都想自己做主，但却不想为自己的自由承担责任，等、靠、要的思维习惯依然顽固地影响着他们的思想和行为，大事小事都找政府官员。这种趋利避害的选择，使政府官员与普通百姓的角色定位出现了模糊、不协调，从而使二者的关系处于冲突中。

第三节　职业道德的两难选择

私德是指个人品德、作风、习惯以及个人私生活中的道德。作为政德的“私德”是相对于政治生活中的大德、公共生活中的公德而言的，是指从政者的个人操守和行为，是从政者个人价值观在私人德性中的体现，往往以良心、良知的形式体现出来。从政者个人的价值追求和良知必然会对公共事务产生影响。通常情况下，如果从政者个人的道德良知与从政的职业责任一致，那么二者是相互支持和促进的关系；反之，二者就相冲突、相矛盾。

一、规则与人情的冲突

社会的运行总是伴随着冲突的产生与解决，道德冲突是社会冲突在道德领域的表现，也是导致社会冲突的原因之一。目前城市管理中大量的冲突都与道德冲突相关。对从政者而言，他们既是有着人情的普通人，又是有着公共管理职责的公共人。然而，在现实生活中人情与规则并不总是一致。如，沿街摆摊的小商小贩影响了市容和交通，按照城市管理条例应该取缔；但几乎绝大多数的小商小贩都是一个城市中的弱势群体，他们通过摆摊设点来维持生计，社会应该给予他们一定的同情，在一定程度上出让一部分权利，给社会弱势者提供谋生空间。关心和照顾社会中的弱势群体，是社会正义的应有之义。对城市的执法人员来讲，他们是城市的管理者，岗位要求他们维护城市的良好秩序，但他们同时也是普通的、有情有义的社会成员，作为拥有同情心的个体，他们的主观价值要求他们同情和关爱弱者。这里，从政者就面临一个道德上的两难情景：是坚决取缔不合法的小商小贩，维护规则的权威性，坚持规则至上，还是注重结果，给小商小贩一点自由，让他们在一定的空间内维持生计？在道德思维中，规则至上被称为规则导向，看重现实结果被称为结果导向。在规则导向的道德思维中，一种行为的正确与否与该行为发生时的情景无关，坚持规则的普遍性；而作为结果导向的道德思维，在判断一种行为是否正确时，不是根据它与规则的符合程度，而是根据该行为后果的好坏。

2004年《中国青年报》曾以《被烧死副区长要评烈士引纷争，市民评价烧死活该》为题做过一个报道。① 中央电视台《经济半小时》栏目2004年6月29日播出了对此事件的调查采访。37岁的罗贤汉是湖南衡阳市珠晖区鄙湖乡光明村人，因患小儿麻痹症而腿部残疾，行动不便，一直未婚。他租住在珠晖区苗圃街一间简陋的平房内，平时靠开三轮摩托车载客为生。衡阳市为了迎接省级文明城市验收，决定整顿三轮摩托车载客问题突出的苗圃街，将其创办成文明样板街。2004年4月，一份衡阳市公安局和交警支队的联合通告贴在了苗圃街街头，明令严禁残障人开三轮摩托车运营，珠晖区副区长邹传云亲自带队上街，没收了一些三轮摩托车，其中就有罗贤汉的车。6月3日，邹传云带人再次扣了罗贤汉借来的一辆车，当时罗贤汉并没有载客，而是在街头和人打牌，可是他停在菜市场旁边的三轮摩托车却被没收了。扣车过程中，发生了拉扯。三轮摩托车被没收后，罗贤汉到珠晖区政府找到邹传云，要求归还，但邹传云对他说：要车，自己到废品站找去。罗贤汉一怒之下冲进珠晖区政府，来到副区长邹传云的办公室，将汽油泼洒在邹传云和自己身上，然后点火焚烧。邹传云和罗贤汉都被烧成重伤，邹传云从二楼办公室破窗跳下，罗贤汉也从二楼阳台跳下。二人先后因抢救无效死亡。

事情发生后，衡阳市民政局向省民政厅递交申请报告，要求将被残疾人罗贤汉烧死的衡阳市珠晖区原副区长邹传云追认为烈士。消息传开后，遭到当地许多群众的质疑。争论焦点在于：给荣誉，要不要看执政效果？"邹传云副区长是一位非常称职的干部！"珠晖区宣传部部长刘传祥说："他工作很积极，作风很硬朗，没收罗贤汉的三轮摩托车，也是依法办事。"但衡阳市一位律师说："党的十六大以来，党中央一直明确要切实保障人民群众的人权。最大的人权就是生存权，把老百姓逼得没有生计，这本身就说明个别基层干部在处理问题时缺乏人文关怀，他们在依法行政的同时，需要改进工作方法，真正体现执政为民。"一位大三女生说："三轮摩托车是残疾人的身家性命，这位副区长收了人家的车子，为什么不事先

---

① 中国青年报，2004-10-24.

考虑如何安排人家的生活？即使不给车子，也总得拿出一定的补偿吧，至少要向残疾人耐心解释政府的政策吧？把一位残疾人逼到这份儿上，他是有责任的。”一位大学老师说：“邹传云怎么能被评为烈士？笑话！虽然他是被一位残疾人烧死的，但人家也是被逼无奈。如果一位干部在执行公务时不考虑老百姓的死活，那他就不是烈士，而是一位酷吏。”

情与理、人情与职责的冲突在行政管理领域最为常见，特别是对那些值得同情的违规者的处理更令人纠结。在重视规则、重视程序、追求社会功用最大化的同时，尊重、保护个人权利，实现公共管理中的观念转换和手段更新，这既需要政府从制度和程序方面进行改革，也需要公共管理者从观念和手段层面更新。基于朴素的情感，民众自然渴望规则为人性和人情让路。但从整个社会来说，规则才是更高的人性。没有维护规则的理性和冷静，社会公平就难以保证。规则与人情的统一，应体现在在制定规则时充分考虑人情因素，使规则更加人性化、更有人情味，而不是在执行过程中被人情所左右。

二、法律与行政命令的冲突

法律与行政命令的冲突，是权力冲突之一种，也是行政伦理冲突中最为典型的一种。权力冲突，指两种或两种以上的权力来源导致的客观责任之间的冲突。公务员作为一种职业，负有这种职业所要求的责任和义务，这些责任和义务有多个来源，有对法律的责任与义务、对组织上级的责任与义务、对公民的责任与义务等。理论上，法律、组织上级以及公民等这些权利主体具有一致的目标和价值追求，但在现实生活中常常会出现两种或两种以上权利意志的不一致，比如：上级要求与法律要求相冲突，领导的指示与群众的要求相矛盾，直接上级的指令与上级的上级的指令相矛盾，领导的指示与现实的情况不符、无法执行，等等。面对来自不同权利主体的客观责任之间的冲突，公务员往往陷入困境中。

广东湛江廉江市国土局原副局长何耘韬，2005 年执行政府行政指令，在房地产企业未交清土地出让金的情况下，在一块土地登记审批表上签署同意办证的意见。2011 年 4 月 15 日，廉江市人民法院做出一审判决，认定其犯有玩忽职守罪，判处有期徒刑 6 个月。事实上，何耘韬曾因有关会议纪要表述不明确与分管国土的常务副市长发生过争执，后在廉江市清理办的协调下，请示了廉江市纪委，由清理办在测算表上加具“暂收土地出让金40%办证”的意见，才签字同意办理。何耘韬的女儿何倩发微博呼吁媒体关注，以此来拯救被关押在看守所的父亲。在众多网友和媒体的关注下，何耘韬一案峰回路转。5月25日，湛江市中级人民法院二审认为，原审判决所依据部分事实不清，裁定撤销原判，发回重审。5月27日，廉江市检察院以案件事实、证据变化为由，向法院提出撤诉。廉江市法院随之裁定，准许撤诉。①

以上案件非常典型地揭示出当前我国立法体制、法律监督体制以及行政管理体制中诸多复杂而棘手的问题。从道德的角度，最为关键的问题就是：公务员应当如何对待上级的违法命令？下级服从上级，是非常重要的组织原则，也是公务员最为重要的道德原则。上级，在组织中站位较高，获取的信息更全面，因而相对于下级而言，对信息和资源拥有更大的支配权与主动性。从这个角度讲，下级服从上级是组织最大限度地发挥信息和资源优势的需要，符合组织管理的规律。但应当明确，公务员对上级的服从，是职务的服从而非身份的服从和人格的服从；在组织体系内，服从上级命令是有效执行命令的保障，公务员独立健全的判断是正确执行命令的需要。“红头文件”在法律层位上低于国家法律和地方法规，但在执行过程中却存在着“黑头不如红头，红头不如口头”的潜规则。《中华人民共和国公务员法》第九章第六十条规定：“公务员执行明显违法的决定或者命令的，应当依法承担相应的责任”，但是，对于公务员不执行上级违法命令遭受打击报复，却没有任何制度上的保障，很多时候在公务员执行了违法命令被判刑后，上级却并没有得到相应的处罚。

保护公民的基本权利，应成为从政者的主要道德要求，保护公务员的权利，应成为公务员制度的重要组成部分，这样才能在一定程度上消解法律与行政命令的冲突。

① 参见2001年6月1日的国土资源网。

三、权威与良知的冲突

权威与良知的冲突，是行政伦理中责任冲突之一种。权威与良知的冲突主要表现为从政者在特定的情境下会面临遵从自己的内在良知与服从外在权威之间的矛盾。每个从政者都既是一个职业人，同时又是一个有着自我价值和良知的个体，在行政责任与个体价值追求不一致时，从政者的职业道德要求与自身的价值观就会发生冲突。通常，作为一种职业道德，认真负责、服从上级的领导是最大的美德，只要高效完成了上级领导分派的工作，就履行好了自己的工作职责。在这里，对从政者来说，服从就是最大的美德。但是，在一些情况下，作为下级的个体公务员与组织中的上级领导在价值观、良知以及对“公共利益”等概念的理解上存在差异，所以作为下级的公务员在执行上级命令时就会遇到两难情境：要么如实执行上级命令，但这样就会与自己的良知相冲突；要么违背上级命令，但这样就会与“服从上级”的组织原则相冲突。在这种情况下，“行政检举”就成为解决“权威”与“良知”冲突的一种方式。然而，是否采用这种方式，又将公务员置于新的冲突中。

据中央电视台报道，2014 年 11 月 20 日，安徽淮北市举报自己办错案的退休检察官孟宪君被淮北市检察院纪检人员“约谈”，向他核实其向媒体“泄密”的有关情况。① 2005 年 5 月 19 日，安徽淮北市市容局环卫处职工高尚因涉嫌挪用资金罪被刑事拘留，同年 6 月 1 日被逮捕。该案经淮北市相山区检察院提起公诉，孟宪君作为当时的公诉人，在了解案情后，认为案件当事人高尚不存在违法行为，涉及的仅是简单的民事纠纷，不符合起诉条件。但因为该市某领导“无罪也要起诉”的要求，案件被起诉到淮北市相山区法院。2006 年 9 月，一审法院就高尚挪用资金、职务侵占一案做出判决，宣告高尚无罪。但一审宣判后，因为“有关领导”的继续干预，孟宪君被迫执行检察院的抗诉决定。2006 年 12 月 11 日，淮北市中级人民法院以挪用资金罪终审判处高尚有期徒刑 3 年，缓刑 5 年，并继续追缴高尚的“犯罪所得”71 万余元。

---

① 中央电视台 2014 年 11 月 21 日《新闻 1+1》。

在孟宪君看来，这是一起明显无罪的案件，但却被领导要求无罪也要起诉。孟宪君退休后，得知当事人高尚数年来申诉无果，难掩内心压抑，亲自到最高人民检察院举报自己，称自己在办理该案时听了领导的招呼办错了案。他的这一举动，推动了该案在时隔八年之后，2014 年 11 月 20 日，在安徽省高级人民法院得以重审。孟宪君的行为得到了很多人的赞叹，但是他似乎并没有因自我举报得到宁静，他又陷入了另一种困境：他受到了组织的约谈，称其违背了组织纪律，泄露了组织秘密。

官员贪腐以及权力滥用案件，通常具有隐秘性、不易被发现，发现后追责时存在举证困难等问题。在审查贪腐案件过程中，公务员检举内部贪腐行为具有极大争议。如果以组织的名义抑制滥用权力，腐败与滥用权力得不到治理，那么从个人道德的角度看，就只有检举了。但是对检举者来说，他们必须在服从上级指令与违背规则之间做出选择。在保护公务员权利的机制尚不健全的情况下，检举者面临着受到打击报复以及不被组织文化认同的道德风险。一方面，有人认为公务员作为组织内部成员对贪腐行为进行检举具有伦理的正当性，可以矫正政府的贪腐行为；但另一方面，公务员检举行为被其所在的组织视为“背叛”，违背了对组织的忠实义务。

关于行政检举困境，库珀认为就是主观责任和客观责任的冲突与矛盾。他提出：“客观责任并不是你自己考虑该如何做而做出的一系列决定的产物，而是源于他人处于你这样的行政职位考虑该如何做出的决定。”① 无论冲突源于哪里，行政检举冲突的本质都是利益冲突，即大的利益共同体与小的利益共同体的冲突。每个人都处于一个小的利益共同体中，同时又是大的利益共同体的一分子，这两个利益共同体对个体的伦理责任要求有时是统一的，有时又是矛盾的。一个人应效忠于某个单位、某个组织，但从本质上说，公务员是公共利益的代理人，必须对人民负责。当然，行政检举中的问题不止这些，关键在于检举者是出于自我的私利去检举还是出于对公共利益的维护去检举，这一内在动机决定了检举行为的道德性，而不应当仅看检举行为的效果。

---

①　特里·L. 库珀. 行政伦理学：实现行政责任的途径. 张秀琴，译. 音正权，校. 北京：中国人民大学出版社，2010：66.

第四节　政德的实践困境之成因

政德的实践困境，古今中外都在不同程度上存在，但是在当下的中国表现得非常突出，这首先是由于中国社会处于由传统社会向现代社会的转型过程中，价值观、权力观、利益观都面临着较大的冲突。从政德建设的角度，应当特别关注道德文化变迁以及从政者的道德发展水平。换句话说，政德的实践困境在我国目前非常突出，这与由人治社会向法治社会转型过程中的行政道德文化和从政者的道德发展水平这两个因素具有重要关联。

一、人治的行政道德文化

在现实中，道德是一个被广泛使用的概念。道德文化区别于知识型和正式规范型的道德，它是以现实社会中人们之思想、观念和行为方式存在的文化现象。政德根植于行政道德文化的实践中，人治的行政道德文化是导致政德的实践困境的一个重要原因，这种文化在现实中表现为以下几个方面。

1. 忠于权力

在任何时代忠诚都是从政者的重要道德规范，但是在不同的历史时期，忠诚的内涵各不相同。在以“人治”为特征的治理体系中，国家与某一个体或者某一统治集团同一，掌握最高权力的个人或集团的意志就是国家的意志。忠于国家等同于忠于皇帝、国王或大臣等某个特定的个体。这种忠诚观的基础是职权大于职责，忠于官位而不是忠于以职责为基础的法律。在对权力的崇拜中，法治和理性并不能受到真正的重视。当权力与法律、行政命令与法律发生冲突时，权大于法，官员意志可以凌驾于法律和行政法规之上。这种权大于法、忠于权力的理念根深蒂固，所以才有了辽宁西丰“进京抓记者”的事件。①

---

①《中国青年报》2008年1月7日以《报道涉及县委书记　西丰公安进京抓记者》为题报道：国家级贫困县西丰县委书记张志国鼓捣重大的政绩工程——号称全国最大“土特产航母”的“大市场”，“无偿”拆迁了女商人赵俊萍的加油站；女商人未获拆迁补偿，于是叫板“县太爷”，从而发生了所谓的“西丰诗案”，结果身陷囹圄；京城《法人》杂志记者朱文娜为此采写了题为《一场官商较量》的文章，西丰“一把手”就让手下若干人马进京拘传女记者，罪名是“涉嫌诽谤”。

2. 官本位

“官本位”是一种以官为本、以官为贵、以官为尊的价值观。在官本位思想的影响下，整个社会以官位之高低来评价人的价值、身份和社会地位。这种官贵民轻、官尊民卑的意识，对人们的价值观、职业选择、道德标准产生了重大影响，深层次影响到人们的精神自主和人格独立。同时，在官本位思想的影响下，人们把官员认作社会利益的代表、“父母官”，因此对他们心怀敬畏、感恩戴德。在道德上，传统社会也赋予了官员极大的道德责任，正所谓“君子之德风，小人之德草”，“君子喻于义，小人喻于利”。官员既有着求利、求荣的为官目标，又有着“道德良知”的追求，在一些特殊情境下，就会陷入两难冲突中。

3. 法律工具主义

在人治的治理体系中，法律只是实现人治的工具，“依法”行政演变成“以法”行政。一个社会是人治社会还是法治社会，取决于法律在社会生活中的地位。法律在社会生活中的地位可以通过其与人情、金钱、权力、政策等因素的地位比较来看出。在一个人情先于法律、金钱重于法律、权力高于法律、政策优于法律的社会，法律只是实现政治统治的工具，说明这个社会是一个人治社会；相比较而言，法治则意味着法律在社会生活中的地位至高无上。在法律与人情、金钱、权力、政策及其他规范的对比中，人们认同法律的优先地位，这样的社会就是法治社会。当然，认同法律的优先地位，并不是说，在法治社会，法律与人情、金钱、权力、政策等的较量不存在，而是说人们更信奉法律的至上性，人们在遇到权力和人情的纠缠时依然相信法律的权威，依然愿意通过法律的途径寻求公正。法治意识强的人，习惯于遇到问题“找法”；法治意识不强的人，习惯于遇到问题“找人”。在社会转型时期，一方面，随着法治教育的不断深入，无论领导干部还是公众，他们的法治意识都有了很大的提升，“研究问题先学法、制定决策遵循法、解决问题依照法”已逐渐成为领导干部的共识，公众遇事找法，用法律来维护自身权益的意识也越来越强；另一方面，无论领导干部还是公众，他们的法律工具主义思想依然存在，最典型的表现就是将法律看作单向的“治人”或维护自身权利的工具，忽视甚至不承认“法治”约束自我的功能。因此，在面临具体事件时，就会陷入是否选择性“依法”的困境中。

4. 集团利己主义

与传统以亲情为基础的道德要求一脉相承的有以地缘为基础的道德要求。以家族、地缘为基础的道德规则与改革开放以来经济领域的利益至上以及政治领域的政绩工程结合在一起，共同侵蚀着新中国成立以来逐渐确立起来的集体主义道德，确切地说，是集体主义道德被集团利己主义所消解。在道德理念中，集团利己主义又被“为官一任，造福一方”的传统观念给予合理化，在行政实践中集中表现为地方保护主义和国家利益部门化。从理念层面讲，从政者有着为人民服务的情怀，也有着维护集体利益的道德。但是，在现实的土壤中，为人民服务演化成为所在地区的人民服务，维护集体利益就是维护所在地区的集体利益。因此，他们有着很强的“作为”动机，即有很强的追求自身利益（地方利益）最大化的内在驱动力，他们也有“为官一任，造福一方”的道德追求。这些理念、要求与中央政府以国内生产总值为标准的政绩考核制度等交织在一起，共同构成了地方保护主义。

在人治的治理体系中，行政道德中的忠于权力、官本位意识、法律工具主义理念以及集团利己主义倾向渗透到行政活动的方方面面，沉淀为潜在行政文化与社会意识，左右着从政者的行政实践，影响着依法行政的进程。

二、从政者的道德发展水平

多元的道德文化使从政者陷入道德冲突中，此外，从政者个体的道德发展水平也影响着他们对“法治”精神、“公共利益”等之内涵的理解，成为影响依法行政实现的重要因素。依法行政有三个方面的基本要求：（1）政府行为所依据的法律必须符合正义的标准；（2）政府行为须有法律依据；（3）在政府与公民之间实行平等保护。从政者对行政道德责任的理解不同、遵从度不同，体现了从政者的个体道德发展水平的差异，而这种差异就决定着依法行政精神能在多大程度上得以实现。

在社会结构稳定时期，一个国家的法律和道德是统一的，但是在社会结构变革之时，由于道德的滞后性，法律思维与道德思维在规范对象、规范内容及发展进度上有时会出现差异和冲突，比如，坚守依法办事还是以情代法、忠于上级命令还是忠于法律、忠于国家利益还是忠于部门利益等，是从政者在现实的行政活动中经常需要面对的问题，让从政者的道德选择陷入困境。

在社会转型时期，从政者的道德判断和道德选择能力取决于其能否正确判断与把握社会发展趋势，能否遵循社会发展趋势勇敢地超越现实中一些正在和即将丧失历史必然性的陈腐道德，适时实现道德结构的转换，即实现人治治理体系中的道德图式向法治治理体系中的道德图式的转换，推进道德结构的现代转化。作为秩序的守护者和法律的执行者，从政者应当全面把握法律和道德在调控社会关系中的相互支持关系，一方面要力戒因为过多考虑与传统人治文化的适应性而丧失法治信心，杜绝以情代法；另一方面要善于把握人性、体察人情，抓住法治的精神与本质，因为法本有情。当法律适用与情理道德发生冲突时，不随意抛弃和突破法律，也不丧失人性与人情，应在遵守法律、敬畏法律的前提下，尽可能做到公平执法、人本执法。

在依法行政的背景下，从政者的道德应体现为这样三个层次：一是必须确立正义的价值观，这种价值观应超越利益冲突、超越官僚制，以维护和实现公共利益为最终目标；二是必须树立法律至上的行政信念，当行政命令和法律法规相冲突时，自觉捍卫法律法规的尊严；三是必须具有负责任的行政态度，这是依法行政得以实现的精神支撑，只有具有负责任的行政态度，法治精神才能得到遵守，依法行政才不会成为一种形式。

第十一章　道德创造力

我国正处于全面转型时期，社会生活越来越呈现开放性和多元化的特征，社会问题层出不穷，道德生活日益复杂化。在从传统社会向现代社会的转型过程中，与政治、经济、法律体系变革相伴随的是道德观念和评价标准的变迁。在这一过程中，道德困境必然会在新旧道德观念、中西价值标准的并存与冲突中得到凸显。要应对复杂的道德生活，道德创造力的培养显得特别迫切。特别是领导干部承担着从传统社会向现代社会转型的领导职责，转型过程中涉及利益分配，其中公正公平是领导干部需要把握的道德标准。但是何谓公正、如何实现公正，则需要从政者判断、推理、选择、执行，如何将动机与效果统一起来，需要从政者具有较高的道德创造力。道德创造力是道德能力的高级表现形式，是道德能力发展的较高阶段。

社会生活不断变化，但是万变不离其宗、万变不离其道。对从政者来讲，道德创造力意味着，面对复杂多变的社会，实现公正公平的价值目标不能变，公共权力要受到制约的法治精义不能变，政策和法律的稳定性与公信力不能变。但是面对社会关系的调整，从政者要以创新的思维和方法应对社会转型带来的道德关系与道德观念的变迁，在坚守法律和道德的基础上解决道德冲突。

第一节　道德创造力及其特征

道德创造力是指道德主体以求善为最终目的，整合并超越原有的道德观念和道德规范，新颖、独特地解决道德问题的能力。社会生活的变化与发展导致道德生活变动不居，要求人们根据社会发展和道德进步的需要，不断对原有的道德观念和道德规范进行改造与更新。人们在接受、认同某一种道德观念和道德规范后，还“必须逐渐学会怎样用新的生命去调和、清除其中的陈腐因素，为了让它们适应变化不定的社会生存状况来改造它们”①。这种对道德观念和道德规范的除旧布新能力就是道德创造力，它是主体对道德发展的各种因素进行整体认知、综合、协同，以超越原有的道德观念和道德规范以及化解当下的道德冲突的能力。②

道德创造力是在道德心理学研究中衍生出来的。与道德创造力密切相关的概念是“道德想象力”。很多学者从不同角度对道德想象力进行了阐发，主要有三种代表性的观点。一是注重道德想象力的情感状态，如以爱德华·泰夫南（E. Tivnan）为主要代表的学者，把道德想象力表述为从冲突的对立面或对方立场上思考问题的移情能力，认为这种能力在缓和道德冲突方面具有不可替代的作用。③ 二是倾向于从认知角度界定道德想象力，有学者把道德想象力分为三个子认知过程：道德敏感性（敏锐地捕捉和识别问题情境的伦理意义）、观点采摘（站在利益相关者的立场上发掘和评价行为的可能性及其影响或后果）和创造性想象（超越既定情境，创造性地设想甚至形成全新的可能性）。④ 三是强调情感成分和认知成分的相互作用对道德创造力的影响，认为道德想象力既是一种情感能力，也是一个认知过程。有学者尝试“用动态的术语把道德重新定义为探索，把想象力重新定义为人创造性地发展人类理解道德内涵的能力，希望美好生活的两个相关方面（道德与想象力）成为和谐的一体”⑤。

---

① 涂尔干. 道德教育. 陈光金，沈杰，朱谐汉，译. 上海：上海人民出版社，2001：288.

② 蔡志良. 论道德能力的构成要素. 天津市教科院学报，2005（4）.

③ E. Tivnan. The Moral Imagination：Confronting the Ethical Issues of Our Day. New York：Simon & Schuster，1996：250－253.

④ D. F. Caldwell，Dennis Mober. An Exploratory Investigation of the Effect of Ethical Culture in Activating Moral Imagination. Journal of Business Ethics，2007，73（2）：194.

⑤ 宋秀葵. 实现想象力与道德的平衡——评段义孚的生态伦理观. 东岳论丛，2012（5）：86.

国内学者对道德想象力也做过类似界定，“道德想象力就是一种个体脱离自我、超越既定情境进行道德判断与道德选择的能力”[①]。无论从哪个角度定义道德想象力，有一点都是无疑的，道德创造力并非道德自身所具有的一种本性，而是指道德主体“以道德的方式”进行情境解释的能力。“道德想象力是‘道德’的，是由于它参与了各种可能性利害结果的评估。”[②] 由此看来，可以从三个方面把握道德想象力的规定性：一是通过情感投射，设身处地为情境所牵涉的每个人着想；二是洞察情境中所有可以采取的行为方式和行为倾向，并尝试对其未来行为结果进行富有远见的预示；三是当道德困境处于一筹莫展或非此即彼时，仍继续寻求新的行为选择可能性。道德创造力不仅包括对他人情感、情绪、思想和境况“感同身受”的“移情共感”（一种超越性情感），而且包括敏锐地把握潜在行为的多种可能性及其可能给他人带来损益的后果想象，以及蕴含着追求突破情境界限的创造性想象。[③]

道德想象力是道德创造力的内核。较早提出“道德创造力”这一概念，将之作为从政者应对复杂的道德困境的能力加以论述的是美国行政学者巴纳德（Barnard）。巴纳德认为，面对复杂的道德问题，从政者可能采取以下几种应对方式：（1）一般的道德堕落，表现为灰心丧气和缺乏决策能力；（2）责任感丧失，决策取决于外部压力等偶发因素；（3）退出积极决策，如辞职、缺席和退休；（4）绕开需要具备不同解决方法的冲突，规避责任；（5）有能力制定模棱两可的措施，采取折中态度，尽量不违背任何法则。[④] 在这五种可能的应对方式中，巴纳德比较赞同第五种方式，他认为前四种方式都忽略或者牺牲了一种或多种法则，这不仅相当于渎职，而且是品格的堕落。库珀在《行政伦理学：实现行政责任的途径》一书中引述了巴纳德的上述观点，进一步明确提出并阐述了“道德创造力”这一

---

① 郑富兴. 责任与对话：学校道德教育的现代性思考. 北京：中国社会科学出版社，2011：171.

② J. Kekes. The Morality of Pluralism. New Jersey：Princeton University Press，1993：101.

③ 杨慧民，王前. 道德想象力：含义、价值与培育途径. 哲学研究，2014（5）.

④ Barnard. The Function of the Executive. Cambridge，MASS：Harvard University Press，1938：271－272.

概念。他说，巴纳德的思想中有一种被称作“道德创造力”的品性，只不过巴纳德没有给予详细论述。库珀认为，正如其他可习得的技术一样，道德创造力作为行政伦理学的可能性方案之一部分，是可以培养的。从政者的道德创造力要求具备如下条件：（1）对可获得的相关事实有清醒的认识；（2）了解引导角色活动的各种因素，包括法则或价值子系统；（3）仔细考虑所有可能的解决方案；（4）尽可能估计每一种方案所带来的后果，预测你扮演的角色和其他人扮演的角色将受到怎样的影响；（5）预计如果你采取了某种方案，你对自己的感觉如何；（6）考虑如何才能使一种方法与更广大的公众利益相一致，你选择的方法及其后果建立在什么样的基础上。①

库珀说，我们在进行这一涉及道德想象的思考过程中，有时可能会构思出巴纳德所谓的解决道德冲突的道德基础的“创造方法”。可见，作为一种解决道德冲突和困境的方法，道德想象力是和道德创造力密切相关的，它们都是指在面临道德困境时调动自身的想象力，做出合乎情境的道德判断与选择，创造性地解决道德冲突的能力。这种能力概括地说，具有以下特征：

第一，超越性。“道”是规范，“德”是个体对规范的认知与转化，“德”本身就包括了个体的理解、想象、体认和创造。道德创造力是超越具体的道德规范而遵循道德规范的精神的能力。“真正的自由不是执行法律的自由，而是创造新事物的自由、创造价值的自由。作为自由的存在物，人不仅是善的法律的体现者，而且是新价值的创造者。人的使命不仅是遵循善，而且还要创造善。”② 别尔嘉耶夫还认为人的个性高于社会性，作为精神的、自由的、个性存在的人高于作为肉体的、受压迫的、社会化的人。为获得个性就要反对规范对人的奴役，人要努力创造，在创造中使个性得到展现和丰富。

第二，求善性。道德创造力一定是以善为宗旨的。道德规范是普遍的

---

① 特里·L. 库珀. 行政伦理学：实现行政责任的途径. 张秀琴，译. 音正权，校. 北京：中国人民大学出版社，2010：113.

② 罗伯·史登堡，特德·鲁巴特. 不同凡响的创造力. 洪兰，译. 北京：中国城市出版社，2000：59.

求善性之要求的体现，道德规范及其蕴含的精神永远与人求善的本性一致。但在特殊情境中，遵循道德规范可能是违背求善性的。人求善的本性不应当因对道德规范的遵从而丧失，相反，应当依托社会秩序而得到肯定。从政者力求不断深化自身主体性的过程不但不与其社会责任冲突，反而必须体现在其社会活动中。

第三，发展性。道德既有规范的作用，也有引导的作用。道德规范只能是用以约束和规范现实社会的，对未来社会的引领和道德规范的更新只能依靠具有道德创造力的人去实现，从政者应成为社会发展和道德更新的引领者。在社会变迁之际，从政者应该对现有的道德规范和规则进行重估，推动旧道德规范更新，并建构符合社会发展方向的道德规范。此外，道德创造力的发展性还体现在，从政者在特殊情境体验中重估和确认自身的价值观，推动自身道德能力的发展。在深层的道德触动中，“协调自己内心世界的本我、自我和超我，达致内心的和谐。……对每一个个体来说，拥有对自身的德性判断，是自身道德的发起者和创造者”①。

第四，综合性。拥有丰富的道德想象力并不能保证一个人的行为合乎道德。人们即使凭借道德想象力知晓了契合道德情境的最佳行为，也有可能因缺少道德勇气或不能坚守道德理想而最终难以付诸实际行动。正是在这一意义上，我们倾向于把解决道德困境的能力称为道德创造力（以区别于道德想象力，道德想象力更侧重于在内心世界构想与道德情境相关的道德方案，而创造力包含了行动力）。所谓道德创造力，就是超越自我和超越情境，拥有更宽广的伦理视野和道德体验，是包括了道德想象力、道德意志力和行动力在内的综合性能力。

第二节　道德创造力的价值

道是普遍的，德是个体的。个体的德实际上就包含了道德创造力。道德是规范性与创造性的统一。俄罗斯思想家别尔嘉耶夫的著作《论人的使

---

① 孙其华. 创新精神培养与高校道德教育改革. 南京：南京师范大学，2005：128.

命》中提出了创造伦理学，对一直以来居于强势地位的规范伦理学进行了批判与补充，让更多的人关注道德创造力。中国是一个有着丰富的道德传统和道德资源的国家，但在道德教育中长期过于强调道德的规范性和约束性，道德创造力没有得到足够的重视。关于人的地位，中国传统伦理思想家都有论述，特别是先秦时期的思想家有很多论述，经、权之变事实上就赋予了个体在特殊情境下处理道德困境的权利。但总的说来，中国的道德教育着力于塑造和培养符合社会规范的人，而较少关注个体是不是在特殊情境下具有创造性的判断和选择能力。道德创造力的价值突出表现为：

第一，道德创造力是从政者应对以复杂性和不确定性为特征的现代道德生活所应必备的能力。道德规范是在对社会道德关系的认知基础上，对人与人之间利益关系的调整。道德规范具有稳定性和普遍性的特征，这是道德实现调节功能的必然要求。但是道德生活远比道德规范丰富、复杂，因而中国古代就有权变思想，提倡道德实践中的“持经达变”，在坚持大原则和精神理念不变的前提下给个体一定的道德自主性，个体可通过灵活的方式践行道德的精神，这事实上就是一种道德创造力。现代社会的道德生活远比古代的道德生活丰富、多样，复杂性和不确定性是现代人道德生活的典型特征。对从政者来讲，这种复杂性和不确定性尤其突出。库珀在《行政伦理学：实现行政责任的途径》一书中，以大量的案例对行政实践中的利益冲突、角色冲突和责任冲突进行了深入讨论。当代中国，正在由传统社会迈向现代社会，计划经济向市场经济转型，城市化正在大规模地推进，改革的深化越来越触及深层次的利益调整，政府承担着复杂的政治、经济和社会管理职能，道德困境和冲突异常激烈，依赖某种单一的道德规则，一劳永逸地解决现实道德问题已经难以实现。对处于道德困境中的从政者而言，道德创造力是一种间接性、替代性和预测性的活动方式。人生没有彩排，任何付诸实践的行为都具有不可逆性，面对复杂的道德情境，不可能尝试一种道德选择。道德创造力可以通过想象，在头脑中预演采用什么方法，预想可能的后果、可能要面对的质疑等，通过这样的想象，做出判断与选择。

第二，道德创造力能帮助人们在抽象的道德规范与具体的道德实践之间建立联系，发挥道德规范对现实生活的指导作用。规范伦理学、德性伦理学抑或后现代责任伦理学，都致力于建构可普遍化的道德规范。建构可普遍化的道德规范确实具有基础意义，但“一般性原理，不管多么有根据，也不能通过规定某人应该做什么而代替个人做出决定”①。因此，解决当代道德困境的关键点，不在于寻求或论证普遍有效的道德规范，而在于推进道德规范对现实生活的指导作用。

道德规范对解决普遍性的道德问题具有很强的指导性，道德创造力则可以通过经验、理性、方法、智慧，在一定程度上应对未来不确定性的问题。道德创造力的必要性在于，在今天的社会生活中，在经济、管理等领域，都更加需要创新、强调创新，墨守成规随时都可能被淘汰出局。当然，道德创造力不是随意根据个人的意志去变通，不是要摆脱道德思维定式，而恰恰是要在坚守道德原则的同时尊重经验、理性、逻辑，在秉持道德精神的前提下寻求达变的方法。当然，在任何时候，坚守道德的精神理念都是必需的，随机应变但不离经叛道。相反，道德创造力正是要激发人们关心人、爱护人、同情人的道德情怀，应对现代人的道德冷漠。道德创造力让人们将理性的道德原则还原到现实生活情境中，通过对情境的体悟深化道德认知，强化道德情感和推动道德行为。道德创造力可以通过在想象中构筑道德情境，体悟不同的道德选择可能会引发的道德后果，从而生发“不忍人之心”。人是自然性存在和社会性存在的统一体，道德规则是人的社会属性，人们惧怕外在的惩罚而遵守道德只是较低阶段，自觉自愿的道德行为要以人的自然情感为基础。中国古代以血缘亲情为基础构建社会道德体系，以“孝”为道德的根本与起始，正是建立在对道德这一属性的认知基础上的。孟子说：“人皆有不忍人之心，今人乍见孺子将入于井，皆有怵惕恻隐之心。”（《孟子·公孙丑上》）人的情感（如同情心等）是道德行为的内在推动力。在面临道德冲突时，单纯理性的道德规范往往会由于缺乏情境联想和情感代入而不能被人们付诸实践。事实上，很多违背道德而行事者，他们并不是不知道自己的行为是违背道德的，而是缺乏道德想象力，对道德情境牵涉的每一个当事人的利益、感受、需要以及相应的结果对他们的可能影响，缺乏换位思考的同理心、同情心。如果不通过

① 孙其华. 创新精神培养与高校道德教育改革. 南京：南京师范大学，2005：88.

道德想象力深入他人的情感和设身处地对他人的处境保持道德敏感性，人们就容易被自我利益、偏见或特定观点过度影响而变得麻木不仁，处于冷漠无情状态，甚至做出错误的道德判断和行为。

第三，道德创造力能帮助从政者超越传统视域的限制而创造性地思考问题，回应行政实践中的道德难题。在许多场合，人们遇到的道德判断都以两难形式存在，看起来只能做出非此即彼的选择，而无论做出哪一种选择，都会违背道德原则。然而，只要人们不拘泥于常规思维方式和现有的道德原则，发挥道德创造力的作用，就有可能出现新的"可能性"。道德创造力之所以具有这种作用，原因在于：基于道德想象力的道德创造力可以让行为主体超越固定的道德判断形式，如伦理学教科书或者由先辈流传下来的道德判断形式，包括借助人们通常使用的动机论、效果论、价值观、道德理性或者道德情感等先在的道德概念进行道德判断，让人们根据不同的道德情境条件灵活地做出道德选择。同时，道德创造力具有综合性特征，本质上就是道德主体的内在整合能力。个人不对有关道德因素进行整合，就不可能形成创造力，也就不可能有道德上的变革和创新。正如马斯洛所说："创造性在一定程度上能依靠人的内部整合能力了，那它就成为建设性的、综合性的、统一的、整合的创造性了。"① 道德创造力为人们提供了一种多元化视角的系统分析，它在组织和系统层面上运行，"是一个能激发出更周全的道德思考和道德判断的便利机制"②。在行政管理实践中，一些从政者在解决法律政策的普遍性与道德救济的特殊性之间的矛盾时，调动社会资源，以慈善捐赠等方式有效破解道德困境，就是道德创造力发挥作用的例子。

第四，道德创造力不仅对解决道德困境具有指导作用，而且在现实中有助于推进依法行政。西方道德心理学家的道德发展论与中国传统的道德境界论都讲个体道德是由低到高不断发展的。可以将道德发展理论运用到从政者个体的道德发展过程中，将从政者的道德发展水平划分为三个不同的阶段：前习俗阶段、习俗阶段与后习俗阶段。在前习俗阶段，从政者的

---

① 马斯洛. 存在心理学探索. 李文湉，译. 昆明：云南人民出版社，1987：124.

② P. H. Werhane. Moral Imagination and Management Decision-Making. New York：Oxford University Press，1999：467.

道德依赖外在强制力，个体道德能力以严格的官僚等级为基础，遵循权威，服从上级，恐惧来自上级的惩罚，个体的责任能力处于被动服从层面；在习俗阶段，从政者能够意识到遵守行政法律法规、行政道德的必要性和重要性，并能够遵守、执行这些法律法规和行政道德。在后习俗阶段，从政者个体不只是自觉遵守行政法律法规和行政道德，还认识到法律的人为性，并在正义和个人尊严的基础上形成某些超越法律和现实道德的意识与能力。处于这一阶段的从政者对是非善恶的判断有独立的价值标准，有基于自身对人生本质理解的道德人格。在进行道德选择时，能超越外在的约束，以正义、尊严等原则为标准进行思考，可以把处于这一阶段的行政道德称为创造性道德①，即是说从政者个体具备了道德创造力。

道德观念是随国家治理体系的变化而变化的。在国家治理体系由人治向法治的过渡转型过程中，道德创造力对依法行政起着非常重要的作用，因为依法行政必须基于从政者对法治精神的领会，而且法治的广泛实施取决于人治的道德基础向法治的道德基础转化。在人治的治理体系中，政治忠诚主要体现为对“长官意志”的遵守，“唯上”“唯权”自然就成为其主要的特征。在法治的治理体系中，维护法律的尊严与权威应成为行政道德的至上准则。为了有效推进依法行政，需要努力培养从政者的道德创造力，为依法行政奠定道德基础。

第三节　道德创造力缺失的原因

道德创造力在今天的社会生活特别是政治生活中显得尤其重要。其之所以重要，首先在于社会转型中的道德困境比任何时候都突出，其次在于道德创造力在道德困境的解决中具有独特的价值，最后还在于现代社会道德创造力普遍缺失。道德创造力之所以缺失，其原因可从以下三个方面进行分析。

第一，工具理性和利己主义破坏了道德创造力生长的土壤。在市场经

---

① 鄯爱红. 依法行政与行政道德发展. 山东社会科学，2015（12）.

济条件下，灵活的市场机制为追求自身利益的个体提供了充分有效的途径和保证，但市场经济秩序需要道德和法律发挥有效的制约作用。在社会转型时期，尤其是现代中国市场经济迅速发展的时期，道德和法制约束机制的完善在一个时期内可能相对滞后，由此带来的直接后果是工具理性和利己主义思潮乘虚而入，渗透到一切领域，追求功利在不少人眼里具有高于一切的价值，“精致的利己主义”是对现代社会“成功者”思维方式最恰当的表述。工具理性消解了价值理性，功利主义成了是非善恶的判断标准。人们内心的否定性、批判性、超越性的向度被工具理性所挤压，使社会成为“单向度的社会”，人成为“单向度的人”。这种人丧失了自由和创造力，把赢得功利看作生活的全部，把全部精力都投入单一的、不断重复的专业化事务中，丧失了追求生活多样性的能力，甚至爱的能力。在这样的社会环境中，道德创造力就失去了生长的土壤。

第二，分工的精细化和社会管理的科层化压缩了道德创造力生长的空间。一方面，现代社会分工使人从繁杂劳动中解放出来，但同时也使人的视野过于狭隘，只晓得在本行业、本专业领域循规蹈矩地履行自己的职责，对自身行为的社会影响和后果缺乏应有的伦理责任意识。“如果一个人只让他自己服从于一种目的或一种活动，他实质上就会丧失他的人性。”① 随着社会分工日益精细，个人往往看不到自身行为与其最终结果之间的关系，很难理解自身行为具有道德相关性，甚至不能想象自身行为的后果。“责任不属于任何特殊的人，因为每一个人对最后结果的贡献太微小或者太局部了以至于不能被明显地归结为一种因果函数，更不用说归结为决定性原因的角色。”② 分工的精细化使人们专注于自己的专业领域，而对自己专业外的事情漠不关心，导致本位主义和短视倾向。另一方面，科层化的组织框架强调程序和规则，要求严格遵循规章制度，表现为一整套持续一致的程序化命令——服从关系。它对权利义务体系的规定细致而明晰，个人不能越出权利义务体系范围，每个人像一颗螺丝钉一样，只待在自己应该待的地方，只关注自己应该关注的事情。生活在科层制下的个人，其行为的

① 巴里·巴恩斯. 局外人看科学. 鲁旭东，译. 北京：东方出版社，2001：32.

② 齐格蒙特·鲍曼. 后现代伦理学. 张成岗，译. 南京：江苏人民出版社，2003：148.

目的与后果相分离，在很大程度上钝化了其道德想象力。

第三，科学技术的专业性和后果的不确定性增加了道德创造力生长的难度。在传统的农业社会和计划经济条件下，社会关系相对简单，道德规范相对稳定，人们对生活中道德事件的理解不需要太多的抽象思维能力和想象力。道德通常被看作依据现有的道德规范，不断地修养、反思，检查自己的内心和行为，使之符合社会道德规范。道德修养与认知水平的关联并不十分明显。在现代社会，随着工具理性的扩张和生产专业化的不断增强，面对高、精、尖的技术活动和技术产品，普通民众不仅很难了解其属性和功能，而且对其可能产生的消极后果难以做出准确判断。现代技术快速发展，而伦理道德的发展却明显与之“不匹配”。比如，计算机与通信技术诞生后，极大地改变人们的工作、生活和沟通方式，但也给道德带来巨大的挑战，计算机黑客、人格缺陷、信息污染问题、信息安全问题、隐私和知识产权问题、文化霸权等，已经成为当今社会最为棘手的问题。再比如，生物技术用于生产和人类生活，改善了人类的健康状况，延长了人的寿命，但同时也带来了人工授精、体外受精、“克隆”人类等伦理问题。

科学技术的发展极大地改善了人类的生活，拓展了人类的生存空间，但也给人类带来了不可预见的潜在危险。科学技术发展带来的“道德真空”创造了一个又一个“道德风险”，协调和稳定的社会生活秩序不断受到冲击。科学技术发展对人类社会道德关系的影响已经超出人们的道德想象力。这不仅深刻地反映在从事科学技术发明的技术人员身上，而且直接地影响到每一个民众的道德生活。对科学家和科技活动的主体而言，要转变“为科学而科学”的理念，科学研究不只是求真，还要求善、求美。对从政者来讲，道德创造力严重地依赖其对现代科学技术带来的影响的判断与预测。显然，从政者并没有做好准备。

第四节　道德创造力的提升

道德创造力的缺失是现代社会生活中的一个严重问题。然而，道德创造力是一个关乎道德品质和道德能力的问题，在一定程度上已经超出道德的范围。对从政者来讲，道德创造力是一种建立在对政治、法律、政策和道德等方面知识的深刻理解之上的综合能力。培育和提升道德创造力，应注重从以下几个方面着手：

第一，要准确理解道德创造力的含义，道德创造力是一种以对道德规范的认知和遵从为基础的综合思维能力。道德创造力之道德是广义的“道德”，不能将之仅仅理解成道德规范。在道德实践活动中，之所以会出现把道德与政治、法律、政策等对立起来的现象，就是因为把道德简单理解为道德规范。认为道德无所不能、给道德赋予太多功能的“泛道德主义”与认为道德不能发挥什么作用、将之与法律和政策对立起来的“去道德主义”，都是对道德之含义和作用的曲解。道德创造力之道德包括三个层面：(1) 理论规范层面的道德，如道德规范、道德知识、道德原理等；(2) 价值层面的道德，如道德价值、道德精神、道德理念等；(3) 方法论层面的道德，如道德解释、道德推理、道德论证等思维规则。不能把道德创造力之道德仅仅理解为道德规范，同时道德创造力的重点也不在于通过价值灌输让人们确立某些道德理念和精神。道德创造力之道德既包含道德规范，也包含道德价值，同时还是一种思维方式，是三个层面道德内涵的综合。鉴于传统的道德修养重在培养人们的价值观念与对道德规范的遵从，强调道德创造力的重点就在于将道德理解为一种思维方式，就是要克服简单地按道德规范办事的思维能力。

道德创造力具有相对独立性，是集一般性、稳定性、体系性、固定性于一体的整体性道德。尽管道德创造力之道德是广义的道德，但我们必须承认道德存在的主要形式是“道”、是规范。在广义上确定道德创造力之道德，仅意味着不能拘泥于道德规范的规定。要恰当地调整复杂多变的社会关系，就需要引入道德价值、道德理念，从而把道德思维引向正义思维、公平思维，引向对社会矛盾的调整。这也是道德从个体道德、从风俗道德转向政德的关键之所在。道德创造力不是离开道德的创造力，道德创造力的基本走向应该是根据明确的道德规范进行思考，但要辅之以其他道德规则，特别是要引入对道德渊源及其本质的思考。道德创造力之道德，一方面强调道德规范的重要性；另一方面指明了仅仅靠道德规范还不行，需要在道德的内涵中加上道德价值、道德理念的基本要求。在当下的中国，倡导从广义上理解道德有重要的意义。这不仅对理解道德、在行政实践中坚守道德具有重要意义，而且对推进依法行政具有重要意义。法律能否得到忠实执行与行政主体的道德发展力及道德创造力密切相关。

第二，以心理学学习为突破口，培养"共情能力"，为道德创造力的生长提供情感基础。所谓"共情能力"，是指道德敏感性和情感感受力（主要指同情心、移情心）。道德敏感性和情感感受力是道德判断的两个重要品质，是保证道德创造力生成的两个重要前提。"只有具有道德敏感性和同情心的人，才有可能意识到情境中的道德意义，并做出相应的解释，才具有一种替代性的情绪反应能力，不仅能设想自己处于他人的处境，拥有和他人完全相同的利益、偏好和理想，还能想象地从其视角出发感受其处境。"① 一直以来，我们的教育中存在着重智育、轻德育的倾向，在德育中存在着重伦理、轻心理的倾向。在道德教育中，重智育、轻德育的教育使人们成为工具型的精致的利己主义者，缺少对人生价值和信仰的追求。重伦理、轻心理的道德教育使道德沦为一种外在于人心的说教，不能使道德成为人们的心理需求。心理学中的共情能力、移情能力是道德创造力的基础。因此，培养道德创造力，应以心理学学科为依托，以开发人们的心理资本为基础，丰富人们的精神世界，为道德创造力的生长提供土壤。

第三，完善道德教育的制度与机制，提升人们的道德认知能力，推动道德创造力的培育。在政德教育中，应将道德创造力的培育作为重要内容，提高政德建设的针对性，通过培训方法的创新提高政德建设的有效性。比如，可以通过角色扮演的形式，让从政者在道德情境和道德实践中增强道德认知、判断和选择的能力，增强对他人之处境、需要、利益以及内心状态（思想、感受、知觉和意向）的认知，以应对由于道德想象力和体验力的缺失而产生的道德冷漠。还可以通过案例教学的方式，选取从政者处理道德困境的正反两方面的典型案例，"以案论理"，让从政者通过他人的故事反思自我，见贤思齐，见不贤而自省，潜移默化地提升道德创造力。

---

① 杨慧民，王前. 道德想象力：含义、价值与培育途径. 哲学研究，2014（5）.

参考文献

马克思恩格斯选集. 北京：人民出版社，2012.

毛泽东早期文稿. 长沙：湖南出版社，1990.

毛泽东选集. 北京：人民出版社，1991.

中共中央组织部. 关于加强对干部德的考核意见.

孙中山选集. 北京：人民出版社，1956.

邓小平文选：第1卷. 北京：人民出版社，1993.

邓小平文选：第2卷. 北京：人民出版社，1994.

邓小平文选：第3卷. 北京：人民出版社，1993.

习近平总书记系列重要讲话读本（2016年版）. 北京：学习出版社，人民出版社，2016.

十三经注疏. 北京：中华书局，1999.

许慎. 说文解字. 北京：中华书局，1963.

刘宝楠. 论语正义. 上海：上海书店出版社，1986.

黎靖德. 朱子语类. 王星贤，点校. 北京：中华书局，1986.

晏子春秋校注. 张纯一，校注. 梁运华，点校. 北京：中华书局，2014.

吕不韦. 吕氏春秋集释. 许维遹，集释. 梁运华，整理. 北京：中华书局，2009.

贾谊. 新书校注. 阎振益，钟夏，校注. 北京：中华书局，2000.

班固. 汉书. 颜师古，注. 中华书局编辑部，点校. 北京：中华书局，1962.

刘向. 说苑校证. 向宗鲁，校证. 北京：中华书局，1987.

诸葛亮. 诸葛亮集. 段熙仲，闻旭初，编校. 北京：中华书局，1960.

范晔. 后汉书. 李贤，等注. 北京：中华书局，1965.

吴兢. 贞观政要集校. 谢保成，集校. 北京：中华书局，2009.

朱熹. 四书章句集注. 北京：中华书局，1983.

司马光. 资治通鉴. 胡三省，音注. 标点资治通鉴小组，点校. 北京：中华书局，1956.

陈亮. 陈亮集. 邓广铭，点校. 北京：中华书局，1987.

脱脱，等. 宋史. 中华书局编辑部，点校. 北京：中华书局，1985.

陆九渊. 陆九渊集. 钟哲，点校. 北京：中华书局，1980.

王守仁. 阳明先生集要. 施邦曜，辑评. 北京：中华书局，2008.

洪亮吉. 春秋左传诂. 李解民，点校. 北京：中华书局，1987.

孙诒让. 墨子闲诂. 孙启治，点校. 北京：中华书局，2001.

王先谦. 荀子集解. 沈啸寰，王星贤，点校. 北京：中华书局，1988.

王先慎. 韩非子集解. 钟哲，点校. 北京：中华书局，1998.

董诰，等. 全唐文. 北京：中华书局，1983.

彭定求，等. 全唐诗. 北京：中华书局，1960.

黄元吉. 道德经注释. 蒋门马，校注. 北京：中华书局，2012.

黎翔凤. 管子校注. 梁运华，整理. 北京：中华书局，2004.

程树德. 论语集释. 程俊英，蒋见元，点校. 北京：中华书局，1990.

曾国藩最有影响的100封家书. 北京：群言出版社，中国财政经济出版社，2004.

梁启超. 新民说//梁启超全集：第2册. 北京：北京出版社，1999.

张岱年. 心灵与境界. 西安：陕西师范大学出版社，2008.

王亚南. 中国官僚政治研究. 北京：中国社会科学出版社，1981.

罗国杰. 中国传统道德. 北京：中国人民大学出版社，1995.

朱贻庭. 中国传统伦理思想史. 上海：华东师范大学出版社，1989.

程文浩. 预防腐败. 北京：清华大学出版社，2011.

张维迎. 信息、信任与法律. 北京：三联书店，2006.

欧阳辉纯. 传统儒家忠德思想研究. 北京：人民出版社，2017.

朱汉民. 忠孝道德与臣民精神——中国传统臣民文化论析. 郑州：河南人民出版社，1994.

曾振宇，傅永聚. 春秋繁露新注. 北京：商务印书馆，2010.

张锡勤，柴文华. 中国伦理道德变迁史稿. 北京：人民出版社，2008.

马国泉. 美国公务员制和道德规范. 北京：清华大学出版社，1999.

北京大学政治学与行政管理系. 现代化进程中的政治与行政. 北京：北京大学出版社，1998.

万俊人. 现代西方伦理学史. 北京：北京大学出版社，1997.

宋希仁. 西方伦理思想史. 北京：中国人民大学出版社，2004.

陈瑛. 中国伦理思想史. 贵阳：贵州人民出版社，1985.

焦国成. 中国伦理学通论. 太原：山西教育出版社，1997.

何怀宏. 选举社会及其终结. 北京：三联书店，1998.

唐凯麟，王泽应. 20世纪中国伦理思潮. 北京：高等教育出版社，2003.

陈振明. 公共管理学. 北京：中国人民大学出版社，1999.

郑富兴. 责任与对话：学校道德教育的现代性思考. 北京：中国社会科学出版社，2011.

王小锡. 中国经济伦理学20年. 南京：南京师范大学出版社，2005.

甘绍平. 伦理智慧. 北京：中国发展出版社，2000.

余涌. 中国应用伦理学. 北京：中央编译出版社，2002.

孙其华. 创新精神培养与高校道德教育改革. 南京：南京师范大学，2005.

李建华. 道德情感论——当代中国道德建设的一种视角. 长沙：湖南人民出版社，2000.

姚新中. 儒教与基督教——仁与爱的比较研究. 北京：中国社会科学出版社，2002.

江畅. 幸福与和谐. 北京：人民出版社，2005.

戴茂堂，江畅. 西方价值观念与当代中国. 武汉：湖北人民出版社，2003.

强以华. 存在与第一哲学. 武汉：武汉大学出版社，2004.

张康之. 行政伦理的观念与视野. 北京：中国人民大学出版社，2008.

靳凤林. 制度伦理与官员道德——当代中国政治伦理结构性转型研究. 北京：人民出版社，2011.

陆晓禾. 走出丛林——当代经济伦理学漫话. 武汉：湖北教育出版社，1999.

孙春晨. 市场经济伦理研究. 南京：江苏人民出版社，2005.

柏拉图. 理想国. 郭斌和，张竹明，译. 北京：商务印书馆，2009.

亚里士多德. 尼各马可伦理学. 廖申白，译注. 北京：商务印书馆，2003.

康德. 论优美感和崇高感. 何兆武，译. 北京：商务印书馆，2009.

大卫·休谟. 道德原理探究. 王淑芹，译. 北京：中国社会科学出版社，1999.

尼古拉·别尔嘉耶夫. 论人的使命. 张百春，译. 上海：学林出版社，2000.

伦纳德·怀特. 行政学概论. 刘世传，译. 北京：商务印书馆，1940.

马林诺夫斯基. 文化论. 费孝通，译. 北京：中国民间文艺出版社，1987.

马斯洛. 存在心理学探索. 李文湉，译. 昆明：云南人民出版社，1987.

E. R. 克鲁斯克，B. M. 杰克逊. 公共政策词典. 唐理斌，王满传，郑斌祥，等译. 上海：上海远东出版社，1992.

涂尔干. 道德教育. 陈光金，沈杰，朱谐汉，译. 上海：上海人民出版社，2001.

乔治·弗里德里克森. 公共行政的精神. 张成福，刘霞，张璋，等译. 北京：中国人民大学出版社，2003.

特里·L. 库珀. 行政伦理学：实现行政责任的途径. 张秀琴，译. 音正权，校. 北京：中国人民大学出版社，2010.

罗伯·史登堡，特德·鲁巴特. 不同凡响的创造力. 洪兰，译. 北京：中国城市出版社，2000.

巴里·巴恩斯. 局外人看科学. 鲁旭东，译. 北京：东方出版社，2001.

齐格蒙特·鲍曼. 后现代伦理学. 张成岗，译. 南京：江苏人民出版社，2003.

Leonard D. White. Introduction to the Study of Public Administration. New York：Macmillan，1926.

E. Tivnan. The Moral Imagination：Confronting the Ethical Issues of Our Day. New York：Simon & Schuster，1996.

D. F. Caldwell，Dennis Mober. An Exploratory Investigation of the Effect of Ethical Culture in Activating Moral Imagination. Journal of Business Ethics，2007，73（2）.

J. Kekes. The Morality of Pluralism. New Jersey：Princeton University Press，1993.

Barnard. The Function of the Executive. Cambridge，MASS：Harvard University Press，1938.

P. H. Werhane. Moral Imagination and Management Decision-Making. New York：Oxford University Press，1999.

鄯爱红. 中国共产党对儒家政德思想的继承与创新. 新视野，2018（4）.

鄯爱红. 传统忠德在现代行政伦理中的转化与创新. 中国人民大学学报，2016（4）.

鄯爱红. 依法行政与行政道德发展. 山东社会科学，2015（12）.

郝立新. 论马克思历史观的本质. 教学与研究，1990（1）.

范正宇. “忠”观念溯源. 社会科学辑刊，1992（5）.

张艳国. 忠诚文化及其现代价值. 江汉论坛，2005（9）.

张锡勤，桑东辉. 中国传统忠德研究的几个热点问题. 伦理学研究，2015（1）.

张海钟. 东西方哲学生理学心理学中气质概念的流变与解读. 阴山学刊，2011（4）.

周营军. 道德敬畏：个体道德养成的心理机制. 河南师范大学学报（哲学社会科学版），2010（4）.

戴圣鹏. 论康德关于道德敬畏的思想. 前沿，2008（10）.

向长江，陈平. 信任问题研究文献综述. 广州大学学报（社会科学版)，2003 (5).

丁煌. 政策制定的科学性与政策执行的有效性. 南京社会科学，2002 (1).

董泽芳. 中国古代人力资源开发与管理的思想源流. 管理科学，2000 (2).

蔡志良. 论道德能力的构成要素. 天津市教科院学报，2005 (4).

宋秀葵. 实现想象力与道德的平衡——评段义孚的生态伦理观. 东岳论丛，2012 (5).

杨慧民，王前. 道德想象力：含义、价值与培育途径. 哲学研究，2014 (5).

干春松. 科举制的衰落和制度化儒家的解体. 中国儒学网，http：//www. confuchina. com.

孟宪实. 科举制的完结. http：//www. oldbeijing. net.

董云川，王颖. 在规范与创造之间. 学术探索，2016 (12).

后　记

感谢中国人民大学出版社杨宗元老师，在她的策划与推动下本书才得以面世。感谢清华大学万俊人教授，中共中央党校靳凤林、胡月星教授为本书提供了建设性的指导。感谢本书责任编辑罗晶博士，她提出的很多有价值的修改意见和认真负责的编校工作使本书的质量有了很大提升。

感谢我的工作单位北京市委党校，在这里工作，使“政德”对于我，不再是抽象的概念，而成为凝结于现实的、活生生的领导干部的思想和行为。我的两位同事，北京市委党校的刘良副教授、孔祥利副教授，为本书贡献了很多有价值的思想，他们的政治学和行政学视角的建设性意见弥补了我这方面的不足。龙倩博士为此书写作贡献了很多宝贵建议，并协助核校了书中的古经典文献，我的硕士研究生柳家雯协助核校了马恩经典文献，在此一并致谢。工作的常态是忙碌、紧张而烦琐，但因为有善思、敬业、风趣的年轻人一起叙谈、争论、研讨，对“政德”这样一个严肃话题的研究便成为一种快乐和幸福，留存在“车公庄大街 6 号”的记忆中。

正值书稿付印之际，借在南京参加中国领导科学学会 2018 年年会之机，与领导科学学界同人赵福生教授、文茂伟教授进行了交流，他们对本书的完善贡献了宝贵的建议和智慧，在此一并致谢！

作为一项学术成果，旨在为政德研究添砖加瓦；作为一种现实思考，希望助力从政者的道德发展。由于笔者学识和水平所限，本书的观点、逻辑和文字表述都难免有不当、不周延、词不达意之处，敬请读者批评指正。

鄗爱红

2018年12月

图书在版编目（CIP）数据

政德论：心理结构与伦理行动的二重维度/鄯爱红著．—北京：中国人民大学出版社，2019.3
（当代中国社会道德理论与实践研究丛书）
ISBN 978-7-300-26803-3

Ⅰ.①政… Ⅱ.①鄯… Ⅲ.①公务员-职业道德-研究-中国 Ⅳ.①D630.3

中国版本图书馆 CIP 数据核字（2019）第 041497 号

国家出版基金项目
当代中国社会道德理论与实践研究丛书
主编　吴付来
政德论：心理结构与伦理行动的二重维度
鄯爱红　著
Zhengdelun：Xinli Jiegou yu Lunli Xingdong de Erchong Weidu

出版发行	中国人民大学出版社		
社　　址	北京中关村大街 31 号	**邮政编码**	100080
电　　话	010－62511242（总编室）		010－62511770（质管部）
	010－82501766（邮购部）		010－62514148（门市部）
	010－62515195（发行公司）		010－62515275（盗版举报）
网　　址	http://www.crup.com.cn http://www.ttrnet.com（人大教研网）		
经　　销	新华书店		
印　　刷	天津中印联印务有限公司		
规　　格	160 mm×230 mm　16 开本	**版　　次**	2019 年 3 月第 1 版
印　　张	15.75　插页 3	**印　　次**	2019 年 3 月第 1 次印刷
字　　数	231 000	**定　　价**	58.00 元